Collection Entailles

LEÇONS DE TÉNÈBRES

Enrico PANDIANI

LEÇONS DE TÉNÈBRES

Traduit de l'italien par Catherine Beaunier

Éditions SW Télémaque

DU MÊME AUTEUR
AUX ÉDITIONS TÉLÉMAQUE

Les Italiens
Trop de plomb

Titre original : *Lezioni di tenebra*

French edition licensed through L'Autre agence, Paris,
and Nabu International Literary Agency, Florence, Italy, www.nabu.it

Pour la traduction française : Catherine Beaunier
Adaptation : Anne Martinetti

Éditions Télémaque, 7, rue Pérignon, 75015 Paris
www.editionstelemaque.com
ISBN : 978-2-7533-0309-6
ISSN : 1966-8074

1

– Monte à l'appartement. Je me gare et je te rejoins.

Pas la moindre place en face de l'immeuble, même à prix d'or, alors Martine avait arrêté ma « Karmann Ghia » devant la porte. La place des Abbesses était encore pleine de monde.

– Tu as une de ces têtes ! m'a-t-elle dit.

– Et toi, tu es de mauvaise humeur ? Tu semblais absente ce soir.

J'ai fait un effort pour parler. Un jet de bile est remonté dans ma gorge :

– Non, je suis seulement fatiguée.

– Des ennuis au travail ?

– On m'a confié quelques contrats importants, je t'en parlerai dès que tu te sentiras mieux.

Je me suis retenu de vomir.

– Rien d'autre ?

Elle a ri :

– Ne joue pas au flic avec moi, beau gosse. Va te mettre sous les couvertures.

Je me suis extrait de la voiture avec l'agilité d'un hippopotame enjambant une haie. Même ayant mis pied à terre, la place continuait de tourner autour de moi comme un kaléidoscope. J'ai attendu qu'elle ralentisse avant de refermer la portière. Martine m'a envoyé un baiser du bout des doigts.

Je l'ai regardée s'éloigner, puis je me suis traîné jusqu'à la porte d'entrée. J'ai composé le code et je suis entré dans le hall éclairé. Pas d'ascenseur ; alors, pour me hisser jusqu'au troisième étage, j'ai dû escalader les marches, agrippé à la rampe.

La nausée est une sale bête, Sartre le savait bien. Elle se glisse dans ta gorge, t'empêchant de parler, de bouger, de penser, tu ne peux ni la combattre ni lui résister.

Sur le palier plongé dans le son discret du silence, j'ai trouvé la porte de l'appartement entrouverte…

J'ai pris une profonde respiration. Le monde s'est arrêté un instant puis il a recommencé à tourner. Il ne manquait plus que l'appartement cambriolé !

J'ai regardé les clés que je tenais à la main avant de les remettre dans ma poche, puis j'ai poussé le battant. Tiroirs ouverts, livres sur le sol, meubles béants. Une lumière ténue provenait du salon. Je m'y suis dirigé en m'appuyant d'une main contre le mur pour éviter que tout l'appartement ne recommence à tournoyer.

Le lampadaire près du divan était allumé. Quelque chose a bougé dans l'ombre.

J'ai avancé d'un pas, une silhouette est apparue dans le rayon de lumière. Un mètre soixante-cinq, imperméable en vinyle noir resserré à la taille par une ceinture. Cheveux roux coupés au carré. Le reste du visage était caché par un foulard de soie noire noué derrière la nuque.

Un étrange pistolet a brillé à la lueur du lampadaire. Il était plat et large, une arme que je n'avais jamais vue. Une décharge d'adrénaline m'a traversé les tripes et m'a permis de faire deux pas de plus vers elle.

Elle s'est déplacée sans faire de bruit. Sa façon de tenir le pistolet ne me plaisait guère, elle semblait s'y connaître. Un insecte aux pattes glacées s'est mis à courir sur mon dos. La pièce s'est arrêtée de tourner et pendant un instant tout est redevenu limpide et immobile.

– Retourne-toi, a-t-elle dit sèchement.

– Mais à une vitesse qui m'a surpris moi-même j'ai saisi son poignet armé, éloigné le pistolet de mon torse délicatement sculpté. Un coup est parti en faisant moins de bruit qu'un pet de moustique. De ma main libre, je l'ai attrapée par une épaule, mon intention était de lui faire un croc en jambe et de la jeter par terre, mais ça n'a pas marché parce que la pièce s'est mise à tourbillonner à toute allure et je me suis retrouvé allongé sur le sol. L'Encyclopédie au complet de Diderot et d'Alembert m'est tombée sur la tête alors que mon dos partait en mille morceaux.

Elle était maintenant penchée sur moi, le canon de son pistolet à quelques centimètres de mon nez. Ses yeux étaient trop bleus.

Elle a posé un pied sur ma poitrine pour m'empêcher de bouger. Sandales à talons plats et ongles soignés. Elle a ouvert la partie antérieure de son pistolet et en a extrait deux longues cartouches maintenues ensemble par une petite plaque métallique. Elle les a fait tomber dans le sac qu'elle portait en bandoulière, puis elle en a retiré deux autres avec lesquelles elle a rechargé son arme. Elle a enclenché le chien avec une espèce de levier dépassant de la crosse, et s'est à nouveau penchée sur moi. Elle portait de fins gants en latex, si transparents que je ne les avais pas remarqués tout de suite.

La nausée s'est encore manifestée, est montée dans ma gorge comme une vague. J'ai pensé que la femme allait me tirer en pleine figure mais elle ne l'a pas fait. Elle a fouillé dans une poche de son imperméable et en a retiré une cordelette grise.

– Tu n'as jamais été attaché par une femme ? a-t-elle demandé.

Le ton était sarcastique, légèrement ouaté par la soie du foulard, elle masquait probablement sa vraie voix.

Elle m'a attrapé par une épaule et m'a retourné sur le ventre. Elle n'a pas mis plus de deux minutes pour me lier mains et pieds. Je ne pouvais voir que le sol qui tournait autour de moi pendant que la corde se serrait autour de mes poignets et de mes chevilles. Puis elle m'a fait plier les jambes et les a ficelées aux mains.

J'ai commencé à trembler, les muscles de mes bras et de mes jambes tressautaient, hors de contrôle. Je sentais le poids du pistolet contre mon flanc, ce qui n'a fait qu'augmenter ma frustration.

D'un coup sec elle m'a retiré ma cravate, l'a roulée en boule et me l'a fourrée dans la bouche. J'ai fermé les yeux en me demandant ce que pouvait bien chercher cette pute.

La porte a grincé.

– Mon Dieu ! s'est exclamée Martine depuis l'entrée.

Mon cœur s'est mis à battre comme un fou. Je lui ai hurlé de s'enfuir, mais il n'est sorti de ma gorge qu'une espèce de grognement étouffé. En moins de deux la salope m'a flanqué un violent coup de pied dans le côté qui m'a coupé le souffle. Si elle avait porté des chaussures normales, elle m'aurait cassé les côtes, mais même avec des sandales ça n'a pas été une caresse.

J'ai entendu Martine déplacer quelque chose, puis elle a paru sur le seuil du salon, les yeux exorbités. Elle ne m'a pas découvert tout de suite, a avancé de quelques pas avant de se raidir. Ses yeux m'ont fixé avec une expression stupéfaite. Puis elle a vu la femme masquée.

À son regard, j'ai compris qu'elle hésitait entre se mettre à hurler, s'échapper ou lui sauter dessus. Mais cette ordure ne lui a laissé aucun choix, elle a fait deux pas en avant, a relevé son pistolet et l'a visée en plein cœur.

Martine s'est écroulée au sol sans un cri tandis que le léger claquement du coup se perdait dans la pénombre. Un petit jet a jailli de sa poitrine en gargouillant, écarlate sur le bois du plancher. J'ai crié, un cri de bête étouffé par la cravate dans ma bouche. La femme est allée près de Martine, s'est penchée, pistolet encore pointé. Elle l'a approché de son front et a tiré. La tête de Martine a eu un petit sursaut. Encore du sang.

Sans s'occuper de moi, la maudite femme s'est accroupie près du corps, a pris le sac à main de Martine qui était tombé par terre, en a renversé le contenu. Stylos, lunettes de soleil, mouchoirs en papier, deux livres, du rouge à lèvres, le portefeuille, tout s'est répandu bruyamment sur le parquet. Elle a tout passé en revue mais ce qu'elle cherchait ne semblait pas être là, alors elle a bredouillé une injure. Elle s'est emparée du téléphone et de l'agenda de Martine qu'elle a glissés dans son sac en bandoulière, puis elle s'est remise debout, m'a fixé quelques secondes et elle est sortie du salon.

J'ai tourné mon regard vers le corps immobile de Martine sous lequel le sang se répandait en une tache sombre. Ma tête explosait. Je ne sentais plus mes mains et j'avais des fourmis dans les jambes. Tout continuait de tourner, de tourner sans arrêt.

L'ignoble tueuse est revenue au salon. Elle avait maintenant à la main un couteau de cuisine qu'elle tenait par le manche avec deux doigts, la pointe tournée vers le bas. Elle l'a balancé trois ou quatre fois avant de le laisser tomber. La lame s'est plantée dans le parquet avec une légère vibration.

– Si tu arrives à ramper jusqu'ici, tu pourras te libérer avec ça, a-t-elle dit.

Elle a fait demi-tour et elle est sortie de la pièce. Je l'ai entendue fermer la porte derrière elle. Il n'est resté dans l'appartement qu'un silence démesuré et contre nature. Soudain l'odeur du sang est parvenue à mes narines, douceâtre, terriblement réelle.

Un jet de vomi est remonté dans ma gorge. J'ai craché la cravate et j'ai rendu par terre. Puis une longue respiration. La pièce s'est remise à tournoyer mais plus lentement. J'ai toussé pour ne pas suffoquer tandis qu'un second haut-le-cœur me secouait l'estomac.

Enfin, j'ai commencé à me traîner vers le couteau.

2

– Où avez-vous passé la soirée ?

– À huit heures nous avons pris l'apéritif au bar de l'hôtel *Meurice*, ensuite nous sommes allés dîner chez Georges.

– Georges qui ?

– *Chez Georges*, le restaurant rue du Mail.

– Mlle Martine Delvaux était avec vous ?

– Elle est passée me prendre au 36 en fin d'après-midi, je lui avais prêté ma voiture. Nous avons retrouvé nos amis devant l'hôtel, nous avons bu quelques verres puis nous sommes allés dîner chez *Georges*.

– Qui sont vos amis ?

– Gustave Deshayes, un collègue de Martine. Avant, il photographiait des squelettes de dinosaures, maintenant des œuvres d'art. Et Véronique Vannier qui est pédiatre.

– Mari et femme ?

J'ai fait un signe d'assentiment de la tête.

– Vous les fréquentez depuis longtemps ?

– Ce sont de vieux amis de Martine, j'ai fait leur connaissance le mois dernier lorsque nous avons commencé à vivre ensemble. Je n'avais jamais entendu parler d'eux avant.

– Votre amie les connaissait donc bien.

– Je viens de vous le dire. Je crois qu'ils font partie de ses meilleurs amis.

– Où Mlle Delvaux travaillait-elle ?

– Dans un studio de photos, Art-en-Images. Ils sont spécialisés dans les reproductions d'œuvres d'art. Martine et Gustave sont les meilleurs photographes de l'atelier.

– Elle est morte, commissaire.

– Oui, merci de me le rappeler.

– Vous avez dit que pendant le dîner vous vous étiez senti mal, n'est-ce pas ?

– Exact. Nous en étions à la moitié du repas quand la nausée est devenue vraiment gênante.

– La nausée ? Quels symptômes avez-vous ressentis ?

– J'avais la tête qui tournait et j'avais envie de vomir. Comme je n'arrivais pas à me concentrer sur la conversation, je suis allé aux toilettes pour me passer de l'eau sur la figure. Mais rien à faire : quand j'ai regagné la table, c'était encore pire.

– Ses amis s'en sont rendu compte ?

– Et comment ! À un certain moment, j'ai piqué du nez dans mon assiette. C'était des rognons à la moutarde, si vous voulez prendre note de cela aussi.

Les deux flics m'ont regardé avec un dégoût mal dissimulé. Entre vomi et sauce, j'étais répugnant.

Ils étaient arrivés en dix minutes du commissariat de quartier, l'un sec et mal vêtu, l'autre petit et gros boudiné dans une veste croisée ridicule. Pendant que leurs collègues vaquaient à travers l'appartement, ils m'avaient soumis à cet interrogatoire à la con. Loïc Steinmetz, le gars qui commandait le commissariat du dix-huitième, était resté là une dizaine de minutes à flâner, puis il était parti, laissant les choses aux mains des deux autres.

– Donc, vous êtes tombé le nez dans l'assiette, a dit le mal vêtu.

L'autre ne devait être qu'un figurant car jusque-là il n'avait pas ouvert la bouche.

– Toute la pièce tournait et j'avais du mal à marcher, j'ai probablement perdu connaissance quelques instants. Quand je suis revenu à moi, ils étaient tous épouvantés. Ils voulaient même appeler une ambulance.

– Mais ils ne l'ont pas fait.

– Non, je n'avais pas du tout l'intention de finir la soirée entre les mains d'une grosse infirmière. Je parvenais encore à tenir sur mes jambes, j'ai simplement demandé à Martine de me raccompagner à la maison.

– Comment se fait-il qu'elle vous ait accompagné ici ? a-t-il demandé en levant les sourcils. Il continuait à mastiquer un cure-dents en plastique déjà tout mâchouillé.

– Nous vivions plus ou moins ensemble.

– Après un mois ?

– Ce que je fais de ma carcasse, c'est mes oignons, mon vieux. Je passe chez moi de temps en temps pour me changer et éviter que la concierge n'extermine mon Ficus benjamina, le reste du temps j'habite ici avec elle. Ça pose un problème ?

– O.K., O.K. C'est bon, vous énervez pas...

– Cette salope l'a tuée sous mes yeux, alors si, je vais m'énerver. En plus, je dois me sucrer vous deux avec vos questions débiles comme si j'étais un délinquant.

– On fait notre travail, Mordenti. Vous avez donc demandé à Mlle Delvaux de vous accompagner à la maison, c'est-à-dire ici – c'est ça ?

– Exactement. Nous avons laissé nos amis chez *Georges* pour rentrer ici.

– Qui conduisait ?

– Martine. Moi, je n'étais pas en état.

– Mlle Delvaux vous a semblé inquiète, tendue ou différente des autres fois ?

– Martine avait été étrangement silencieuse. Elle avait peu parlé pendant le dîner et elle m'avait souvent semblé absente, comme tourmentée par ses pensées.

– Elle n'était pas très présente, ai-je soupiré, il lui arrive d'être préoccupée par son travail ou peut-être qu'elle était seulement fatiguée. Je lui ai demandé si quelque chose n'allait pas et elle m'a répondu que tout était O.K.

– D'accord. Donc, si j'ai bien compris, vous n'êtes pas montés ensemble.

– Non, quand nous sommes arrivés en bas il n'y avait pas de place pour se garer. Il n'y en a jamais dans ce coin, il faut toujours faire plusieurs tours.

– Donc, avant d'aller chercher une place elle vous a fait descendre de voiture, exact ?

– J'avais envie de vomir, j'étais malade comme un chien. Elle m'a dit de monter, qu'elle me rejoignait.

– J'ai l'impression que vous vous sentez beaucoup mieux, maintenant, a-t-il dit avec sa tête à claques.

– Ben, c'est sûr, voir assassiner sa petite amie donne un certain tonus.

Il a étouffé un bâillement.

– Vous êtes monté, vous avez trouvé la porte ouverte et l'appartement saccagé, c'est ça ?

– C'est ça. J'ai surtout trouvé cette femme masquée qui m'attendait au salon.

Ils m'ont observé en silence, le type à la veste croisée avec son air absent et le mal vêtu qui continuait de mâcher son cure-dents, probablement une de ces touillettes en plastique pour mélanger le café des distributeurs. J'admets que l'histoire semblait incroyable, mais *cazzo*[1] j'étais tout de même leur collègue.

– À ce moment-là, qu'est-ce-qui s'est passé ?

– Elle s'est matérialisée devant moi comme un fantôme. Elle avait un pistolet. J'ai essayé de la désarmer mais elle m'en a fait voir de toutes les couleurs en m'expédiant par terre. Ensuite, elle m'a ligoté et m'a fourré ma cravate dans la bouche. Quand

1. « Merde ».

Martine est arrivée, elle l'a tuée. Elle ne lui a pas dit un mot, elle a juste visé et… je ne peux pas le croire…

– C'est justement le point, commissaire. Cette histoire semble absurde, vous ne trouvez pas ?

Je les ai regardés d'un air ennuyé, d'abord l'un puis l'autre. Ils ressemblaient à Dupont et Dupond après un accident de voiture.

– Vous avez raison, il est inutile de mentir à deux Sherlock comme vous. En réalité, je suis monté absolument seul et en cinq minutes j'ai mis tout l'appartement sens dessus dessous. Quand Martine est arrivée, je l'ai tuée parce que le dîner ne m'avait pas plu, ensuite j'ai dissous le pistolet dans de l'acide et je l'ai fait disparaître par le tout-à-l'égout des gogues. Je me suis alors ficelé comme un saucisson, j'ai rampé jusqu'à la cuisine pour me libérer avec un couteau et, pour finir, j'ai appelé les flics.

Des cris confus sont parvenus depuis l'entrée, puis des pas sur le plancher du couloir. Alain Servandoni a paru dans la pièce où ces deux-là étaient en train de me cuisiner.

– L'interrogatoire est terminé, a-t-il dit l'air sec, vous deux dégagez.

Dupont et Dupond ont tiré la tronche.

– L'enquête est de notre ressort, a tenté le mal vêtu.

– Elle l'était il y a dix minutes. À partir de maintenant, c'est la Crim qui s'en occupe.

– Mais Steinmetz…, a protesté le flic à la veste croisée, révélant ainsi son lexique riche et nuancé.

– Steinmetz a été prévenu par Le Normand, l'a interrompu Alain, demain on décidera à qui revient l'enquête. Dégagez.

Ils se sont tous les deux levés et ont quitté la pièce d'un air contrarié. Alain s'est mis une Caporal entre les lèvres et l'a allumée après avoir gratté une allumette sous la table. Il m'a ensuite regardé à travers la fumée qui montait au plafond :

– Nous sommes venus aussi vite que possible.

– Grâce au ciel, vous êtes arrivés. Cinq minutes de plus et ces deux-là j'en faisais de la bouillie.

– Je me suis frotté les paupières avec les doigts en appuyant bien sur les globes oculaires. L'obscurité s'est transformée en une espèce de tapis persan d'où s'élevaient des volutes de fumée. En relâchant la pression, l'obscurité est revenue. Puis j'ai rouvert les yeux.

– Elle l'a tuée comme un chien, Alain, elle ne lui a même pas laissé le temps de parler.

3

Deux employés de la morgue ont traversé la rue, emportant vers l'ambulance une sorte de sarcophage en métal gris. Les portières arrière se sont refermées et le véhicule est parti sirènes éteintes. La pensée que je ne reverrai plus Martine m'a traversé la poitrine en provoquant une douleur aiguë.

Le pansement que le docteur Delarche m'avait collé sur le bras après m'avoir pompé un demi-litre de sang me démangeait et me gênait. Selon Delarche, mon malaise, comme il l'avait appelé, présentait des symptômes qu'il fallait éclaircir. En bon médecin légiste, il avait planté la seringue avec la délicatesse qu'il aurait eue pour un cadavre, puis, après l'avoir remplie de globules rouges, il l'avait passée à l'un des siens pour les faire analyser.

La place était pleine de flics, quatre 307 de service et deux autos banalisées. Les lueurs des gyrophares créaient un jeu d'ombres et de lumières multicolores entre les feuilles des arbres et sur les murs des immeubles. Des flics en uniforme gesticulaient pour maintenir les curieux à distance. On aurait dit une fête, alors que c'était une tragédie.

De la pointe des doigts, j'ai remis de l'ordre dans mes cheveux tout en retournant vers le salon. Alain Servandoni s'est approché de moi, les mains plongées dans les poches de sa veste de chasseur en velours côtelé beige.

– J'ai l'impression de vivre un cauchemar, Alain, j'ai murmuré, je n'arrive pas à réaliser.

Il m'a regardé droit dans les yeux et m'a serré le bras. Il n'a ni souri ni laissé voir aucune autre expression, mais son affection est passée à travers mon corps comme un courant léger.

Ceux du dix-huitième allaient tâcher de récupérer l'enquête et je ne voulais pas qu'elle passe entre leurs mains ; la chasse à cette salope, c'est moi qui voulais la donner. Avec un petit effort, Alain pouvait convaincre Le Normand de transférer les investigations à la brigade criminelle. Une fois à la Crim, avec un peu de chance et de piston c'est mon équipe qui s'en occuperait.

Guibert et Saunière, les deux supermen de la Scientifique, étaient au travail dans l'appartement avec leurs sous-fifres. Ils étaient là depuis une demi-heure à recueillir cheveux, crottes de souris, et Dieu seul sait quoi encore. La tueuse n'avait sûrement pas laissé de traces.

De Clock, le chef de la balistique, s'en était déjà retourné au laboratoire après m'avoir fait décrire minutieusement l'arme utilisée par la femme. Il m'avait posé une montagne de questions puis avait extrait du plancher la première balle, et il était parti en disant avoir quelque chose à l'esprit mais il devait vérifier.

D'ailleurs, avant de me mettre à courir derrière cette femme, chaque élément me serait utile et je sentais que je n'en aurais pas beaucoup.

– Je regrette sincèrement, dit Alain en me prenant par le bras.

Il se tenait un peu à distance, car, entre le vomi et tout le reste, je répandais un parfum très différent de Dior, « J'adore ». J'avais hâte qu'ils déguerpissent tous pour pouvoir prendre une douche, vider une bouteille de liqueur et rester seul à caresser cette douleur sourde qui griffait mon corps de l'intérieur :

– Elle nous attendait, mon vieux. Je ne sais pas ce qu'elle pouvait bien chercher, mais il est certain qu'elle voulait tuer Martine, elle était là pour ça. Une exécution en bonne et due forme. Je veux cette pute pour moi tout seul, Alain, aide-moi à avoir l'enquête.

D'un geste lent, il a redressé ses lunettes sur le nez.

– Steinmetz et ceux du dix-huitième feront un tas d'histoires. Tu connais le clébard, si tu lui fais renifler un os il ne le lâche plus. Pour l'instant, on y travaille, mais Le Normand dira que tu es trop concerné pour t'en occuper.

– Ce n'est pas la première fois que le patron suit tes conseils, Alain. Dis-lui que c'est toi qui tiendra les fils à ma place, dis-lui ce que tu voudras, mais l'enquête doit rester à la Crim.

– J'essaierai, a-t-il soupiré, mais toi, tâche de ne pas faire de conneries.

– En attendant, essayons de trouver cette salope, nous penserons aux conneries une fois la chose faite.

Il allait me répondre quand Coccioni l'a interrompu en entrant au salon :

– Nous avons trouvé la « Pluriel » de Martine garée à deux pâtés de maisons d'ici. Elle aussi a été fouillée de fond en comble. La serrure a été forcée.

– On dirait que la femme est une experte. J'aimerais bien savoir ce qu'elle cherchait, a dit Alain.

– Elle a emporté son agenda et son téléphone, ai-je grogné, elle a été payée pour se débarrasser de Martine.

Coccio s'est gratté le cuir chevelu d'un air perplexe :

– Je me ferai donner les relevés de son portable, il pourrait y avoir des appels intéressants.

– En partant, la femme semblait furax *(j'ai désigné l'appartement :)* l'agenda et le téléphone n'étaient donc pas les seules choses qu'elle cherchait.

– Elle a peut-être trouvé le reste dans la voiture, a grommelé Coccioni.

– Peut-être.

Nous nous sommes regardés tous les trois un instant. J'ai poussé un soupir qui d'un seul coup a changé les prévisions météo en jetant un grand froid sur les Alpes. Alain a plongé les mains dans ses poches, Coccio s'est assis sur l'accoudoir du divan, l'air affligé.

Alain Servandoni et Michel Coccioni étaient avec moi les plus anciens de l'équipe. *Italiens* à cent pour cent et pratiquement depuis le début, deux amis de longue date qui souffraient sûrement autant que moi de la mort de Martine. Nous étions des survivants, des rescapés de la vie et de la rue. À la longue, cela crée un lien fort, comme entre des frères plutôt qu'entre des collègues.

Un portable s'est mis à sonner. Saunière s'est redressé dans sa panoplie en papier blanc dernier cri, a pris son téléphone dans la sacoche des instruments et l'a porté à l'oreille.

– J'ai expédié Leila et Didier au bureau de Martine, a dit Coccio, nous avons sorti les proprios de leur lit. Leila fera mettre les scellés et laissera deux des nôtres pour monter la garde.

– Nous aussi nous devrions y aller, ai-je continué.

– Ça ne servirait à rien, est intervenu Alain, soit cette femme a déjà quitté Paris, soit elle habite juste là derrière et les probabilités de la retrouver sont exactement les mêmes : faibles.

– Il pourrait y avoir quelque chose d'important dans le bureau de Martine, ai-je insisté.

– Dans ce cas, elle l'aura déjà trouvé, dit Coccio, si elle cherchait quelque chose elle sera aussi passée par là.

Ils avaient peut-être raison. Et puis j'étais dans l'impossibilité d'aller où que ce soit autrement qu'à l'horizontale. J'avais besoin de dormir quelques heures, de me laver et de me remettre. Et j'étais tourmenté par une angoisse insidieuse qui me serrait la gorge et n'avait pas l'intention de lâcher prise.

Saunière s'est approché et a posé une main sur mon épaule :

– J'ai de la peine, Jean-Pierre, sincèrement…

Je lui ai souri :

– Merci, François, aide-moi à coincer cette femme.

Il m'a montré le téléphone.

– C'est de cela que je voulais te parler. Quand j'ai vu les cordelettes avec lesquelles elle t'avait attaché, mon nez s'est mis à me démanger. Je les ai photographiées avec mon portable et envoyées à Maréchal – tu sais, le type qui travaille aux mœurs, Gervais Maréchal. C'est lui qui vient d'appeler.

– Qu'est-ce qu'il t'a dit ?

– Il a en partie confirmé mes soupçons. Les nœuds lui semblent être typiques du Shibari.

– Du quoi ? s'est exclamé Michel.

– Du Shibari, une technique de bondage née au Japon mais utilisée un peu partout par les amoureux de ce genre de pratique sexuelle. Les nœuds sont très particuliers et la corde utilisée doit être exclusivement en chanvre, comme celle que la femme a utilisée.

– Maréchal en est sûr ? ai-je demandé.

– Il a dit que la manière avec laquelle elle t'avait attaché était un peu hâtive, mais d'une main qui, semble-t-il, le pratique régulièrement, surtout les nœuds. Quoi qu'il en soit, pour en être certain il doit voir les cordes, comme ça d'après les photos il ne peut émettre que des hypothèses.

– Fais-les lui parvenir, a dit Alain.

– Si Maréchal a raison, a grommelé François, il est possible que cette femme ait fréquenté des clubs privés pendant son séjour à Paris. Si elle était là pour tuer Mart…

Il a hésité en me regardant droit dans les yeux.

– Je veux dire : si elle était ici pour planifier un homicide, elle a dû rester quelque temps en ville.

– C'est une bonne idée, a commenté Alain. Dis à Maréchal de nous faire savoir le plus vite possible s'il parvient à trouver quelque chose de valable avec ces cordes.

Saunière est reparti à son travail. J'étais surpris, il suffit que ta petite amie soit assassinée à coups de pistolet pour que tout le monde devienne soudain aimable et disponible, même une personne mal embouchée comme François Saunière.

Le téléphone de Coccioni s'est mis à sonner, je l'ai reconnu parce qu'il chantait *O sole mio*.

– Je t'écoute, a-t-il dit en le portant à l'oreille, oui… bien… et qu'est-ce… oui, et qu'est-ce que vous avez trouvé ?… C'est tout ?… Tu es sûre ?… Comment ça ?… Ah… oui, c'est ce que nous avons pensé… Comment ?… Non… non, ne le laisse pas passer… Ni l'un ni l'autre, personne ne doit mettre les pieds dans ce bureau jusqu'à demain matin… Oui… O.K. Oui, laisse là Flamant et Rogliatti… Comment ?… Qu'est-ce que ça veut dire : il a un engagement ?… Non… j'ai dit que non… Voilà, bien… Donne-leur un thermos de café, un sandwich à partager en deux et dis-leur de ne pas nous casser les couilles… D'accord… D'accord… O.K., je lui dis… Oui, *ciao*, à bientôt.

Il a fermé son téléphone et l'a remis en poche :

– C'était Leila, elle dit que le bureau de Martine a été fouillé, et après l'heure de fermeture. Ils ont, paraît-il, fait un travail de pro ; elle dit que, s'il n'y avait pas eu trois rayures sur la serrure, personne ne s'en serait rendu compte. Deux des nôtres montent maintenant la garde, mais c'est un peu comme de fermer l'étable une fois que les bœufs sont déjà sortis.

– Je me demande pourquoi ils n'ont pas tout foutu en l'air comme ici.

– Après qui Leila en avait ? a demandé Alain.

– Rien, les patrons de l'atelier, Chappaz et Devaux, ils voulaient entrer dans le bureau de Martine. Elle les en a empêchés.

– Qu'est-ce qu'ils pouvaient bien vouloir y trouver ?

– Ils disent que des contrats importants sont rangés dans le bureau de Martine.

– Bien, ceux-là il vaut mieux que nous les lisions nous aussi. Rogliatti a fait chier ?

– Comme toujours, sale flemmard. Pas une fois il n'a fait une nuit sans ronchonner.

– Quoi d'autre ? ai-je coupé court.

– Leila dit que le patron nous veut tous demain matin dans son bureau à 8 heures.

– La bureaucratie en marche, est intervenu Alain.

– Prépare ta plaidoirie. Sachant que je suis concerné, Steinmetz va se démener.

Le commissaire en chef Loïc Steinmetz était un brave homme à l'ego à peine plus grand que son désir de faire carrière. Il savait que nous allions essayer de travailler sur l'homicide de Martine et il allait tout faire pour nous enlever l'enquête. Qui, d'ailleurs, aurait dû lui revenir de droit.

– Allez, on donne un coup de main à Saunière et à ses gars, comme ça nous irons tous dormir avant le lever du jour.

Alain a pris une mallette pleine d'instruments absurdes et l'a emportée dans l'entrée. La scientifique passait tout l'appartement en revue parce que la salope avait été partout, même dans les gogues. Coccio s'est approché de moi l'air embarrassé. D'une main il m'a serré un bras pendant que de l'autre il grattait sa calvitie bordée de cette broussaille grise qui lui tenait lieu de cheveux.

– Martine était une fille bien, a-t-il grogné en fixant ma poitrine, elle me plaisait… Je suis désolé.

Malgré la chaleur de juin, il portait son blouson d'aviateur de la Grande Guerre. L'un circulait toute l'année avec sa veste de chasse en velours et l'autre avec un blouson qui donnait chaud rien qu'à le regarder. Même à la loupe, impossible d'en trouver deux autres comme ça.

Je lui ai passé un bras autour des épaules :

– Merci, Michel.

– On ne va pas la laisser s'en tirer aussi facilement, a-t-il grommelé, pas vrai mon vieux ?

– Je veux la voir en mille morceaux répandus sur le sol.

Ça a presque été un rugissement. Michel a retiré mon bras de ses épaules et m'a gentiment saisi par le col.

– Ça me va, je cracherai même sur sa cervelle écrabouillée, mais il vaut mieux que tu ne le dises pas devant Le Normand. En moins de deux il refilerait l'enquête à un autre.

Nous nous sommes regardés en silence. Il y avait un accord tacite dans notre équipe : si l'un de nous était visé, les autres s'occupaient de faire place nette. Cela s'était déjà produit et les méchants l'avaient senti passer, très fort.

– T'inquiète, je me mordrai la langue.

C'est alors que le téléphone de l'appartement a sonné. C'était de Clock :

– J'avais raison, c'est le pistolet auquel je pensais.

Je n'avais aucun doute que c'était le pistolet dont il avait parlé. Il n'existait aucune arme sur la surface de la Terre que notre ami ne connaisse, n'ait essayé ou n'ait vu au moins une fois dans sa vie. Maurice de Clock était une encyclopédie vivante sur le dernier cri du pan-pan.

Moustaches en guidon de bicyclette, physique d'athlète et fin cerveau. Tous les muscles dont on dispose, il se les était octroyés, même ceux que le bon Dieu garde de côté pour toute éventualité. Il avait tout fait, au cours de sa carrière : Légion étrangère, services secrets, videur, dompteur de lions, astronaute, funambule et comique de stand-up. Le bruit courait que pendant un certain temps il avait même dirigé un tripot clandestin au second étage de la tour Eiffel.

Alors, qui aurait pu penser que ce putain de pistolet n'était pas ce qu'il disait :

– C'est un pistolet russe utilisé par le KGB et par l'armée soviétique en 1972. Il s'appelle MSP : Malogabaritnyj Spetsialnyj Pistolet, c'est-à-dire Pistolet spécial de petit cal…

– Maurice, l'ai-je interrompu, enlève les sous-titres et parle-moi des choses intéressantes, il est 2 heures du matin.

De Clock n'est pas quelqu'un qui se démonte :

– C'est un des rares pistolets réellement silencieux. Si tu as besoin d'un pet de lapin, c'est lui qu'il te faut comme seringue.

Le tir produit un son à peine supérieur à celui du percuteur buttant contre la culasse. Ce n'est pas l'arme qui est silencieuse, c'est la cartouche.

– Qu'est-ce que ça veut dire ?

– Exactement ce que j'ai dit. Le pistolet en lui-même n'a rien de particulier, il a des canons superposés et tire deux coups calibre .7,62. Les munitions, au contraire, sont spéciales, elles. Leur nom est SP-3 et le silencieux est intégré dans la cartouche. Quand elle explose, un piston pousse la balle dehors et en même temps ferme hermétiquement la douille en empêchant la sortie des gaz produits par le tir. Silence total. Le projectile voyage à seulement 200 mètres à la seconde, c'est donc une arme imprécise, prévue pour tirer de près.

– C'est un truc diabolique, ai-je dit, ahuri.

– Tu peux le dire haut et fort, a jubilé de Clock. Les cartouches sont montées deux par deux, maintenues ensemble par une petite plaque en acier, et une fois tirées elles ne sont pas expulsées de l'arme, donc aucune douille sur la scène du crime. Elle a deux gâchettes, une normale pour tirer et une plus longue, sous le pontet, pour recharger le canon. Une vraie arme d'assassin… C'est-à dire… Ben… excuse-moi, je ne voulais pas…

– Ça va, Maurice. Où elle a pu trouver un pistolet de ce genre ?

– En Russie ou dans un pays de l'Est. Tu peux trouver de tout dans ces coins-là, même un missile balistique intercontinental, au cas où ta belle-mère vivrait à l'étranger.

De Clock faisant de l'esprit, un événement plus rare que la neige à Tombouctou. J'ai compris qu'il essayait de me remonter le moral.

– Elle ne peut pas se l'être procuré ici à Paris ?

– Je suis sûr qu'elle l'a apporté avec elle, je n'ai jamais vu circuler une chose pareille ici.

– Elle est donc arrivée en train. On ne te laisse pas prendre l'avion avec ce genre de bagage.

– On pourrait le lui avoir fourni sur place, mais quelque chose me dit que c'est l'arme qu'elle utilise habituellement, elle est trop étrange et assez petite pour être cachée n'importe où, en l'occurrence même dans la culotte. Un pistolet avec un silencieux fait beaucoup plus de bordel et il est beaucoup plus encombrant.

– En y repensant, ai-je murmuré, son accent n'était pas français ; pas qu'elle ait fait un long discours… Ou alors, elle simulait ?

– M'étonnerait qu'elle arrive d'un pays de l'Est, l'histoire aurait des ramifications trop importantes : Martine n'était pas un chef d'État…

– Non, elle ne l'était pas, ai-je soupiré, c'était une chic fille.

– Je regrette, sincèrement…

Nous sommes restés silencieux quelques secondes.

– Écoute, fais un tour sur l'Euro-Ibis et regarde si elle l'a déjà utilisé dans quelque endroit.

Ballistics Identification System est une banque de données internationale continuellement mise à jour. Avec une balle en bon état à notre disposition, grâce à la rayure laissée par le canon on pouvait savoir si l'arme avait déjà tiré et dans quelle situation.

– D'accord, a conclu de Clock, j'utiliserai la balle que j'ai prise dans le plancher.

– Nickel, Maurice, et encore merci pour la rapidité. Mets tout par écrit et on se retrouve demain matin dans le bureau de Le Normand.

Nous nous sommes salués et j'ai raccroché. Guibert et les siens étaient en train de ranger leurs instruments, signe qu'ils allaient partir. Saunière fumait une cigarette sur le balcon en compagnie d'Alain. J'allais bientôt rester seul avec mon cafard, ma colère et ma douleur. Et avec un devoir terriblement difficile. Les journaux paraîtraient dans la matinée et je ne voulais pas que les parents de Martine, à Troyes, l'apprennent de cette façon. Je devais donc les tirer du lit en pleine nuit pour leur dire que leur fille avait été assassinée.

Je me suis assis sur l'accoudoir du divan pendant qu'une main glacée et sans pitié s'amusait à me déchirer le cœur.

4

Par la vaste fenêtre du bureau du patron je pouvais voir la « Maison pointue » se découper contre un ciel d'azur à peine voilé par la légère brume matinale. À l'inverse de moi, Paris s'était réveillée belle et pimpante comme tous les matins.

Je me sentais vidé, comme si mes batteries s'étaient subitement déchargées. Le peu d'énergie qui me restait me disait du bout des lèvres que je devais me secouer.

L'élégant bureau du patron était bondé d'une cohorte hagarde. Cernes sous les yeux et bâillements mal contenus pendant que Le Normand nous disait la seule chose que je voulais l'entendre dire, que l'enquête resterait en famille :

– Le commissaire Steinmetz est prêt à nous laisser la direction des investigations. Pour l'instant, le dix-huitième conservera un rôle d'assistance.

Alain et moi avons échangé un regard. Aucun signe, aucun sourire.

Steinmetz m'a lui aussi scruté avec un regard grave, sans chaleur mais sans animosité. Il était appuyé contre le rebord de la fenêtre, enveloppé dans un imperméable à la couleur indéfinissable qui, une fois déplié, aurait pu servir de toile à un chapiteau de cirque. Loïc Steinmetz était un homme un peu trop gros, un peu trop petit, un peu bouffi, un peu gris, un peu absent, un peu ordinaire. Il n'y avait rien de fini en lui, comme si, pour le fabriquer, on avait assemblé toutes sortes de pièces de rechange.

Ses courts cheveux blanchâtres étaient toujours gras, sa barbe clairsemée sur le menton rond avait au moins une dizaine de jours et semblait incolore. Ses vêtements froissés et mal assortis étaient ceux avec lesquels je l'avais toujours vu.

Assise à ses côtés, très à son aise, une poupée qui, si elle n'avait pas bougé de temps en temps, aurait pu être un mannequin volé dans une vitrine de Christian Lacroix. Terriblement belle, élégante et pas du tout à sa place ici.

Le patron a soufflé un nuage de fumée vers le plafond. Le bout doré de la Sobranie noire brillait entre ses doigts grassouillets et bien soignés. Son visage était marqué par des rides profondes comme des traits grossièrement sculptés dans un bloc de pierre. Le regard avec lequel il nous toisait était inflexible.

– En échange, a-t-il grogné, j'ai accepté que le lieutenant Maëlis Deslandes, en fonction au dix-huitième, participe activement à l'enquête.

La mannequin a changé de position avec un bruissement. Les têtes de mes hommes se sont tournées pour lui jeter un coup d'œil. Elle est restée impassible, eux aussi, seul le regard de Leila Santoni a croisé le sien quelques secondes de plus. Avant de regarder à nouveau le patron, elle lui a souri.

J'ai réprimé un bâillement. J'avais du mal à ne pas penser à la soirée précédente. Après le départ d'Alain, de Coccio et des gars de la Scientifique, j'avais erré à travers l'appartement dans une tentative aussi ridicule que douloureuse de remettre nos affaires en place. J'avais lentement déroulé ma nuit de cauchemar qui avait eu son point culminant avec l'appel aux parents de Martine.

C'est cet appel qui avait tout rendu réel et définitif. Au moment où j'avais reposé le récepteur, Martine était vraiment morte. À cet instant précis, j'avais réalisé que je ne la reverrai plus jamais.

– J'imagine que tu es d'accord, a explosé la voix contrariée de Le Normand. Tous les yeux étaient braqués sur moi.

– Comment ? j'ai balbutié. Excuse-moi, j'étais plongé dans mes pensées.

Il a éteint sa cigarette en l'écrasant dans le cendrier en argent marqué du « N » de Napoléon sur le fond. Puis il m'a étudié attentivement.

– Nous parlions de toi, a-t-il dit avec un ton patient, celui pour les enfants difficiles. – Je disais que l'usage m'imposerait de te retirer d'office l'enquête pour t'envoyer quelques semaines en vacances à Saint-Tropez. Par contre, nous ferons ainsi : le commandement de l'équipe passe momentanément à Servandoni ; si tu ne te mets pas à faire des conneries et si tu suis ses indications à la lettre, alors tu seras de la partie.

Il s'est mis une nouvelle cigarette entre les lèvres et l'a allumée en ajoutant :

– À condition que le commissaire Steinmetz n'y trouve rien à redire.

Alain s'est lui aussi mis une Caporal dans le bec et, après avoir gratté une allumette contre le bord de sa chaise, il a mis le feu aux poudres. Le Normand l'a fusillé du regard.

Loïc Steinmetz a haussé les épaules :

– Par expérience, je sais que, lorsqu'une personne est trop impliquée, elle risque à la longue de nuire à l'enquête.

Sa voix crissait comme des pas sur la neige gelée. Elle gémissait.

– D'un autre côté, je me rends compte à quel point le commissaire désire attraper cette femme. Je n'ai donc rien contre, d'autant plus que je suis convaincu que le lieutenant Deslandes saura lui éviter les ennuis.

En disant cela, il a posé une main sur l'épaule de son élégante policière. Ceux-là, l'air de rien, étaient en train d'essayer de me coller comme chaperon la fliquette bon chic bon genre.

– À vrai dire, j'ai déjà mon équipe, ai-je bredouillé, je ne crois pas que…

– Encore un mot, a grogné le patron, et en moins de temps qu'il ne le faut pour le dire tu te retrouves le cul dans le train pour Saint-Trop'.

Servandoni a souri, révélant la paire de fossettes sur ses joues et cet espace entre les incisives qui fait fondre toutes les femmes qu'il rencontre. Puis il a soufflé un nuage de fumée en secouant la tête d'un air amusé. La mannequin n'a proféré aucun mot ni changé de position. Le grand type sec qui, la veille, m'avait cuisiné, Nassim Roland ou Roiland ou quelque chose comme ça, s'est détaché du mur pour aller s'appuyer contre le rebord de la fenêtre à côté de son chef. Il s'est penché vers lui en retirant de sa bouche la baguette en plastique transparente qu'il était en train de mastiquer et lui a susurré quelque chose à l'oreille. Loïc a ricané. Je suis resté silencieux, conscient que le moindre mot me serait retombé sur la tête avec le poids d'une pierre.

Le Normand a demandé à Saunière de faire son rapport.

– Aucune empreinte ni aucun autre élément pouvant nous aider à identifier cette femme, a commencé François en remettant en ordre ses rares cheveux noirs. La lumière tombait sans pitié sur son long nez fin, le mettant encore plus en évidence, la voix était plate et monocorde :

– Delarche soutient que Mlle Delvaux est morte presque instantanément de la balle dans le cœur. Le coup à la tête ressemble davantage à une signature qu'à un coup de grâce.

Il a tourné quelques feuillets :

– La seule chose offrant de l'intérêt, ce sont quelques cheveux roux qui proviennent sûrement d'une perruque. Ce sont des cheveux naturels de type européen, un objet de luxe très coûteux, le top. Si c'étaient des cheveux orientaux décolorés ou synthétiques, ils n'auraient pas la valeur que…

– Abrège avec les conneries, a soupiré Le Normand. Tiens-t-en aux choses importantes s'il y en a.

Saunière a fait la moue en regardant fixement ses notes :

– D'après ce que Mordenti nous a raconté, nous sommes sûrs qu'ils ont été perdus durant la bagarre. Évidemment la tueuse portait une perruque. Ce ne sera pas facile mais nous tâcherons de remonter au producteur.

– Quelque chose à tirer du bout de corde ? a demandé Alain.

– Maréchal a pu l'examiner, il est sûr que les nœuds ont été faits par quelqu'un qui pratique habituellement le Shibari.

– Qu'est-ce que le Shibari ? a soupiré Le Normand.

– C'est une sorte de jeu de cordes érotique qui vient du Japon, a dit Alain, un art ou une pratique sexuelle, selon qu'on te photographie ou qu'on te le met entre les fesses après t'avoir attaché.

– Et quel rapport avec cette enquête ?

– Celle qui m'a ficelé semble connaître plutôt bien ce genre de pratique, ai-je expliqué au patron, d'après le type de nœuds qu'elle a utilisés.

– Maréchal est en train de faire une recherche sur les clubs privés de Paris, est intervenu Saunière. Si cette femme aime ce genre de passe-temps, il est possible qu'elle ait fréquenté une de ces boîtes. Il doit nous faire parvenir une liste aussi vite que possible. Nous sommes encore en train de passer le bureau de Martine au crible mais pour l'instant nous n'avons rien trouvé d'intéressant. On dirait qu'il a été fouillé en prenant garde que personne ne s'en aperçoive.

Éclaircissements de gorge et toussotements. Quelqu'un a changé de position, puis le regard du patron s'est posé sur de Clock, dur comme la pierre. Avant de nous faire son rapport, celui-ci a bien lissé ses moustaches en guidon :

– Je vous ai déjà parlé du pistolet. J'ai fait un contrôle croisé sur le projectile et il ne semble pas que ce pistolet ait déjà tiré ou tué quelqu'un d'autre. Par l'intermédiaire de l'IBIS, mes hommes sont en train d'étendre les recherches à l'Union européenne mais il nous faudra un peu de temps. Si par hasard ils trouvaient une similitude, je vous le ferais savoir.

L'impression d'abattement qui m'habitait s'alourdissait de façon démesurée. Je n'avais rien en main, pas une piste ou un indice sur quoi travailler. Mon regard a croisé celui de Deslandes. Il est certain qu'une nounou de ce genre, n'importe qui l'aurait voulue. Cheveux noirs aux épaules, yeux gris-vert, sourcils fins, peau mate et une bouche signée L'Oréal. Pour être belle, elle était belle, un visage sympathique et vif, et cette légère courbure du nez qui lui donnait un air merveilleusement snob.

Nous nous sommes regardés sans sourire, nous évaluant et nous soupesant mutuellement. Elle portait un pantalon noir très large en soie sauvage et un chemisier décolleté à manches longues en moelleux cachemire gris qui adhérait au buste comme un liquide dense, mettant en évidence une poitrine ferme et généreuse. À ses pieds, une paire de sandales blanches à talon plat. J'avais l'impression que, pour acheter tout cela, deux mois de mon salaire n'auraient pas suffi.

Elle a détourné le regard car Leila commençait à parler :

– Hier soir, nous avons mis les scellés sur le bureau de Martine Delvaux. Les deux serrures, celle de l'entrée et celle du bureau, avaient été forcées avec une certaine habileté. Ce sont ces indices qui nous ont fait comprendre que quelqu'un était allé là-bas. Peut-être la tueuse, avant de se rendre à l'appartement, mais il n'est pas exclu que quelqu'un d'autre l'ait fait. De toute façon, nous n'avons pas la moindre idée de ce qu'ils cherchaient.

Elle m'a regardé furtivement. Comme à l'accoutumée, ses cheveux noirs étaient coiffés en une courte queue-de-cheval. Elle était jolie et reposée. Leila est toujours jolie et reposée, quoi qu'il arrive. Elle portait un blouson léger de daim noir sur un T-shirt blanc et des jeans délavés.

– Cette nuit, nous avons convoqué les propriétaires de la boîte pour jeter un œil avec eux et voir si quelque chose avait été volé. Ils auraient voulu entrer dans le bureau de Martine mais nous le leur avons interdit. Ils cherchaient des contrats qui, de toute façon, avaient déjà été mis sous séquestre. Dans la matinée, responsables et employés seront à notre disposition pour les interrogatoires. En ce moment, Didier Cofferati est sur place avec Rogliatti, Metzger et deux autres. Pour l'instant, nous n'avons aucun suspect.

– Vous avez vérifié les alibis de ces gens ?

C'était le béni-oui-oui de Steinmetz qui avait parlé, Roland ou Roiland, celui qui susurrait des plaisanteries à l'oreille de son chef. Son visage de Maghrébin était creusé et marqué par l'ombre brune d'une barbe rasée mais impossible à cacher. Grand et sec comme un poteau électrique, cheveux noirs, brillants et gras qui commençaient à céder le terrain à une calvitie précoce. Yeux gris, froids, soulignés par une belle paire de cernes sombres.

Leila l'a dévisagé de manière peu amicale. J'ai pensé qu'elle allait avoir une réponse cinglante, mais elle s'est, au contraire, patiemment tournée vers Le Normand.

– Nous les vérifierons au cours de la matinée. Hier soir, il n'y avait que les responsables et nous sommes certains de les avoir sortis du lit. Enfin, nous avons demandé les relevés téléphoniques du portable de Martine Delvaux, mais rien de ce que nous avons trouvé ne nous a mis la puce à l'oreille. Que des coups de fil de travail et quelques appels à ses parents.

La réunion semblait arrivée à son terme. Le Normand a fermé le dossier jaune qu'il avait devant lui :

– Je parlerai au préfet dans la matinée. Nous n'avons donné à la presse qu'une partie des informations. Nous n'avons pas parlé du pistolet et, naturellement, nous n'avons pas dit que l'assassin était une femme.

Il s'est tourné vers Steinmetz :

– Je vous ferai savoir comment le préfet entend gérer l'affaire. En attendant, je vous remercie de votre collaboration, je vous tiendrai au courant.

Steinmetz a esquissé un geste qui, fait par un ours, aurait pu être de courtoisie.

– C'est tout, a conclu le patron.

En lisant entre les lignes : déguerpissez. Nous nous sommes tous levés pour sortir du bureau en bon ordre, accompagnés d'un léger caquetage. J'étais presque sur le seuil quand le patron m'a stoppé :

– Reste un moment, s'il-te-plaît, m'a-t-il demandé en pointant vers moi le stylo qu'il tenait à la main.

J'ai attendu que le dernier disparaisse dans le couloir, puis j'ai fermé la porte.

– Assieds-toi.

– Je préfère rester debout, je suis un peu nerveux.

– Je vois, fils.

Il m'a dévisagé un instant.

– Avant tout, même si je ne connaissais pas Mlle Delvaux, je tiens à te dire que je suis très attristé par ce qui s'est passé. Je te présente mes condoléances.

Un cœur de pierre qui battait pour moi, une chose aussi surprenante n'arrivait même pas dans les contes d'Andersen !

– Je te remercie, patron. Il suffira que tu me laisses mettre la main sur cette femme.

Il a poussé un soupir résigné.

– Écoute-moi. Ne va pas croire que je gobe cette connerie que Servandoni dirigera l'équipe. Je vous connais trop bien, vous deux, pour me faire avoir par ces combines de pensionnat de jeunes filles. Cependant je fermerai les yeux. Tu es encore ici parce que Servandoni a juré sur la tête de sa mère qu'il t'aurait à l'œil et t'empêcherait de faire des conneries.

Avant de continuer, il a écrasé sa cigarette de pédé dans le cendrier :

– Je joue ma peau. Je voudrais que cela soit très clair pour toi. Steinmetz aimerait beaucoup ma place, alors il ne va pas nous lâcher des yeux.

– Sois tranquille, je serai sage et j'exécuterai les ordres à la lettre. Je ne trouve donc pas nécessaire que la Deslandes reste collée à moi comme…

– Mon vieux, elle sera ton ombre que tu le veuilles ou non. Elle fait partie intégrante de cet accord délicat.

J'ai soupiré :

– Mais patron, que veux-tu que je fasse de cette nana, que je l'accompagne faire du shopping ?

Il y a eu un léger courant d'air. Nous nous sommes retournés, elle était là, debout sur le pas de la porte. J'étais à deux doigts de rougir.

– Excusez-moi, a-t-elle dit, j'ai frappé mais vous n'avez pas entendu.

Une voix sublime a caressé mes oreilles, me rappelant une gavotte du XVIe siècle, les notes mélodieuses d'une viole de gambe, ni trop haute ni trop basse.

Le Normand s'est éclairci la voix et, embarrassé, a balbutié :

– Dites-moi, lieutenant.

– Le commissaire Steinmetz a oublié son chapeau. Vous permettez…

Elle est allée jusqu'à une chaise à côté de la fenêtre, a pris le couvre-chef informe qui servait de chapeau à Steinmetz et s'est dirigée vers la porte.

– Je vous attends dehors, m'a-t-elle dit en se retournant. Et, à Le Normand :

– Au revoir, monsieur le directeur.

Elle est sortie en refermant la porte derrière elle. Le patron m'a dévisagé, mordu, mâché et recraché dans les égouts. Le tout par un simple regard. J'ai soupiré.

– Fais-en une autre comme celle-là et tu es hors jeu. Maintenant, fous le camp.

5

Jambes élégamment croisées, Maëlis Deslandes était assise sur l'un des bancs du couloir près d'une grande fenêtre donnant sur la Seine. Elle était occupée à écrire dans un carnet recouvert de cuir bordeaux. Je l'ai observée un instant, me demandant ce que pouvait bien faire une femme comme elle dans la police judiciaire.

Elle a relevé la tête pour me regarder venir. Elle a fermé son calepin, l'a remis avec le stylo dans le sac posé à côté d'elle, s'est levée, est venue à ma rencontre.

Pas de sourires inutiles quand nous nous sommes retrouvés l'un en face de l'autre. Elle était grande, elle aurait pu sans effort me donner un coup de boule dans le menton. Et je n'aurais certes pas pu la blâmer.

– Je suis désolée de ce qui vous est arrivé. C'est terrible.

Si son intention avait été de me mettre en porte à faux, elle y était magnifiquement parvenue.

– Merci, lieutenant, ai-je balbutié, j'apprécie.

Elle a croisé les bras. Son parfum était délicat, très sec – j'ai pensé : lavande et romarin.

– On va l'attraper, a-t-elle poursuivi.

– Oui, bien sûr, nous la prendrons. On y va ?

En sortant de la Grande Maison nous avons été enveloppés par la lumière du soleil qui nous a accompagnés comme une vague jusqu'à ma voiture. Sans le vouloir, je me suis vu lui ouvrir la portière.

– Ces attentions ne sont pas nécessaires, a-t-elle dit en souriant. Je vous en prie, traitez-moi comme vous le feriez avec n'importe quel autre collègue.

Je me suis installé au volant, j'ai attaché ma ceinture et nous sommes partis. J'ai pris le boulevard du Palais et nous avons traversé la Seine par le pont au Change. Le boulevard de Sébastopol était bondé, progression lente. Aucun de nous deux n'a ouvert la bouche jusqu'à la hauteur de la tour Saint-Jacques.

– Vous ne m'aimez pas, a-t-elle finalement dit.

Elle m'a scruté tellement à fond qu'elle a dû voir la couleur de mon slip. Au moins, la tension s'est relâchée.

– Écoutez, j'ai répondu, je regrette mes paroles, je n'avais pas l'intention de vous froisser. Je ne pensais pas que vous pouviez m'entendre.

– Mettons les choses au clair, a-t-elle poursuivi en regardant par la vitre, moi non plus je ne suis pas folle de joie de travailler avec des gens que je ne connais pas, surtout sur un cas qui devrait de droit nous revenir à moi et à mon commissariat. Le fait est que j'ai reçu des ordres, et ce n'est pas à moi de décider ce qu'il y a de mieux à faire.

J'ai acquiescé brièvement. Il n'y avait vraiment rien à dire, elle avait amplement raison.

– Qu'est-ce qui ne vous plaît pas en moi, commissaire ? Ma façon de m'habiller ? Ma coiffure ? Mon style de vie ?

– Il n'y a rien en vous qui ne me plaise pas, vous êtes sans doute la femme la plus troublante qui ait jamais mis les pieds dans ma voiture. Je voudrais seulement travailler avec mon équipe comme d'habitude, c'est tout. Mais moi aussi j'ai reçu des ordres, j'essaierai donc de les exécuter au mieux. Je suis un homme plein de ressources.

Silence. Autre tension. Nous avons croisé la rue de Rivoli et filé vers le pôle Nord.

– Écoutez, a-t-elle repris de sa belle voix, mes parents sont bourrés d'argent et cela semble mettre mal à l'aise la plupart de mes collègues. Il est probable qu'ils se demandent pourquoi une fille pleine de fric doit gâcher sa vie dans un commissariat de police.

– C'est justement ce que je me demandais.

– Je n'y peux rien si je suis née avec une cuiller en argent dans la bouche, a-t-elle répondu, une note fatiguée dans la voix, et franchement cela ne me déplaît pas. Je voulais être policier et je le suis devenue, contre la volonté de mon père et de ma mère qui, au lieu de me tendre la main, m'ont presque déshéritée. J'ai étudié, bossé dur, et maintenant je suis lieutenant de police. J'ai droit au respect comme n'importe quel autre flic. Alors, dites-moi ce que vous avez à me dire et arrêtez de faire la gueule.

Au feu, nous nous sommes fixés un instant. Elle a soutenu mon regard sans ciller.

– Vous avez un sublime pantalon, ai-je dit.

Ses lèvres ont eu un tremblement, puis nous avons éclaté de rire en même temps. La circulation a repris. Nos rires se sont éteints alors que la ville ensoleillée défilait, paresseuse, à nos côtés. Nous sommes restés silencieux un moment.

– *Les Italiens*, a-t-elle tout à coup dit avec un sourire, Steinmetz m'avait avertie.

C'est ainsi qu'on nous appelle à la Brigade criminelle, « *les Italiens* » ou « *les Ritals de merde* » ou encore « *ces têtes de lard d'Italiens* », selon l'humeur. Cela parce que la majeure partie de l'équipe, moi compris, est d'origine italienne. À l'époque de Bruno Pennacino, le commissaire divisionnaire qui l'avait mise sur pieds, nous l'étions tous. Puis les choses ont changé et il y a maintenant parmi nous des Corses et des Alsaciens, mais le nom est resté.

– Nous avons une certaine réputation, vous savez ?

– Oh, je le sais bien, on parle beaucoup de vous à la Judiciaire.

– En mal ?

Elle a secoué la tête, amusée. Je me suis décollé d'un bus et j'ai accéléré.

Vers Étienne-Marcel la circulation s'est diluée, nous permettant de monter plus vite. J'ai tourné rue de Réaumur et l'ai avalée d'un bond jusqu'à la rue du Temple.

Art-en-Images, le bureau où travaillait Martine, se trouve au 5, place de la République. Je me suis garé sur un espace interdit, boulevard Voltaire, et j'ai baissé le pare-soleil portant la mention POLICE en lettres lumineuses. Deux 307 de la poulaille étaient garées sur la piste cyclable devant la porte cochère et deux flics bavardaient tranquillement dans le hall.

Art-en-Images occupait tout le troisième étage de l'immeuble. Ça devait rapporter gros. Déco moderne et élégante, tableaux de maîtres et grandes reproductions d'œuvres d'art suspendues un peu partout.

Martine en parlait comme d'un studio mondialement connu qui, pour cette raison, tournait à plein, trois cent soixante-cinq jours par an. Les clients étaient de grands musées, des galeries d'art célèbres et des collectionneurs dumonde entier, des gens qui avaient besoin de reproduire leurs chefs-d'œuvre en photos.

Alain m'a accueilli à la porte. Il m'a pris par le bras et m'a poussé dans un coin :

– Qu'est-ce que le patron t'a dit ?

– Évidemment, il n'a pas gobé le truc. Il m'a dit de filer droit et de ne pas faire d'histoires. Et de me coltiner la pin-up, que ça me plaise ou non.

Il a souri et s'est mis une cigarette entre les lèvres :

– Moi, ça ne me déplairait pas, a-t-il soutenu en jetant un coup d'œil à ma nouvelle ombre.

– On en est où ? j'ai demandé pour couper court.

– Nous interrogeons tous ces gens, même si je doute que notre tueuse se cache parmi eux.

– Combien ils sont ?

– Plus ou moins une trentaine, entre employés, secrétaires et photographes.

Il a gratté une allumette contre le mur, y laissant une belle strie rouge, et il a allumé sa cigarette. J'ai vu Leila Santoni qui allait vers Maëlis pour lui serrer la main. Elle l'a emmenée avec elle et elles ont disparu dans un long couloir.

– On dirait une milliardaire, a dit Alain en soufflant la fumée.

– Elle l'est, mais elle à l'air O.K.

– Tant mieux. Si tu veux faire un brin de causette, les propriétaires sont par là.

Il m'a conduit dans un bureau meublé d'une grande table en verre et acier entourée d'une forêt de chaises et d'une cheminée en marbre rouge ; il aurait pu héberger une demi-douzaine de sans-abris avec leurs cartons, leurs sacs de couchage et tout le reste. Boiseries jusqu'au plafond, bibliothèque monumentale et le meilleur des productions de la maison accroché aux murs.

Bastien Chappaz et Marius Devaux étaient en train de répondre aux questions de Michel Coccioni d'un air affligé. À notre entrée, ils se sont levés pour me communiquer l'immense douleur provoquée par la perte de la pauvre Martine, sûrement la meilleure des photographes professionnels.

– Je suis le commissaire Jean-Pierre Mordenti.

Phalanges serrées avec accompagnement de regards tristes de *mater dolorosa*.

Nous nous sommes tous assis autour de la table, Coccio nous a mis au courant du double entretien. Une fois les conneries mises de côté, ce qui restait était bien mince. Ces deux-là n'avaient pas la plus pâle idée de la personne qui avait pu commettre un geste pareil. Encore moins du pourquoi.

– On est venu fouiller ici, ai-je continué une fois le chapelet récité, il doit donc y avoir un lien avec votre atelier.

– Nous parlions justement de cela avec votre collègue, dit Chappaz.

Il a passé une main dans ses épais cheveux blancs tout en ajustant les lunettes sur son nez :

– Notre métier est de prendre des photos, je ne vois vraiment pas quelle relation cela peut avoir avec le meurtre de la pauvre Martine.

– Nous sommes ici pour le découvrir.

Il m'a fixé, sombre. Il portait un costume prince de Galles léger vert pâle, à la coupe impeccable malgré son aspect défraîchi, une chemise bleu ciel, un cache-col marine et bordeaux.

Devaux, l'autre associé, était un de ces hommes d'affaires français typiques qui s'habillent de préférence de costumes rayés bleu foncé horriblement mal coupés, d'une chemise blanche et d'une cravate rouge vif. Tous les jours à l'heure du déjeuner, on en croise plein dans les rues.

– Le commissaire fait probablement allusion au fait que dans notre domaine nous avons souvent à faire avec des œuvres d'art très coûteuses, a-t-il proféré d'une voix légèrement nasillarde, et cela pourrait faire envie à des gens mal intentionnés.

Nous nous sommes observés mutuellement. Il ressemblait à un mannequin raté avec ce costume un peu engoncé, la cravate trop agressive et des cheveux si bien peignés qu'on aurait dit un casque.

– Je regrette beaucoup pour votre amie, croyez-moi, a continué Devaux, mais je suis certain que ce n'est pas ici que vous trouverez la solution à ce délit.

J'ai étouffé ma rage en rassurant Alain d'un clin d'œil. Mon amie justement l'appelait le *stronzo** (le con). Ils n'avaient aucune intention de collaborer, ni lui ni son dandy d'associé. Peut-être étaient-ils même impliqués. Quand, tous les jours, des chefs-d'œuvre de millions d'euros te défilent entre les mains, qui sait ce qui peut bien te passer par la tête ? « Mon amie »... Je l'aurais bien attrapé par les fripes et balancé par la fenêtre. Je lui ai, au contraire, souri.

– Nous verrons, ai-je ajouté d'une voix calme, nous ne savons pas ce que voulaient ces gens mais ils ont fouillé les lieux. Il se peut qu'ils aient trouvé ce qu'ils cherchaient mais il se peut aussi qu'il n'en soit rien. C'est pour cela que nous avons besoin de votre aide, pour comprendre le mobile du crime.

Chappaz et Devaux me fixaient avec attention, sourcils froncés et regard inquiet. C'était le début d'une vilaine affaire et ils le savaient très bien.

– Martine a été assassinée de sang-froid, ai-je poursuivi, elle travaillait pour vous et elle a été tuée comme un chien. Je comprends qu'aider la police puisse être emmerdant mais je vous demande de le faire pour elle, je pense que vous le lui devez.

Servandoni s'est éclairci la gorge, puis il a pris une cigarette et l'a mise entre ses lèvres. Il est resté calme et courtois et ne m'a même pas flanqué de coup de pied dans les chevilles. Il a, au contraire, gratté une allumette sous la table et a allumé sa Caporal, au grand dam de Devaux. Il a lentement soufflé un nuage blanc vers le plafond, est resté à en admirer les moulures quelques secondes. Puis il est revenu parmi nous :

– Est-ce que ces derniers temps vous aviez remarqué un changement dans l'humeur de Martine ? Comportements inhabituels ou attitudes qui pouvaient faire penser que quelque chose n'allait pas ?

Chappaz s'est mis à faire joujou avec un petit bout de papier :

– Si c'était le cas, moi je ne m'en suis pas rendu compte. Il me semble qu'elle était la Martine habituelle, gaie et enthousiaste. Pour elle, la photographie était tout, elle avait une façon très spéciale de voir les choses.

Il a souri en regardant devant lui, comme figé. Un élancement douloureux m'a traversé la poitrine. Somme toute, Devaux aussi semblait touché. Il gardait la tête basse et les sourcils froncés. Peut-être avais-je exagéré, certaines personnes ont du mal à laisser transparaître leurs sentiments.

– Elle était très contente du travail qu'elle devait entreprendre dans les prochains mois, a continué Chappaz, Marius et moi avions décidé de lui confier quelques-uns des contrats les plus importants de l'atelier et, pour accomplir cette tâche, elle était en train de se documenter avec ardeur.

– Quel genre de contrat ? ai-je demandé.

Devaux a relevé la tête et m'a fixé en mordillant sa lèvre inférieure :

– Deux commandes très importantes en Italie et une en Allemagne. Des photos pour le catalogue d'une grande exposition et un nouveau livre sur Andrea Mantegna. Et puis une série d'autres choses moins compliquées.

Il a fait un geste des bras pour souligner l'ampleur de la tâche.

– Pour un travail d'une telle importance, est intervenu Alain, j'imagine que Martine n'était pas toute seule. Avec qui devait-elle travailler ?

Chappaz a arrangé ses poignets de chemise :

– Voyez-vous, moi je suis le vieil associé, j'ai désormais un certain âge, je commence à sentir la chaleur de l'au-delà...

Il a souri :

– Disons qu'en degrés Fahrenheit mon âge serait cent quarante-six... Je suis fatigué, vous comprenez ?

Et comment ! Et même complètement zinzin à première vue, mais j'avais entendu pire.

– Voyager m'épuise et ne me procure plus aucun plaisir, je me limite donc à m'occuper de la partie économique. Marius est beaucoup plus actif et énergique que moi, c'est lui qui est en contact avec nos clients et qui dirige le travail sur le terrain. Art-en-Images ne se déplace que pour des commandes d'une certaine ampleur, cela implique des relations avec des personnes importantes – conservateurs de musées, collectionneurs célèbres, ministres… C'est un travail délicat et Martine le faisait très bien.

– Bastien veut dire que dans les contrats qui lui revenaient Martine dirigeait la partie artistique et s'occupait des photographies, a précisé Devaux. Avec Gustave Deshayes elle était notre meilleure photographe, il y avait toujours l'un d'eux et parfois les deux. Quand nous nous déplaçons, nous ne sommes jamais moins de dix et, s'il s'agit d'organiser une mission particulière, le nombre, entre techniciens et assistants, peut considérablement augmenter.

– Une mission particulière ? a demandé Coccioni.

– Quelquefois nous devons reproduire des œuvres de grande importance, a expliqué Devaux en dessinant avec la pointe du doigt sur la surface de la table. Dans ces cas-là, il n'est pas rare de devoir monter des structures de protection pour abriter les œuvres le temps que l'atelier effectue les photos. En particulier quand lumière et poussière pourraient les endommager.

– Vous utilisez de la main-d'œuvre temporaire ? a encore demandé Michel.

– Certainement, a dit Devaux avec un sourire, ce serait impossible autrement.

– Dans ce cas, nous aurons besoin d'une liste complète des entreprises qui ont travaillé avec vous ces deux derniers mois.

– Ça va prendre du temps, a objecté Chappaz.

– C'est un travail intéressant, ai-je murmuré.

– Et très délicat, a-t-il ajouté, c'est pour cette raison que nous faisons exclusivement appel à des professionnels hautement qualifiés.

– Dans le monde des arts, il circule beaucoup d'argent, monsieur Chappaz, ai-je grommelé, et, comme nous le savons bien, la chair est faible. Martine a certainement eu connaissance de choses qu'elle n'aurait pas dû savoir. C'est pour cela que quelqu'un l'a fait tuer.

Alain a regardé sa montre et il s'est levé. Je l'ai imité.

– Nous avons besoin que vous examiniez avec nos hommes les contrats que vous avez récemment confiés à Mlle Delvaux, a-t-il dit aux deux propriétaires. Le capitaine Coccioni vous expliquera ce que nous cherchons. Votre collaboration nous sera d'un grand secours.

Chappaz a soupiré :

– Nous ferons tout notre possible, Martine était une fille bien et une bonne collaboratrice. Comme l'a dit votre collègue, vous aider à arrêter son assassin est le minimum que nous puissions faire pour elle.

Poignées de mains plus ou moins transpirantes, puis nous sommes sortis, laissant à Michel l'honneur de continuer avec ces deux-là. Trop de choses avaient eu lieu et beaucoup d'autres étaient en train de se passer en très peu de temps. Chaque moment écoulé, chaque minute perdue éloignait de moi cette salope et la possibilité de pouvoir serrer son cou entre mes doigts.

Une main s'est posée sur mon épaule.

Je me suis retourné pour me trouver face à face avec Gustave Deshayes. Il était pâle comme un mort. Il portait encore sur lui les vêtements de la veille et il ne s'était pas rasé.

– Je suis désolé, Jean-Pierre, a-t-il dit avec un filet de voix, je suis bouleversé.

Alain m'a fait signe qu'il s'éloignait. J'ai acquiescé puis mon attention est retournée à Gustave.

– On nous attendait, Gustave, elle a été tuée sous mes yeux. Je n'ai rien pu faire pour l'empêcher.

Nous sommes restés silencieux à nous regarder tristement. Gustave a laissé échapper un profond soupir, presque une plainte.

– Si nous étions partis tous ensemble, ça ne serait peut-être pas arrivé, peut-être que cette femme n'aurait pas tiré sur elle. Je ne parviens pas à me le pardonner.

– Ça n'aurait rien changé, j'étais trop mal et Martine serait quand même morte. Nous serions peut-être tous morts. Je n'arrive même pas à me rappeler ce qui s'est passé exactement, tout a été tellement rapide.

– Si nous pouvons faire quelque chose… a-t-il dit, Véronique est désespérée, Martine et elle étaient très amies.

– Je te remercie, mais les prochains jours je serai assez pris. Mon patron a décidé de ne pas me retirer l'enquête, alors… Ça va m'occuper…

Autre silence embarrassé, je ne le connaissais pas depuis longtemps, ce type. Heureusement, nous avons été rejoints par Aurélien Rogliatti. Il avait l'air chiffonné de quelqu'un qui a passé la nuit à monter la garde devant une table.

– Chef, on te veut dans le bureau de Mlle Delvaux.

J'ai serré la main offerte par Gustave.

– Véronique t'embrasse, a-t-il murmuré.

Je lui ai souri puis je me suis éloigné avec Rogliatti.

– Je suis triste, chef, m'a-t-il dit au milieu d'un étroit couloir, je te présente mes condoléances les plus sincères.

J'en avais presque assez de me l'entendre dire. Chaque fois, j'avais l'impression que Martine mourait à nouveau.

– Merci, Aurélien, j'apprécie beaucoup, ai-je répondu en lui posant une main sur l'épaule.

Le bureau de Martine était inondé de lumière, un léger nuage de poussières bleues flottait paresseusement dans les rayons du soleil. Alain, Leila et Maëlis étaient penchés sur le bureau et bavardaient entre eux. De la pointe du doigt Alain était en train d'indiquer quelque chose contenu dans une chemise en plastique transparent. Leila s'est écartée pour me laisser passer :

– C'était dans la corbeille des papiers déchirés.

Le mystérieux objet semblait être une page de bloc-notes ou de cahier, déchirée en six morceaux. Les collègues de la Scientifique l'avaient recomposée après avoir ramassé les fragments dans le fond de la corbeille. L'écriture était celle de Martine.

– Ce sont des notes prises par Mlle Delvaux. J'imagine qu'elles se réfèrent à votre dîner d'hier soir.

Elle a montré un point sur la feuille. Il était écrit *Bar du* Meurice, *passer prendre le poulet à 19 h 30.*

– En effet, elle est venue me prendre au 36, ai-je grogné.

Leila m'a serré le bras de façon affectueuse :

– Ça, par contre, nous n'arrivons vraiment pas à comprendre.

Martine avait écrit, en caractères d'imprimerie : *Pinturicchio ???* Trois points d'interrogation suffisaient à rendre la chose pour le moins intéressante. Elle avait ensuite gribouillé autour du mot avec un stylo, plusieurs fois. Une flèche, elle aussi repassée plus d'une fois, conduisait à une autre phrase brève : *avec le drap ils auraient des problèmes*, qui avait été entourée nerveusement. Plus bas, elle avait fait l'esquisse d'un petit Christ en croix et d'un appareil photographique à l'air ancien. Elle faisait toujours ça – une espèce de tic : quand elle était au téléphone, elle dessinait de jolis petits appareils photo. Le crucifix, au contraire, était une nouveauté.

– Avez-vous par hasard trouvé son Leica ? ai-je demandé sans lever le regard de la feuille.

– Son quoi ? a demandé Leila.

– L'appareil photo de Martine, un Leica M9, elle l'avait toujours avec elle.

– Je regrette, nous n'avons rien trouvé ici. Tu as regardé chez elle ?

J'ai soupiré :

– Je n'ai pas fait attention.

– Cela ne te dit rien ? a demandé Alain en montrant la feuille.

Sous le mot *Pinturicchio* Martine avait écrit : *Travail à Turin… en parler au pistolero ?* Elle avait ensuite entouré la phrase plusieurs fois et l'avait enfin rayée en tirant deux traits dessus.

– Le pistolero, c'est moi. Elle voulait peut-être me parler de quelque chose, peut-être de son travail.

– Tu n'étais pas le poulet ? a demandé Alain.

– Ça dépendait de la situation.

Nous sommes restés silencieux à scruter cette page en morceaux reconstituée dans son enveloppe protectrice en plastique. Elle nous aurait probablement communiqué des choses intéressantes si seulement nous avions su la déchiffrer.

Dans le coin supérieur gauche de la feuille, il y avait une dernière note, calligraphie différente, encre différente. Celle-ci était rouge et disait : *Nous devons envoyer les photos à Serge Lamy. Ils en ont besoin avant 5 heures. Si tu veux me donner la carte mémoire, je le fais*. C'était signé *Gabrielle*.

– Qui est Gabrielle ? ai-je demandé.

– Gabrielle Lalanne, a dit Rogliatti, c'est la secrétaire de Marius Devaux.

– Fais-la venir ici, s'il te plaît.

Rogliatti est sorti de la pièce en bâillant. Maëlis a tourné l'enveloppe en plastique vers elle :

– On dirait que Martine avait des soucis.

– C'est probable, mais elle n'a pas voulu les partager avec moi. Hier soir, elle était bizarre, j'ai même essayé de savoir pourquoi, mais en voiture j'étais malade comme un chien et… ensuite, je n'ai plus eu le temps.

Silence.

Les sbires de Saunière étaient encore en train de faire les relevés. La boîte du petit chimiste encombrait le sol. L'un des deux prenait des photos avec un truc qui ressemblait à un gadget des Simpson.

Gabrielle Lalanne était maigre et dégingandée. Cheveux blonds en chignon, nez fin et ses yeux couleur de glace laissaient supposer une attitude froide et distante. Le tailleur gris foncé qu'elle portait ajoutait au gel une sensation d'efficacité. Elle s'est arrêtée à côté de nous. Échange de poignées de mains sans sourires ni sympathie.

Je lui ai montré la page de l'agenda en indiquant l'inscription *Pinturicchio ???*

– Ça vous dit quelque chose ?

Elle a regardé la feuille quelques secondes, puis a levé le regard pour rencontrer le mien. De la poche de son tailleur elle a tiré un paquet de cigarettes Rym, elle en a mis une entre ses lèvres, l'a allumée avec un Dupont en or. Le nuage de fumée douceâtre qu'elle a soufflé s'est dilué sur ma poitrine. Je lui aurais volontiers flanqué une baffe.

– Où l'avez-vous trouvé ?

– Dans la corbeille à papiers. Vous avez une idée de ce que ça peut vouloir dire ?

– Bernardino di Betto, dit le Pinturicchio. C'est un peintre italien des XVe et XVIe siècles, a-t-elle répondu avec une grimace qui tendait à souligner à quel point nous étions ignorants.

– Ça, nous le savons, l'ai-je informée, je voudrais que vous me disiez pourquoi, selon vous, Martine l'a écrit sur cette feuille.

– Je n'en ai pas la moindre idée.

– Un de vos contrats concerne des œuvres du Pinturicchio ?

– Pas que je sache.

– Vous feriez-nous l'amabilité de vous renseigner ?

Elle a soupiré :

– Non, aucun contrat.

J'ai passé une main dans mes cheveux. Alain m'a posé une des siennes dans le bas du dos. Le message était : calme-toi, frérot.

– Y a-t-il actuellement une exposition dédiée à Pinturicchio ?

– Je regrette, a-t-elle répondu en croisant les bras, je ne sais que vous dire. Avoir connaissance de ces choses ne fait pas partie de mon travail.

– Qui peut nous donner ce genre d'informations ? s'est enquis Servandoni.

Gabrielle a haussé les épaules en dressant légèrement un sourcil déjà naturellement arqué :

– Mes patrons, ou bien Gustave Deshayes. Ou Internet si vous savez l'utiliser.

Temps perdu. Pour lui soutirer quelque chose, il aurait fallu un brise-glace. J'ai indiqué l'adresse à l'encre rouge :

– C'est vous qui avez écrit ces lignes ?

Elle a éteint sa cigarette dans un cendrier sans détourner son regard insolent du mien. Elle ne l'a dévié qu'un instant pour le poser sur la feuille que je lui indiquais, puis elle a de nouveau croisé les bras sur sa poitrine, a soupiré, irritée, et admis :

– Oui.

– Pourquoi est-ce vous qui l'avez écrit et non Martine ?

Elle s'est massé un coude tout en regardant la feuille posée sur la table.

– Je suis venue ici pour lui demander d'expédier les photos mais elle n'était pas dans son bureau, alors je lui ai laissé cette note.

– Avez-vous une idée de l'endroit où pouvait se trouver Martine à ce moment-là ?

– Aux toilettes ou à prendre un café, que voulez-vous que j'en sache ?

– Vous vous référiez à quelles photos ?

– Une série de photos prises l'autre jour au cours d'un vernissage. *ArtPress* nous les a demandées.

– Quel vernissage ?

– L'exposition sur la Renaissance au Grand Palais.

– Pouvons-nous les voir ?

– Je regrette, a-t-elle répondu avec une grimace, elles sont encore dans l'appareil de Martine. Je ne crois pas qu'elle les ait envoyées, en tout cas *ArtPress* ne les a jamais reçues.

– Je suppose donc que ce n'est pas à vous que Martine a donné la carte mémoire.

Elle a soupiré :

– En effet, elle ne me l'a pas donnée.

– Savez-vous par hasard où Martine mettait son appareil ? a demandé Leila.

– Évidemment pas, je n'étais pas sa secrétaire.

Nous sommes tous restés silencieux. Même les gars de la Scientifique ont suspendu leurs recherches. De la pointe des doigts Alain a fait tourner deux fois la feuille sur le dessus de la table, en la fixant intensément. Il était en train de réfléchir.

– Martine Delvaux ne vous était pas sympathique, n'est-ce pas ? a-t-il lancé en se tournant vers Lalanne.

– Pas particulièrement, a-t-elle admis.

– Je peux savoir pourquoi ?

Gabrielle a fait un geste d'ennui :

– Aucune raison particulière. Je crois que c'était réciproque.

– Je vous remercie, a conclu Servandoni, excusez-nous de vous avoir fait perdre votre temps.

Gabrielle a fait un geste sec de la tête puis elle s'est retournée et elle est sortie de la pièce.

Nous nous sommes regardés les uns les autres. Maëlis a fait une grimace et dit à mi-voix :

– Allumez le chauffage, on gèle ici.

J'ai regardé ma montre. Dans vingt minutes papa et maman Delvaux allaient débarquer du train en provenance de Troyes. Mon anxiété est revenue. J'ai toujours été lâche dans ce genre de situation. La douleur des autres m'effraie plus que la mienne, je ne sais pas comment l'affronter, elle me dépasse.

– Essayons de trouver cet appareil photo, a dit Alain.

– Nous cherchons partout, a répondu Rogliatti, la personne qui a fouillé le bureau a pu le prendre.

Il n'avait pas tort, j'ai quand même donné un trousseau de clés à Leila :

– Jetez un autre coup d'œil chez Martine. Moi, je dois aller chercher ses parents, ils arrivent à la gare dans vingt minutes.

– J'y vais dans la matinée, dès que j'en aurai fini avec les interrogatoires.

– Bien. Moi, je les conduis à la morgue et ensuite à l'hôtel. Nous nous revoyons quand ce calvaire sera terminé.

– Si vous voulez, je peux vous accompagner, a proposé Maëlis, à deux ça sera moins pénible.

– Vous n'êtes pas tenue de le faire.

Elle m'a souri calmement :

– Je le sais.

Je lui ai fait un signe et nous sommes sortis de la pièce.

6

L'homme essayait à tout prix d'être convaincant, mais chaque fois qu'il cessait de parler sa compagne lui donnait un léger coup sur l'épaule comme pour lui signifier de ne pas dire de bêtises. Alors il devenait plus insistant, elle secouait la tête en souriant, puis tous deux éclataient de rire.

La scène s'était déjà répétée deux fois. Je ne sais pas de quoi il essayait de la convaincre, mais il semblait difficile qu'il y parvienne. C'était une belle fille de couleur, de quelques années plus jeune que son compagnon. Ils étaient assis à l'autre bout de la salle, à une petite table couverte de canettes de bière vides. Maëlis les observait la bouche courbée en un sourire amusé.

Elle a pris la tasse de thé qui était devant elle et l'a portée à ses lèvres sans détourner son regard du petit spectacle qui la réjouissait.

Pour améliorer mon humeur, il m'aurait fallu bien autre chose. La rencontre avec les parents de Martine m'avait laissé une sensation de vide qui roulait dans ma poitrine, oppressante d'angoisse.

Ils étaient descendus du train précédés par un silence qui hurlait son nom. La mère m'avait fixé pendant quelques secondes, comme figée. Pas même une larme n'avait strié ses joues, la nuit l'avait probablement asséchée, laissant sur son visage les traces indélébiles de son chagrin. Sa poignée de main avait à peine été perceptible.

La douleur du mari avait été plus sèche, maintenue de force à l'intérieur de lui comme s'il n'avait voulu la partager avec quiconque au monde. Sa solitude sidérale m'avait frappée comme un coup de marteau pour ensuite descendre entre nous, dure et épaisse comme un mur de pierre.

Entre eux aussi un gouffre semblait s'être ouvert, que tous les deux avaient du mal à combler. Ils se parlaient tout au plus par monosyllabes, comme s'ils s'accusaient mutuellement de la mort de leur fille. En plus de m'en attribuer la faute, à moi et au reste de l'humanité.

Pendant le trajet en voiture vers la morgue, serrés comme des sardines dans ma « Karmann Ghia », nous n'avions pas ouvert la bouche. Ils avaient montré une hostilité que je n'arrivais pas à comprendre, en particulier envers Maëlis, comme si cette belle femme élégante n'avait pas été un policier mais une femme de mauvaise vie sans scrupules qui avait déjà pris la place de Martine à mes côtés.

Un trajet dense de silence et de tension nous avait mené quai de la Rapée devant le corps pâle où un nuage asphyxiant de douleur s'était refermé sur nous en nous enveloppant comme une couverture trop lourde. J'avais vu la vie abandonner le regard de cette mère. Son mari l'avait soutenue, blême, la lèvre tremblante avec une espèce de tic qui faisait vibrer sa mâchoire.

C'est pour cette raison que j'étais maintenant en train de boire mon quatrième verre de vin, parce qu'une fois que nous étions sortis de la morgue, après avoir déposé les parents de Martine à l'hôtel, je m'étais mis à avoir une soif terrible. Ma gorge s'était desséchée au point de me faire mal quand j'avalais. Dans cette chambre glacée et aseptique, je m'étais senti exclu de leur douleur comme si je n'étais pas digne de la partager ou comme si je n'avais pas assez aimé Martine.

J'allais reprendre la bouteille de saumur, mais Maëlis m'en a empêché en posant délicatement ses doigts sur le dessus de ma main :

– Maintenant ça suffit.

Elle l'a fait gentiment, sans que ce soit un reproche ni un ordre. Nous nous sommes regardés en nous scrutant comme pour dédramatiser ce moment absurde.

– Je n'ai pas le logiciel pour ce genre de chose, ai-je soupiré.

– Personne ne l'a.

Ses cheveux s'étalaient sur ses épaules comme une cascade de soie noire. C'est à ce moment-là que j'ai réalisé à quel point elle était belle. Peut-être à cause du vin, peut-être par reconnaissance, le fait est que je me suis tout à coup rendu compte qu'une beauté à perdre la tête était assise en face de moi.

Le fin tricot de cachemire gris faisait ressortir ses seins fermes qui pointaient sous la douceur du tissu soyeux.

– Je ne suis vraiment pas capable d'affronter la douleur des autres, vous comprenez, alors à la fin je la subis.

– La douleur est toujours subie, aussi bien la sienne que celle des autres. On ne peut pas y échapper.

– Il y a des gens qui ne se laissent pas accabler, ai-je répondu en faisant tourner le verre vide sur la surface sale de la table. Ils parviennent à gérer le désespoir qui les entoure sans se laisser entraîner, et le soir, leur travail fini, ils ne l'emportent pas chez eux. J'ai quitté la police des mœurs à cause de mon incapacité à réagir face à la douleur des gens sans défense.

Elle a souri, deux délicieuses fossettes sur les joues qui m'ont fait renaître. Elle a ensuite pris la bouteille de saumur et m'en a versé une petite goutte :

– Un doigt seulement.

Je lui ai rendu son sourire et j'ai bu la gorgée. En réalité, je n'en avais plus envie mais je ne voulais pas ignorer un geste aussi gentil. Le barman a allumé la radio. Les Ronettes chantaient « Be my baby ».

– Et vous ? Qu'est-ce qui vous a pris d'entrer dans la police ? ai-je demandé en la regardant par-dessus le bord du verre. Vous êtes belle, riche, vous auriez pu avoir tout ce que vous vouliez et vous avez au contraire décidé de vous choper tous ces emmerdes. Et avec un Steinmetz baveux par-dessus le marché !

Elle a souri :

– Il n'est pas si mal que ça. Il me respecte, à sa façon. Je l'ai connu quand j'étais lieutenant stagiaire à l'ENSOP. À cette époque, j'ai touché à tout : Informations générales, Sûreté, Police judiciaire. La PJ était vraiment ma passion, j'ai également passé trois mois à la Crim. Ce stage une fois fini, j'aimerais l'Antiterrorisme.

Elle s'est comme figée en passant un doigt sur le bord de la tasse de thé qu'elle avait devant elle. Ses sourcils se sont légèrement froncés pour ensuite se détendre à nouveau.

– Ce qui est drôle, c'est que, si mes parents n'avaient pas tenté de m' empêcher à tout prix, j'aurais peut-être laissé tomber. Le jour où je suis arrivée à la maison en disant que je voulais être policier, mon père a presque eu un infarctus. Ils ont essayé par tous les moyens de me mettre des bâtons dans les roues, et alors c'est devenu un défi. Quand je suis partie pour Cannes-Écluse, mon père a même téléphoné à un sous-secrétaire pour qu'il fasse en sorte qu'on ne me prenne pas à l'école. J'y suis, au contraire, entrée avec le maximum de points.

– Seriez-vous têtue ?

– Comme une mule.

– Vous seriez-vous mis en tête d'être préfet ?

Elle a ri, amusée :

– Je ne sais pas. Pour l'instant, je veux rester sur le terrain ; après, on verra.

Nous sommes restés silencieux un moment. Le couple à l'autre bout de la salle s'est levé et, en riant toujours, elle l'a poussé hors du bistrot. *I'll make you happy baby*, chantaient les

Ronettes, *just wait and see. For every kiss you give me, I'll give you three.*

– Merci de m'avoir accompagné, cela a été moins pénible.

Elle a souri en passant une main dans ses cheveux :

– Ça n'a quand même pas été une partie de plaisir...

– Bien au contraire, ai-je admis, je suis épuisé, j'ai besoin d'une douche et de rester un peu seul.

– Vous l'aimiez ? a-t-elle demandé de but en blanc.

Cette question m'a pris de court. En réalité, Martine et moi nous connaissions à peine. L'attraction physique avait été irrésistible, pour diverses raisons dont la moins négligeable était l'énorme différence entre nos vies.

– Je l'aimais beaucoup. Martine était une femme intelligente et excitante mais je ne sais pas si j'étais amoureux d'elle. Ni si elle l'était de moi.

– Vous n'étiez pas en état de pouvoir la sauver, a-t-elle dit en me regardant dans les yeux.

– Je sais, mais ça ne m'aide pas à me sentir mieux.

Peut-être ai-je été mal élevé, mais, si quelqu'un met le doigt sur la dent qui fait mal, il se chope une morsure. En tout cas, si ça l'a vexée elle ne l'a pas laissé paraître. Nous sommes restés silencieux. La musique a changé, un morceau que je ne connaissais pas bramé par une fille qui chantait faux comme une casserole.

– Vous n'avez jamais peur ? a-t-elle demandé de but en blanc. Hier soir,par exemple, vous n'avez pas eu peur de mourir ?

J'ai haussé les épaules :

– À faire dans mon froc, oui, mais quand tu es dans l'action tu n'as pas le temps d'y penser.

– Je me suis souvent demandée ce qu'on éprouve quand quelqu'un vous tire dessus.

– Une grande envie de prendre les jambes à son cou. Vous n'avez jamais été sous le feu ?

– Non, ça ne m'est pas encore arrivé.

– Vous gardez votre pistolet dans votre sac ?

– Oui, dans mon sac.

– C'est une erreur, portez-le sur vous et mettez une veste pour le couvrir.

Nous nous sommes dévisagés avec attention. On en était encore là, à se jauger. Pour ma part, ce n'était pas du tout désagréable mais je n'étais pas sûr qu'il en soit de même pour elle.

– Vous pouvez m'accompagner dans le dix-huitième ? a-t-elle demandé en prenant son sac.

– Certainement, allons-y.

Nous nous sommes levés et j'ai laissé un billet sur la table pour le vin, le thé et un tas d'autres choses.

Malgré l'après-midi avancé, dehors il faisait chaud. J'ai enlevé ma veste et nous nous sommes dirigés vers la voiture. Quelques garnements se sont retournés pour regarder la beauté qui marchait à mes côtés. Elle n'aurait peut-être pas été la personne idéale dans une filature, mais pour retourner à la maison à cette heure de la journée j'avais eu pire.

Nous sommes montés en voiture, j'ai démarré et me suis fondu dans la circulation.

7

Le commissariat du dix-huitième arrondissement, un cylindre de verre soutenu par une horrible structure en ciment, dépassait de la façade du bâtiment tel un abcès mûr. Unique vrai avantage des lieux : si une femme en jupe montait les escaliers, tu pouvais lui voir jusqu'aux amygdales. Non que la rue de Clignancourt offre mieux – soyons clairs, un long intestin lisse et gris descendant à perte de vue pour aller se perdre dans la banlieue de Paris.

Le patron n'était pas à la maison mais il y avait laissé le bouffon de cour diriger le sort de son château de cristal. Rolland était en train de regarder un site porno sur son ordinateur. Une main sur les roubignolles, l'autre sur la souris et machouillant une « touillette » en plastique.

Nous entendant entrer, il a appuyé sur une touche et une page pleine de textes a pris la place de l'enchevêtrement de poils pubiens et de nichons qu'il avait sur l'écran. Il a jeté à Maëlis un regard hargneux puis a retiré son cure-dents de la bouche pour me serrer la main.

J'ai remarqué qu'autour de son ordinateur paissait un petit troupeau de dinosaures en plastique de toutes dimensions.

– Ils appartiennent à Mounia, ma fille, s'est-il justifié, elle ne pense qu'à ça. Au lieu de jouer à la poupée, elle joue avec des dinosaures. Alors j'ai été obligé de m'y intéresser.

Le côté humain de Rolland. Il m'est devenu un brin plus sympathique mais sans exagération, le type continuait à me déplaire.

– C'est un joli nom, Mounia, votre femme est d'Afrique du Nord ?

Il a baissé le regard, l'air courroucé :

– Ma mère vient d'Oran, a-t-il marmonné d'une voix tellement basse que je l'ai à peine entendue. Il ne semblait pas très content de son arbre généalogique, l'ami.

– Quelqu'un de l'IMI vous a cherché, m'a-t-il dit en s'asseyant à l'ordinateur, un certain docteur Delarche.

Il s'est remis à ronger son infect bâtonnet. La chemise qu'il portait ressemblait à une serpillière, elle était grise et chiffonnée avec deux grosses taches de sueur sous les aisselles.

Maëlis et moi avons échangé un regard. Elle a légèrement haussé les épaules.

– Je peux utiliser un téléphone ?

– Allons chez Steinmetz, vous y serez tranquille.

Rolland nous a suivis du regard tandis que nous quittions la pièce. Je n'étais pas encore dans le couloir qu'une énorme paire de tétés remplissait déjà son écran.

Le bureau de Steinmetz était dépouillé et en ordre. Du verre partout. On avait l'impression d'être dans la base lunaire d'un film de science-fiction mis en scène par Philippe Stark. Je me suis appuyé contre la surface de la table de travail et j'ai fait le numéro de Delarche à l'institut de médecine légale.

J'ai laissé sonner en coinçant le combiné avec l'épaule.

– Rolland, qu'est-ce qu'il a ? j'ai demandé à voix basse à Maëlis.

– Déjà, il n'aime pas qu'on lui rappelle que sa mère est maghrébine. Quant à moi, eh bien, il ne peut pas me supporter.

– Médecine légale, a dit une voix nasillarde, vous désirez ?

– Passez-moi Delarche, pour Mordenti, je vous prie.

– Restez en ligne.

Elle m'a fait patienter avec un requiem de Mozart joué avec un kazoo.

– Comment se fait-il que Rolland ne vous supporte pas ?

Elle a très légèrement haussé les épaules :

– À cause de mon argent. Parce qu'il trouve que je ne suis pas à ma place et parce que le patron me traite avec certains égards. Je pense que les motifs sont à peu près ceux-là.

– Certains égards ?

– Ne vous faites pas d'idées bizarres, Steinmetz m'a aidée à entrer à la PJ et me traite comme n'importe quel autre policier, rien d'autre.

J'ai fait un geste d'apaisement comme pour dire que je n'avais absolument pas pensé à autre chose. À ce moment précis, Mozart nous a plantés là.

– Delarche, a dit la voix de Delarche.

– Tu me cherchais, docteur ?

– Ah, commissaire, tu te rappelles le prélèvement que je t'ai fait ?

– Étant donné ta délicatesse, docteur, comment pourrais-je l'oublier ?

– Bien, ton sang contenait un pourcentage plutôt élevé de kétamine.

– Qui serait... ?

– Qui serait la substance qui t'a rendu malade comme un chien. Absorbée en quantité, elle provoque un malaise diffus, de forts vertiges et des vomissements. Si on exagère, elle t'expédie dans l'autre monde.

Je suis resté silencieux. Maëlis me regardait d'un air interrogatif, genre je meurs de curiosité.

– Tu m'entends ? a demandé Delarche impatienté.

– Tu crois qu'ils voulaient me faire la peau ?

– Certainement pas, mais on voulait te mettre hors combat. Si je peux me risquer, on voulait t'expédier aux urgences au moins pour la nuit.

Cela semblait évident, on m'avait drogué pour se libérer de moi et pouvoir s'occuper tranquillement de Martine quand elle serait retournée chez elle. Tuer une photographe est une chose, étendre un commissaire de la Crim aurait été une autre paire de manches. Cela signifiait que la tueuse et ses amis étaient au courant de ma relation avec Martine. Si je n'avais pas été dans cet état, j'aurais pu réagir et elle aurait été obligée de me tuer moi aussi. Cela aurait provoqué un tollé que ces gens préféraient certainement éviter.

– Il faut combien de temps à cette chose pour t'envoyer sur orbite, docteur ?

– Boh, ça dépend du physique et de la quantité administrée, mais en une petite heure maximum la victime est hors jeu. Probablement que même un enfant aurait pu te frapper.

Probablement un *cazzo**. Si j'avais réussi à bien l'attraper du premier coup, je l'aurais fait voler à l'autre bout de la pièce, elle, son pistolet de merde et tout le reste. Toujours est-il que quelqu'un m'avait refilé cette drogue et que pour ça il m'avait côtoyé de près.

– Repense à ta journée, a dit Delarche comme s'il avait lu dans mes pensées. Quelqu'un t'a versé de la kétamine dans une boisson et l'a fait au moins une heure avant que tu commences à te sentir mal. Maintenant je dois te laisser, salut commissaire.

J'ai raccroché. Je suis resté là, assis sur le rebord de la table comme un abruti, mains jointes, regard ailleurs et tout le saint-frusquin. Maëlis brûlait de curiosité. Elle ne me quittait pas du regard.

– Mauvaises nouvelles ?

Je lui ai raconté tout ce que m'avait dit Delarche, à une virgule près.

– Vous vous rendez compte que vous vous êtes peut-être trouvé en face de cette femme ? a-t-elle relevé une fois mon roman terminé.

– Je vais y réfléchir. Nous avons eu pas mal de gens autour de nous hier soir. Le bar du *Meurice* était sombre et bondé. Et il n'est pas exclu que ça se soit passé au restaurant.

Nous sommes restés silencieux, Maëlis à regarder le panorama déprimant par la fenêtre et moi assis sur le bureau à ruminer. Dans la pièce à côté, Rolland continuait de s'en mettre plein les mirettes. Deux patrouilles motorisées sont rentrées et il y a eu un certain va-et-vient. Des flics qui entraient et sortaient, rigolades, allées et venues qui se sont éteintes comme elles avaient commencé. Un flic en uniforme a passé la tête dans le bureau, m'a dévisagé comme si quelqu'un avait laissé un mètre cube d'ordures sur la table du patron puis il a demandé à Maëlis si elle savait quand Steinmetz devait rentrer.

Elle s'est retournée, lui a souri et a secoué négativement la tête. Puis elle est revenue à moi :

– Ça pourrait être les deux personnes qui dînaient avec vous.

J'ai sursauté. L'occasion de me droguer, Gustave et Véronique l'aurait sûrement eue, surtout au bar du *Meurice*.

– Ce sont de vieux amis, ai-je répondu, peu convaincu. Ce matin, Gustave semblait détruit, s'il y était pour quelque chose il n'aurait pas eu le courage de me regarder en face.

– Les coupables ont toujours de grandes ressources, a-t-elle continué, lapidaire. Pensez-y bien, ils sont restés avec vous depuis la fin de l'après-midi. Il n'était pas difficile pour l'un d'eux de verser la kétamine dans votre verre pendant que l'autre détournait votre attention. Ou pendant que vous embrassiez Martine.

– Pourquoi donc l'auraient-ils fait ?

– Parce qu'ils pourraient être impliqués, que cela vous plaise ou non. Si la dose avait été assez forte pour vous expédier à l'hôpital, la mort de Martine aurait été un homicide pour cambriolage. De cette façon, il n'y aurait eu aucun rapport avec Chappaz et Devaux. Là… ça a foiré.

Voilà pourquoi ils avaient fouillé le bureau de Martine sans tout mettre en l'air. Maëlis a vu que j'étais bouleversé, elle s'est approchée avec douceur :

– Écoutez, nous ne pouvons pas nous permettre d'exclure qui que ce soit. Un meurtre prémédité cache forcément quelque chose de gros, si nous ne trouvons pas le fil conducteur ce ne sera qu'un coup d'épée dans l'eau.

Nous nous sommes regardés. D'un seul coup, la top model s'était transformée en un policier à cent pour cent. Je pouvais voir frémir ses belles narines agitées par la passion de la chasse, celle qui s'empare de tout flic qui se respecte au moment où son instinct lui dit qu'il est en train de flairer la bonne piste. Elle était sacrément douée, je devais penser vite. Autrement, la pouliche, là, me laisserait en chemin comme un âne.

– On les cueille demain matin à 5 heures, a-t-elle annoncé, avec un certain sadisme, on les emmène à la Crim, on les met dans deux pièces séparées et on leur met la pression comme il se doit. Je suis certaine qu'avant le soir ils nous auront donné une piste.

– Non, j'ai répliqué en me levant. Même si c'est l'un d'eux qui m'a drogué, il est probable qu'ils ne connaissent pas l'identité de la tueuse. Mettons plutôt un sous-marin devant chez eux pendant deux jours, entre-temps on reste collés à Gustave et on voit où il nous conduit.

– Un sous-marin ? a-t-elle demandé en haussant les sourcils. et qu'est-ce que vous espérez obtenir avec votre sous-marin ?

Le ton était légèrement enfariné de dépit.

– S'ils sont impliqués, il est probable qu'ils rencontreront d'autres personnes concernées par l'affaire, surtout s'ils sont en train de préparer le gros coup. Pour l'instant, ils ne doivent pas penser que nous les soupçonnons, avec un peu de chance la femme pourrait faire surface. De toute façon, continuons les investigations et voyons ce qui se passe.

– Et si rien ne devait se produire ?

– Alors on augmentera la pression, comme ça vous pourrez tranquillement leur arracher les ongles.

– D'accord, vous m'avez convaincue. Je dois tout de même en parler à Steinmetz.

Ses yeux brillaient, elle entendait déjà sonner les signaux de la chasse : filatures et fusillades. Elle semblait déjà moins élégante, même si elle aurait encore fait son petit effet en couverture du *Elle*.

– Parlez avec les vôtres, je parle aux miens, ai-je dit en lui tendant la main, et ensuite nous essayons de faire tourner le manège.

Je l'ai laissée me broyer les phalanges, puis j'ai levé les voiles. Plusieurs angles restaient encore à arrondir entre nous, même si, après tout, les débuts n'étaient pas si mauvais.

8

La voiture grise banalisée avec Cofferati et Flamant à son bord s'est arrêtée le long du trottoir. J'ai détourné mon regard pour suivre Gustave qui arrivait en traversant la place de la République. 7 h 45. Le Normand nous avait octroyé cinq jours et quatre personnes en plus. Deux autres mises à notre disposition par Steinmetz étaient arrivées du dix-huitième.

Le sous-marin garé devant l'immeuble des Deshayes fonctionnait avec un relais de quatre tours de six heures chacun.

Gustave semblait l'ombre de lui-même, barbe longue et vêtements inhabituellement négligés. On aurait dit que la tragédie l'éprouvait plus encore que moi. Ou bien, comme le soutenait Maëlis, cela cachait autre chose. Il ne fallait pas exclure la possibilité que ces deux-là aient été manipulés par quelqu'un qui, après les avoir utilisés, les tenait maintenant à sa merci. Moi, je suis un peu naïf quand il s'agit d'amitié, je crois encore à la pureté, pourtant quelque chose me suggérait que le plus beau lieutenant du monde avait peut-être raison.

Les interrogatoires des employés de l'atelier ne menaient nulle part. Les alibis avaient été confirmés et, parmi ceux qui n'en avaient pas, aucun n'avait suscité de soupçons particuliers. Une fois la perquisition d'Art-en-Images terminée, l'enquête reviendrait à la Crim.

J'ai soupiré en tournant entre mes doigts un vieil objectif noir que j'avais trouvé sur le rebord de la fenêtre dans le bureau de Martine. Son appareil photo n'avait pas réapparu. J'avais la sensation qu'il était important et que c'était justement lui que la tueuse cherchait. Peut-être l'avait-elle même trouvé.

« Aide-moi à la coincer, j'ai dit à voix basse, tu es la seule à pouvoir me tendre la main, Martine, un indice, une trace, n'importe quoi… »

On a frappé à la porte, me tirant de mes pensées. Constance a passé la tête :

– Servandoni est arrivé, patron. Il t'attend dans la voiture.

J'ai quitté le bureau avec elle. Alain et moi partions pour Troyes aux obsèques de Martine. Son corps nous avait précédés la veille, accompagné par ses parents.

– Nous serons de retour ce soir. Continuez à éplucher ces contrats, je veux une liste des clients, des œuvres en question et de toute bizarrerie qui apparaîtrait.

– Ils sont à la Scientifique, on est en train de les étudier.

Pas très grande, de constitution robuste, Constance Metzger n'était décidément pas une beauté. De courts cheveux roux encadraient un visage rond et joufflu où bougeaient des yeux bleus vifs et intelligents. Elle portait un de ces tailleurs veste-pantalon marine qui lui donnait un air de diplomate russe des années soixante en visite aux Nations Unies. Ses mains fortes et trapues semblaient en mesure d'écraser une balle de golf d'une simple pression, mais avec une fascinante et particulière délicatesse.

– Le lieutenant Deslandes est déjà là ? ai-je demandé.

– Elle est arrivée il y a un quart d'heure, elle est avec Leila.

Nous nous sommes salués et nos routes se sont séparées. D'ailleurs, c'est Servandoni qui lui plaisait. Pour ne rien vous cacher, elle aurait donné n'importe quoi pour prendre ma place, s'octroyer un petit voyage à Troyes en sa compagnie et – qui sait ? –, le soir dans un hôtel, le mettre dans son pieu.

Leila et Maëlis étaient occupées à vérifier les papiers de Martine pour la énième fois. Leila a ouvert une chemise vert bouteille et en a retiré une feuille qu'elle a mis entre mes mains.

– C'est l'autorisation pour les écoutes téléphoniques signée par le juge, a-t-elle dit à voix basse, les téléphones de Gustave Deshayes et Véronique Vannier sont déjà sous contrôle.

– Parfait.

Puis je me suis adressé à Maëlis :

– Servandoni nous attend en bas.

– Je suis prête.

Elle était vêtue d'une jupe de lin ivoire et d'une blouse souple en satin prune aux manches évasées. L'encolure large, mollement drapée sur la poitrine, mettait en valeur son cou fin. Ses jambes bronzées étaient nues et chaussées de sandales de même couleur que le chemisier.

– C'est ce que je vois, ai-je balbutié.

– Sous l'aisselle gauche, pendait un petit étui maintenu par un harnais léger et contenant un revolver en acier satiné. Un Lady Smith calibre .38 Spécial à cinq coups avec une crosse en nacre. Elle a remarqué que je l'observais, fasciné.

– Quelque chose ne va pas ?

J'ai levé les mains, sur la défensive :

– Vous êtes parfaite, lieutenant, comme toujours.

– Elle a enfilé une veste du même tissu que la jupe et a pris son sac. Nous sommes descendus dans la rue où nous attendait la 407 de Servandoni.

Le silence a envahi la petite chapelle, les discours avaient été prononcés, les prières étaient terminées. Accompagnée par l'orgue, une amie de Martine a chanté un passage des *Leçons de ténèbres* de Couperin, sa musique préférée.

O vos qui transitis per viam
Attendite et videte si est dolor sicut dolor meus
Quonian vindemiavit me ut locutus est
Dominus in die irae furoris sui.

J'ai eu la sensation de l'avoir une dernière fois à mes côtés. Gorge serrée, ma soif de vengeance décuplée par les leçons de ténèbres. Le soir où Martine était morte, j'avais entrepris un voyage dans une obscurité peuplée d'ombres douteuses.

Il y avait beaucoup de monde dans cette petite église accolée au cimetière de Troyes. Le Normand aussi était là, arrivé de Paris en hélicoptère. Certains pleuraient, d'autres non. Il y avait ceux qui bavardaient à voix basse et ceux qui restaient silencieux.

Pendant un peu moins d'une heure le prêtre avait essayé de nous convaincre du bol que Martine avait eu d'être appelée au ciel par le bon dieu, alors que nous, pauvres couillons, nous étions obligés de rester ici-bas à boire de bons vins, à déguster des plats délicieux, à baiser de belles femmes, à souffrir, à nous mettre en colère, à nous taper dessus, à nous flinguer, à nous haïr, à nous aimer, à nous chérir. À la sortie, il est venu vers moi et a pris ma main :

– On m'a dit que vous étiez très proche de Martine.

J'ai fait signe que oui.

– Elle est maintenant heureuse avec mon fils, a-t-il dit avec une expression qui disait exactement le contraire, en ce moment elle est là-haut en compagnie de Notre Seigneur.

– Là-haut, c'est sans doute formidable, mon père, mais j'ai l'impression que, si elle avait pu choisir, Martine aurait préféré revenir ici parmi nous, vous ne croyez pas ?

Il a opiné d'un bref signe de tête et m'a restitué ma main.

– Il en est probablement ainsi, mon enfant, mais les voies du Seigneur sont impénétrables.

Question d'opinion. La cérémonie était terminée et plusieurs personnes ont levé les voiles. Le Normand est retourné à son hélicoptère, les amis et les collègues à leur travail, les maniaques à quelque autre enterrement. Nous sommes restés peu nombreux pour la mettre en terre. Pendant que les fossoyeurs scellaient la pierre tombale, j'ai regardé autour de moi. Gustave et Véronique étaient les seuls à être restés. Et puis il y avait les parents, quelques amis, Servandoni, Coccioni, Deslandes et moi.

En repensant à ce qu'avait dit Maëlis, j'ai observé attentivement Gustave.

Alors que Véro pleurait silencieusement, lui semblait anéanti, teint verdâtre, cernes prononcées, son épaisse chevelure noire sale et ébouriffée. J'ai eu l'impression qu'il était plus apeuré que triste, une sorte de terreur qui le dévorait de l'intérieur, le grignotait morceau après morceau, l'empêchant même de dormir.

Peut-être que le lieutenant avait raison, nous aurions dû les prendre et les presser comme il faut. S'ils faisaient vraiment partie du jeu, ils se seraient écroulés immédiatement. Le fait est que je me foutais complètement de ce qu'ils manigançaient ; moi, je voulais la tueuse et je n'étais pas sûr qu'ils sachent qui c'était. Peut-être qu'en les tenant en laisse ils me conduiraient à elle.

Une main s'est posée sur mon épaule, me faisant sursauter. Je me suis retourné, le père de Martine était en face de moi :

– Je vous dois des excuses. À Paris mon épouse et moi nous sommes mal comportés, avec vous et votre collègue. C'était très déplacé, inqualifiable.

J'ai souri en secouant la tête, légèrement embarrassé :

– Ne dites pas cela, monsieur, le lieutenant Deslandes et moi-même avons parfaitement compris la situation.

– Notre seule excuse, c'est la douleur. Elle nous a fait perdre la lucidité et la raison. Nous regrettons et nous espérons ne pas vous avoir blessés.

– Ce n'est pas le cas, monsieur, mais merci pour ces paroles.

Il a soupiré en appuyant deux doigts sur ses paupières. Puis il m'a regardé droit dans les yeux :

– Je sais qu'elle avait beaucoup d'affection pour vous, commissaire. Il y a quelque chose que vous devez savoir. La dernière fois qu'elle est venue nous voir, environ trois jours avant que… eh bien, Martine avait l'air d'être très préoccupée. J'ai eu la sensation que quelque chose la troublait profondément. Malheureusement elle n'a pas voulu nous en parler. Elle a éludé en incriminant la fatigue et a passé le reste de la soirée à donner l'impression que tout allait bien.

Il s'est retourné pour regarder sa femme qui parlait avec un homme grand, très distingué dans un impeccable costume de lin écru. Avant de s'éloigner, celui-ci l'a embrassée affectueusement. Son visage me disait quelque chose, mais je ne suis pas parvenu à mettre un nom dessus. Papa Delvaux a secoué la tête, puis il est revenu à moi.

– Depuis toute petite, Martine a toujours su cacher ses humeurs. Mais cette fois-ci j'ai eu l'impression qu'elle avait même peur de parler.

– Elle n'a pas, par hasard, mentionné quelque ennui de travail ?

– Non, commissaire, comme je vous l'ai expliqué elle n'a rien voulu dire. Mais ce soir-là elle a passé un coup de fil que j'ai écouté sans le vouloir. Je ne sais pas avec qui elle parlait, mais ils discutaient de quelqu'un impliqué dans leurs affaires. J'ai cru comprendre que Martine ne s'attendait pas à la présence de cette personne au bureau. Elle semblait hors d'elle, c'est pour cette raison que j'ai ensuite tâché de comprendre ce qui la préoccupait tant.

– Martine ne vous a pas dit avec qui elle avait parlé ?

Il a poussé un profond soupir :

– Elle ne sait… Elle ne savait pas que j'avais écouté la communication. J'ai essayé de lui parler, mais elle a esquivé en disant que tout allait bien.

– Et… il y a autre chose, n'est-ce pas ?

Il a rentré la tête dans ses épaules, a fouillé dans une poche intérieure de sa veste, en a retiré une espèce de carte postale qu'il m'a tendue. C'était une reproduction du *Christ mort* d'Andrea Mantegna. Au dos, Martine avait tracé quelques lignes de son élégante écriture : *Pinturicchio. Chapelle de Notre-Dame-de-la-Paix. Ils travaillent dans ce coin ?*

J'ai regardé M. Delvaux l'air interrogatif.

– Elle l'a oubliée chez nous ce soir-là, a-t-il dit en faisant une grimace, j'ai pensé que pour vous elle pouvait avoir une signification.

Sur la feuille trouvée dans la corbeille à papiers, Martine parlait d'éventuels problèmes avec le drap. Le Christ de Mantegna en avait un sur les jambes et le drapé était assez compliqué, mais peut-être étais-je en train de chercher midi à 14 heures. Pourtant Pinturicchio surgissait à nouveau.

– Pouvez-vous me la laisser, monsieur Delvaux ? Il n'est pas exclu qu'elle puisse être importante.

– Gardez-la, je donnerais n'importe quoi pour qu'on retrouve l'assassin.

– Nous faisons tout notre possible, ai-je dit en mettant la carte dans ma poche. Savez-vous si Pinturicchio avait une signification particulière pour votre fille ?

Il a secoué la tête :

– Moi aussi je me suis posé la question, mais je ne crois pas que c'était un des peintres préférés de Martine.

Nous sommes restés silencieux. Si l'autre soir je ne m'étais pas senti aussi mal et si j'avais insisté, elle aurait peut-être fini par me dire ce qui l'angoissait. Il y a toujours un maudit « peut-être » dans ce que nous faisons. C'est un petit mot à l'origine de tous nos remords.

– Je vous remercie de m'en avoir parlé, monsieur. S'il devait y avoir des développements, je vous le ferais savoir, bien sûr.

Il m'a fixé, le regard soudain dur.

– Retrouvez l'assassin, Jean-Pierre, c'est la seule chose importante.

Nous nous sommes arrêtés casser la croûte à Troyes, rue Champeaux, alignement de maisons médiévales aux couleurs vives, toits d'ardoise pointus et façades à colombages de bois foncé. On était bien au soleil, un peu de calme après ce long bain de tristesse.

Je me sentais vivant, comme chaque fois que je vais à un enterrement. Si tu es là à écouter toutes ces paroles inutiles, ça veut dire que ta montre fait encore tic tac et que tu sortiras de cette église en marchant sur tes deux jambes et non dans une caisse en bois, porté de tout ton poids par quatre inconnus.

J'ai des tombeaux en abondance, chantait Brassens, *des sépultures à discrétion*. Moi, au contraire, une tombe je ne l'aurai jamais. Autour de mon cercueil, quelques amis seulement et – qui sait, deux ou trois belles filles aux yeux humides. Quelqu'un fera jouer *Baby I'm Gonna Leave You* et, pour finir, un quart d'heure au four à feu vif.

Et puis qu'on jette mes cendres dans la Seine, ou bien s'il pleut et qu'on n'a pas très envie de sortir, dans les gogues. À ce stade, ça ne fait plus aucune différence.

Alain m'a accompagné au comptoir prendre des sandwichs jambon- fromage et des bières. En attendant que le garçon nous serve, nous nous sommes retournés, dos appuyés au zinc. Assis dehors, Coccio et Maëlis discutaient aimablement. Elle faisait penser à une comtesse libérale daignant déjeuner à la même table que son commis.

– Il est vrai qu'elle en jette, a remarqué Alain en clignant des yeux à cause de la lumière qui entrait par la porte, c'est une femme très attirante.

– Si tu voyais son pistolet ! On dirait qu'il vient de chez Tiffany.

Il a souri :

– Sa façon de s'habiller n'a pas d'importance, selon moi elle nous a mis sur une bonne piste. C'est quelqu'un qui sait utiliser sa matière grise.

– Tu penses que filer Gustave et sa femme nous mènera quelque part ?

– Tu l'as vu, a-t-il ricané, il est au bord de la crise de nerfs. Il semble effondré mais je pense qu'il crève de trouille.

J'ai bâillé :

– J'ai eu la même impression.

Il a glissé une cigarette entre ses lèvres, l'a allumée avec une allumette, puis a soufflé la fumée vers le plafond.

– Que voulait le père de Martine ?

J'ai poussé un soupir et lui ai tendu la carte.

– Il voulait s'excuser de la façon dont ils se sont comportés à Paris. Il m'a parlé de Martine. La dernière fois qu'elle est allée chez eux, il paraît qu'elle était d'humeur sombre à cause d'un mystérieux personnage rencontré au travail. Elle a oublié cette carte en repartant de chez ses parents.

– Un personnage mystérieux ? a demandé Alain tout en lisant le texte au dos.

Je lui ai raconté ce qu'avait dit M. Delvaux, en brodant un peu. Il m'a écouté en fumant, regard froncé et mégot pendant aux lèvres.

– À nouveau notre ami Pinturicchio, a-t-il dit en faisant tomber la cendre dans une tasse à café sale qui se trouvait à côté. Il m'a rendu la carte.

– Ben, dis-moi un peu, où se trouve cette chapelle dont parle Martine ?

– Je crois qu'elle est dans le cimetière des révolutionnaires, celui où se trouve la tombe de Lafayette. Tu penses que c'est important ?

– Je ne sais pas, la carte pourrait ne rien avoir à faire avec cette histoire.

Il a éteint sa cigarette dans la tasse, s'attirant le regard indigné d'une des serveuses. Il lui a fait un de ses sourires et elle a rougi.

Le patron a posé sur le comptoir les sandwichs et les trois bières pour nous, une pomme et une Badoit pour Maëlis. Nous avons déjeuné en bavardant à l'ombre de la cathédrale Saint-Pierre-Saint-Paul, puis nous avons pris un café et Servandoni a fumé une autre de ses cigarettes puantes.

Et puis nous sommes nous aussi rentrés à Paris.

9

– Elle aurait dû partir pour l'Italie dans quelques jours.

Leila m'a tendu des feuillets agrafés ensemble. Ils résumaient le contenu des contrats dont Martine devait s'occuper pour Art-en-Images. Il s'agissait en tout et pour tout de quatre travaux différents, deux en Italie, à Turin, un en Allemagne, à Kassel, et un quatrième en Suisse, à Bâle. Ils contenaient la liste des correspondants, des collaborateurs externes et des fournisseurs. Tout semblait normal, il y avait aussi les billets d'avion.

– Les contrats de Turin rapporteront pas mal d'argent à l'atelier, a poursuivi Leila, les commettants sont l'archevêché et le *Museo Civico d'Arte Antica* qui organise une grande exposition sur Andrea Mantegna. Les photos serviront à réaliser une édition grand format de luxe de ses tableaux.

– Et quel rapport entre l'archevêché et Mantegna ? a demandé Alain.

Nous étions assis autour de ma table dans notre bureau au troisième étage de la Grande Maison.

– Aucun. Il paraît que le musée de l'archevêché est assez récent. Il expose des tableaux, des sculptures, des ornements sacerdotaux et des reliquaires qui doivent être photographiés pour une série de monographies. Il est, de surcroît, prévu une ostension du Suaire dont on réalise une reproduction à très haute résolution.

– Qui paie tout ça ? ai-je demandé.

– Une fondation privée turinoise. Elle s'occupera également de la partie éditoriale. Un volume spécial sera offert au pape, etc.

– Une fondation ?

– La fondation Raschera-Bettelmatt pour l'Art.

– Que savons-nous d'autre sur ces gens ?

– Rien, mais il ne sera pas difficile de trouver des informations. Ils ont souvent travaillé avec Art-en-Images ces dernières années.

– Tâche de savoir qui la dirige et quel est exactement leur champ d'activités.

– Tu crois que le mobile pourrait être un vol sur commission ? est intervenu Michel.

– Sur ce papier Martine parlait d'un drap, a grogné Alain. Subtiliser le Suaire pourrait être un bon motif pour monter tout ce cirque.

– C'est absurde, ai-je rétorqué, que veux-tu qu'ils en fassent du Suaire : un couvre-lit ? Il serait déjà difficile de vendre un Mantegna. Et puis j'imagine que, avant de te donner un tableau à photographier, les commettants prennent toutes les précautions d'usage.

– Le mobile pourrait être tout autre, a suggéré Maëlis : contrebande, trafic de stupéfiants ou d'argent. Ces gens-là circulent à travers le monde, ne l'oublions pas ; la seule chose que nous sachions avec certitude, c'est que Martine a été assassinée parce qu'elle a vu quelque chose qu'elle n'aurait pas dû voir.

Nous l'avons fixée en silence.

– Sur cette feuille déchirée et sur la carte, Martine a écrit *Pinturicchio*, suis-je intervenu, elle a aussi mis trois points d'interrogation à la file. On a fait des vérifications ?

– Elle a également dessiné un Christ en croix, a dit Alain, et avec celui de Mantegna ça en fait deux.

Leila a soulevé l'enveloppe de plastique transparente qui contenait la pièce et l'a observée un instant en disant :

– Metzger a vérifié, dans les prochains mois pas d'exposition sur Pinturicchio au programme dans aucune partie du monde. La recherche sur le Net n'a rien donné non plus. On dirait une piste sans issue, à moins que le nom ne se réfère à quelqu'un d'autre.

Il pouvait s'agir d'un surnom. Je me suis levé et me suis dirigé vers la fenêtre. Quai des Orfèvres, un groupe de touristes se faisait photographier par un gendarme complaisant. Le soleil faisait briller les fenêtres de l'autre côté du fleuve et rebondissait sous forme de lueurs blanchâtres sur les autos circulant en direction du Pont-Neuf. La pulsation du trafic parvenait à mes oreilles, atténuée par les vitres, comme le bourdonnement d'une mouche géante.

– Si vous voulez, je peux faire des tagliatelles à la tomate, a proposé Rogliatti en se levant.

Il a ouvert l'armoire dans laquelle il gardait un réchaud à deux feux alimenté par une bonbonne de gaz qui, un jour ou l'autre, ferait sauter en l'air la moitié du bâtiment. Casseroles, poêles, assiettes et couverts complétaient sa minuscule cuisine. Sur les étagères supérieures étaient entassés des briquets, des stylos, des montres et autres objets de luxe que son cousin lui faisait parvenir d'Italie et qu'il revendait en sous-main à collègues et amis. Un véritable trafic miniature sur lequel tout le monde fermait les yeux. À deux reprises, Le Normand lui-même était apparu et, feignant un hasard peu probable, avait acheté un stylo ou un iPod à offrir à ses petits-enfants.

– Tu n'aurais pas plutôt des fusilli ? a demandé Coccioni.

Aurélien a farfouillé un moment dans son débarras puis a brandi un paquet d'un demi-kilo de fusilli De Cecco. La réunion a été suspendue. Rogliatti est allé remplir la marmite dans les toilettes et les filles se sont mises à parler chaussures et vêtements. Michel a ouvert une boîte de tomates et l'a versée dans une poêle pour la mettre sur le feu. Alain a sorti une bouteille de Daumas Gassac de sa réserve spéciale. On se serait cru dans un film de Bourvil.

Nous en étions à la moitié du repas quand Guibert a fait son entrée. Il s'est arrêté sur le seuil en nous scrutant, sourcil levé. Les fourchettes se sont figées en l'air. Il a fait demi-tour, a jeté un œil à la plaque près de la porte, est revenu, est entré et a refermé la porte derrière lui :

– Excusez-moi, a-t-il dit ironiquement, je croyais que c'était un bureau de la Crim.

– Pas tant de chichi, a grommelé Coccioni, prends une chaise et mets-toi à table.

Guibert s'est bien gardé de désobéir. Rogliatti a rempli une assiette et l'a mise devant lui. Avant d'y plonger, il a scruté Maëlis puis il a pris sa fourchette et a commencé à manger. Il s'est presque tout de suite arrêté car tous nos regards étaient tournés vers lui.

– Qu'est-ce qui t'amène de ce côté-là de la rue ? a demandé Alain.

Philippe s'est éclairci la gorge. Un verre de vin est apparu comme par enchantement devant lui. Il en a bu une gorgée puis il s'est essuyé la bouche du revers de la main :

– Maréchal, tu sais, le type de la Mondaine à qui Saunière a donné les cordes utilisées par la femme pour t'attacher, ben, il dit qu'il a des choses à vous dire.

Il a pointé vers moi sa fourchette sur laquelle étaient enfilés deux fusilli baignés de sauce :

– Dès que tu as un moment, il t'attend rue de Lutèce.

Appétit coupé. J'ai regardé ma montre, puis j'ai regardé Maëlis. Dans une heure ce serait notre tour de filature avec Constance Metzger.

– Où est Constance ?

– C'est jeudi, a répondu Leila, elle doit être chez Schmid à se taper l'habituelle choucroute.

L'un gérait une cuisine de camping et pratiquait des trafics illicites au bureau ; l'autre, le monde pouvait s'écrouler, chaque jeudi tu la trouvais chez Schmid à s'envoyer la sacro-sainte choucroute qui lui rappelait tant son Alsace natale. Tous les dérangés de la police étaient dans mon équipe. J'ai soupiré :

– Appelle-la et dis-lui de prendre son temps, on passera la chercher en allant à Art-en-Images.

J'ai regardé Deslandes :

– Lieutenant, ça ne vous ennuie pas qu'avant nous fassions un saut à la Mondaine ? C'est peut-être important.

La belle a posé sa fourchette et s'est levée, de toute façon on voyait à mille lieux que les fusilli en sauce ne la transportaient pas d'allégresse.

Sur le quai, il faisait divinement bon, le soleil était chaud et un petit air frais balayait délicatement les berges. J'ai retiré ma veste et l'ai jetée sur l'épaule. Maëlis marchait à mes côtés, parfaite comme toujours, pas un seul cheveu en désordre.

Nous avons fait le tour du Palais et traversé le boulevard à hauteur de la Sainte-Chapelle. Le 3, rue de Lutèce est le siège de la Brigade de répression du proxénétisme. Pour les intimes, la BRP ou la Mondaine ou les Mœurs.

Maréchal nous attendait assis à son bureau. Décidément trop gros. Il portait un tricot genre Lacoste à rayures vertes et bordeaux et un pantalon en coton beige. Menton et crane étaient couverts du même duvet ras, et des piercings lui trouaient le pavillon de l'oreille.

Nous nous sommes installés en face de lui pendant qu'il ouvrait une chemise sur sa table. Une espèce d'énorme tatouage bleuâtre dépassait de la manche gauche du tricot et descendait en volutes maori le long du bras. Je me suis demandé à qui il pouvait bien vouloir faire aussi peur.

– J'ai quelque chose pour vous, a-t-il dit en étudiant le dossier, François Saunière m'a demandé de faire une recherche sur les sex-clubs de Paris. Pour être plus précis, il a dit que vous étiez intéressés par ceux qui pratiquent le bondage.

Il nous a dévisagés avec un petit sourire. Maëlis s'est retournée pour me regarder bouche ouverte. Ses dents étaient blanches et régulières. D'une main je lui ai fait signe de rester calme :

– Nous recherchons une personne et nous nous demandons si pendant son séjour à Paris elle a pu fréquenter un de ces lieux.

Il s'est éclairci la voix puis a enfilé sur son nez une paire de lunettes à monture de plastique vert transparent.

– Il y a là quatre adresses. Je vous ai indiqué les clubs dans lesquels il peut arriver que se pratique le Shibari et de toute façon les seuls d'un niveau, disons, convenable.

Il m'a remis une feuille dactylographiée. Pour chaque club il y avait un nom, une adresse et une brève description du local. Un travail bien fait.

– Comment peut-on entrer ? j'ai demandé en parcourant la liste.

– On s'inscrit, ils vous font une carte et vous devenez membre. Les adhérents ont le droit de fréquenter le local et l'assistance d'un instructeur. On s'y rencontre et on se ficelle comme des saucissons.

– J'imagine qu'il est possible pour les membres de garder l'anonymat.

– Et comment ! Seul un couillon donnerait son vrai nom dans un endroit pareil.

– Prostitution ?

Sans lever les yeux de la poitrine voilée de soie de ma collègue, il a secoué la tête avec beaucoup de calme :

– Peu de chose. Nous les tenons à l'œil mais ils ne nous donnent guère de travail. Plus qu'autre chose, nous veillons à ce que les normes d'hygiène soient respectées.

– D'après ce que vous savez, organisent-ils aussi des stages, des cours collectifs ou des choses de ce genre ?

– Bien sûr, a-t-il répondu complice, si cela vous intéresse je sais qu'ils sont très discrets.

– Écoutez, a éclaté Maëlis en se penchant par-dessus la table, nous menons une enquête sur un homicide, alors cessez de faire l'idiot.

Maréchal s'est appuyé contre son dossier en faisant la moue.

Je me suis interposé en essayant de ramener la paix dans le monde :

– Je suis curieux, qu'est-ce que ce Shibari a de particulier ?

Il a haussé les épaules :

– Il s'agit d'une forme de bondage porté à un excès d'esthétisme. Tout comme les jeux vidéo, les Pokémon et les sushis, c'est un autre agrément qui nous arrive du Japon. Plus qu'immobiliser une personne, les cordes forment une espèce d'ornement sur le corps. Pour être plus précis, certains le considèrent une forme d'art.

– Qu'est-ce qu'on dit des nœuds ?

Il a retiré quelques photos d'une enveloppe en plastique et me les a passées. C'étaient des agrandissements de la corde avec laquelle la salope m'avait attaché avant de tuer Martine.

– Vous voyez, a-t-il expliqué en montrant un nœud de la pointe de son Bic, ils ont été faits à la va-vite mais leur forme est indubitablement celle d'une fleur. On les appelle des nœuds carrés et leur fonction est ornementale.

Il a fait une recherche sur son ordinateur puis a tourné l'écran vers nous pour nous montrer un nœud beaucoup plus élaboré mais assez semblable à ceux des photos que j'avais en main.

– C'est évident, la personne qui a fait ces nœuds connaissait et pratiquait habituellement le Shibari.

J'ai tendu les photos à Maëlis qui les a regardées attentivement avant de les rendre à Maréchal. La visite semblait terminée. J'avais la liste et il ne me restait plus qu'à envoyer quelqu'un interviewer les patrons de ces clubs privés.

Nous sommes retournés au bureau. Rogliatti était parti prendre son poste dans le sous-marin et Leila m'attendait assise à sa place. Je lui ai donné la liste de Maréchal.

– Fais-toi accompagner par Flamant et allez y faire un tour. Il n'y en a que quatre, ça ne devrait pas vous prendre trop de temps.

– Qu'est-ce que nous devons chercher exactement ? a-t-elle demandé en parcourant la liste.

– Une femme aux cheveux roux, masquée, qui aime attacher les gens. Si nous avons un peu de bol, il se pourrait qu'elle ait fréquenté un de ces endroits au cours des dernières semaines.

– Tu la crois vraiment aussi bête ? a-t-elle répondu en posant la feuille sur la table.

– Je ne le pense pas mais je l'espère. Qui apprécie ce genre de passe-temps essaie en général de s'en procurer un dans tous les endroits où il va.

– Il y a une chance sur cent, a-t-elle soupiré.

– Pour l'instant, c'est l'unique trace que nous ayons, Leila, nous ne pouvons pas nous permettre de l'ignorer. Moi, j'embarque Deslandes et Metzger et je vais relever Cofferati et compagnie. S'il y a du nouveau, appelle-moi sur le portable.

Je devais me faire octroyer une voiture de service, passer prendre Constance Metzger boulevard de Strasbourg et filer devant le bureau de Martine avant que Gustave ne sorte pour rentrer chez lui. Il n'était que 2 heures de l'après-midi, mais avec la circulation on ne sait jamais.

J'ai saisi Maëlis par une aile et l'ai entraînée hors du bureau.

10

Deux étudiantes en short, T-shirt et crinière blonde flottant au vent sont passées à côté de la voiture au petit trot. J'ai distraitement suivi leur double déhanchement, puis j'ai poussé un bâillement qui a momentanément créé une dépression atmosphérique place de la République. Le trafic s'écoulait paresseusement autour de nous, donnant l'impression que l'été était arrivé. Il m'est venu à l'esprit qu'en août Martine et moi aurions dû aller au Danemark.

J'ai regardé l'heure: 15 h 30. Au volant, Metzger était en train de feuilleter un supplément spécial de *Numéro* sur les goûts sexuels de Johnny Halliday. Son léger parfum de violette se mélangeait à la pointe d'odeur de nourriture qu'elle avait rapportée de son festin.

Assise à côté d'elle, Maëlis fixait la porte d'Art-en-Images avec l'immobilité d'un épagneul d'arrêt, jambes croisées et mains sur la poitrine. Je pouvais voir son doux profil, ses lèvres pleines et bien dessinées, le nez fin avec cette légère courbe à la racine qui la rendait particulièrement séduisante. Ses cheveux attachés en une épaisse queue-de-cheval me permettaient d'apprécier la ligne délicate de la nuque. Une mèche rebelle, descendant le long de la joue, lui donnait l'air d'une adolescente. Alain avait tout à fait raison, le lieutenant Deslandes était une véritable pin-up.

– Vous n'avez jamais été mariée, lieutenant ? a demandé ma voix de but en blanc.

Elles se sont toutes les deux retournées pour me regarder, puis, prenant acte que je m'adressais à sa voisine, Constance s'est remise à lire le journal.

– Pardon ? a demandé Maëlis vaguement surprise.

– Je demandais si vous étiez mariée, mais ce ne sont peut-être pas mes affaires.

– Elle m'a fixé quelques secondes, partagée entre me répondre ou m'envoyer au diable.

– Je paie une pension alimentaire à mon ex-mari, a-t-elle répondu, nous nous sommes séparés l'année dernière.

Constance l'a regardée comme si elle s'était rendu compte qu'une femme à barbe était assise à côté d'elle.

– Qu'est-ce qui n'a pas marché, il était aveugle ?

Elle a souri.

– Vous essayez d'être trivial ?

– Pas du tout, je ne suis que stupide.

– J'étais davantage intéressée par la police que par lui, a-t-elle dit en fronçant les sourcils, c'est du moins ce que pensait mon mari. Alors, il m'a plaquée.

– Les flics sont ainsi faits : le travail d'abord, le reste ensuite.

Elle a tendu la main entre les sièges pour ôter un léger fil blanc sur mon pantalon. Le contact avec la pointe de ses doigts m'a donné un frisson.

– En réalité, ce n'était pas ça du tout, a-t-elle soupiré, mon ex-mari est un fils de pute. Il m'a épousée uniquement pour mon argent.

Elle a levé le regard, ses yeux ont rencontré les miens. C'est à ce moment-là que j'ai compris que tôt ou tard nous finirions par coucher ensemble. Le diablotin perché sur mon dossier m'a donné une légère tape sur l'épaule et m'a susurré, à l'oreille : « Mon ami, un jour cette femme sera à toi. »

– Excusez-moi, je ne pouvais pas imaginer.

– Ça ne fait rien, a-t-elle murmuré, pour ne pas changer, mes parents m'avaient avertie et cette fois-ci j'aurais dû les écouter. Ce sont des incidents de parcours.

– Je ne connais pas beaucoup de femmes qui paient des pensions alimentaires à leur ex. Vous êtes vraiment spéciale pour tout, lieutenant.

– C'est une spécialité dont je me serais volontiers passée, a-t-elle rétorqué presque à mi-voix. Il m'a semblé que les derniers mots avaient une note triste.

– Vous en êtes encore amoureuse ?

– Eh ! a braillé Metzger en fermant sa revue, voilà l'autre qui sort de l'immeuble.

– Nous nous sommes tous les deux retournés. De l'autre côté du boulevard, la silhouette un peu voûtée de Gustave était en train de s'éloigner rapidement sur le trottoir. Il semblait bigrement pressé.

– Suis-le, ai-je ordonné à Constance, allez bouge-toi, autrement il va nous semer.

Elle a jeté sa revue sur le siège arrière, a mis le moteur de notre Scénic de service en route. Nous nous sommes écartés du trottoir, avons traversé la circulation pour nous porter de l'autre côté de la chaussée. Nous l'avons perdu de vue pendant quelques secondes.

– Le voilà, là-bas, a désigné Maëlis, il se dirige vers l'arrêt de bus de l'autre côté de la place.

Gustave courait presque en direction de la rue du Faubourg-du-Temple. Il semblait très agité. Il a atteint l'abri et s'est arrêté pour attendre le bus. Quatre ou cinq autres personnes attendaient aussi. Une grosse femme avec deux sacs de commissions dans chaque main l'a regardé avec curiosité, mais il ne s'en est pas rendu compte.

Metzger s'est garée en double file en laissant tourner le moteur. J'ai pris mon portable pour appeler Aurélien qui était en train de chauffer un siège dans le sous-marin.

– Rogliatti, a-t-il répondu.

– Aurélien, est-ce que, par hasard, vous avez intercepté un coup de fil cette dernière demi-heure ?

– Attends.

Bruit de papier.

– Le dernier nous l'avons chopé il y a un quart d'heure. Deshayes a appelé sa femme.

– Ils ont parlé de quoi ?

– Attends, je te lis la transcription :

Lui : Écoute, j'ai pensé qu'il vaudrait mieux décommander le rendez-vous.

Elle : C'est un peu tard pour le faire, Gus, maintenant je ne crois pas que ce serait très intelligent.

Lui : Je te dis que j'y ai beaucoup pensé, la rencontre pourrait être risquée. Moi aussi, j'en ai envie, mais crois-moi c'est vraiment pas le moment.

Elle : D'accord, d'accord, laisse-moi y penser, mon chou, et ne t'agite pas, tout va bien. Nous en reparlerons à la maison plus tard.

Lui : Ça ne va pas bien du tout, Véro, l'autre soir…

Elle : Gustave, je t'ai dit que nous en reparlerions à la maison, maintenant je dois partir.

Alors ils se sont salués et elle a raccroché.

L'autre soir… Quel autre soir ? Celui où ils avaient fait assassiner Martine ?

De quelle autre maudite soirée parlait Gustave et pourquoi Véronique l'avait-elle interrompu de cette façon ?

– C'est tout, chef, a conclu Rogliatti.

– De quel rendez-vous parlaient-ils ? ai-je grommelé.

– Je n'en ai pas la moindre idée. Si tu veux je relirai les conversations des derniers jours.

– Oui, c'est ça, s'il te plaît. D'autres appels ?

– Tous professionnels. Rien qui nous ait fait dresser l'oreille.

– Si tu interceptes autre chose, appelle-moi immédiatement.

– Compte sur moi, chef.

– Tout est tranquille de votre côté ?

– Calme plat. La femme est rentrée il y a dix minutes.

Je suis resté silencieux. Il semblait y avoir un certain mouvement dans l'air.

Un bûcheur comme Gustave quittait l'atelier très en avance et Véro était déjà partie du cabinet pour rentrer chez elle. J'avais vu moins étrange à la Grande Galerie de l'Évolution.

J'ai cette fine cicatrice qui part de derrière l'oreille et descend le long de la mâchoire. Un beau coup de couteau flanqué par une pute quand j'étais jeune, inexpérimenté, et pensais que les femmes étaient seulement des femmes. Quand quelque chose ne me revient pas, elle me démange terriblement.

Exactement comme elle le faisait en ce moment.

– Chef, tu es toujours là ? a demandé Aurélien avec une pointe de respectueuse irritation.

– Gardez les yeux ouverts.

J'ai coupé la communication.

Pendant ce temps, le bus 20 était arrivé, Gustave est monté et nous nous sommes tous mis en route. Le bus a quitté la place de la République et s'est engagé boulevard Saint-Martin. Gustave et Véro habitaient vers le *Grand Rex*, justement dans la direction que nous prenions.

Constance conduisait avec habileté, veillant à avoir toujours un certain nombre de voitures entre l'arrière du bus et notre auto. La reine de la filature s'est mise à siffloter un refrain entre ses dents, habitude qu'elle avait dans les moments de forte concentration.

Tout s'est bien déroulé jusqu'à hauteur de la rue Boulanger. Gustave est alors descendu du bus à la hâte, nous mettant en grande difficulté. Aucune place où s'arrêter sans se faire remarquer, alors nous avons été obligés de continuer tout droit. J'ai fait stopper Constance à l'angle de la rue.

– Je le file, ai-je annoncé, continuez jusque chez eux, nous nous retrouvons là-bas.

Je suis descendu de voiture et j'ai parcouru en sens inverse la portion du boulevard qui me séparait de l'arrêt de Gustave.

Il était là, près d'un bistrot à l'angle du faubourg Saint-Martin. Il a jeté un œil à sa montre. Il continuait à regarder autour de lui avec une certaine inquiétude, il semblait attendre quelqu'un. J'ai pensé que ça pouvait être cette maudite femme, et ma main a touché la crosse de mon .45 suspendu sous mon aisselle. Je me suis demandé si, le moment venu, je serais capable de lui tirer en pleine tête, de sang-froid.

J'ai observé Gustave. Il portait le même costume froissé depuis plusieurs jours, il était pâle et décoiffé. Ses chaussures, d'habitude impeccables, étaient sales et abîmées. Debout au bord du trottoir, il ressemblait à un immigré sans futur. L'envie m'est venue de le cuisiner comme il faut.

Sortant du bistrot, un homme grand et mince s'est approché. Gustave a sursauté mais, face à lui, il s'est comme dégonflé. Poignées de main, puis le nouveau venu l'a pris par le bras et ils se sont mis à discuter, tout en se promenant lentement vers la façade du *Théâtre de la Renaissance.*

Grand, cheveux fournis grisonnants, mâchoire arrondie. Encore en forme malgré l'approche de la soixantaine, le nouvel ami de Gustave était un bel homme à l'air blasé et intelligent. Il portait une veste pied-de-poule marron, un pantalon couleur moutarde et une chemise col ouvert, blanche à rayures bleues. Je ne pouvais pas entendre ce qu'ils se disaient, mais le play-boy avait une attitude vaguement paternaliste. Il donnait l'impression d'essayer de calmer un gamin excité.

Leur discussion s'est peu à peu animée. D'une secousse, Gustave a libéré son bras de la prise de son ami et il l'a affronté en haussant le ton. La dispute s'est poursuivie deux minutes au moins sur un ton toujours plus enflammé. Gustave semblait hors de lui et l'inconnu avait du mal à le tenir en respect. Les gens commençaient à les regarder avec curiosité.

Il s'est finalement calmé, a gesticulé quelques secondes, puis l'homme a réussi à l'entraîner près de la façade du théâtre, loin de la foule.

Je me suis glissé sous l'arc, parvenant à me rapprocher de quelques mètres. Je ne pouvais pas entendre ce qu'ils se disaient, mais je ne voulais pas exagérer et me faire repérer. À ce moment, l'homme parlait à Deshayes qui l'écoutait en silence, l'air plutôt mécontent. L'inconnu a rapproché son visage du sien et lui a dit quelque chose en détachant bien les mots l'un de l'autre. Gustave s'est tourné de tous côtés en regardant autour de lui l'air préoccupé, mais son compagnon l'a arrêté de la main et ils se sont éloignés de quelques pas vers la rue Boulanger.

Un bus de la RATP a tourné derrière l'arc, les cachant à ma vue. J'ai traversé la rue et me suis glissé sur la terrasse du bistrot pour éviter qu'ils ne me filent sous le nez. J'étais en train de me faufiler entre les tables quand je me suis trouvé pratiquement nez à nez avec Gustave. Il venait dans ma direction, mais son visage était tourné vers l'autre homme qui n'avait pas bougé de sa place. Changeant de direction, je me suis précipité dans le bar.

– Tu ne dois rien lui dire, a hurlé Gustave d'une voix stridente à son ami, cette fois-ci je pose mes conditions ou bien tout saute.

– Gustave, attends…, a crié l'autre, mais il passait déjà sous l'arc en direction du boulevard. Sans se retourner, il a filé tout droit en faisant un geste d'agacement.

J'ai attendu quelques secondes puis je suis sorti du bistrot pour qu'il ne m'échappe pas. Devant le théâtre, il n'y avait plus personne, l'inconnu avait disparu. J'ai rageusement shooté dans un paquet de cigarettes vide que quelqu'un avait jeté par terre. Couillon de flic, si j'avais eu un appareil photo, en une demi-journée j'aurais su qui était cet homme. Martine me le disait tout le temps : « Crois-moi, poulet, aie toujours dans la poche un de ces appareils compacts. »

Martine…

Gustave marchait à pas rapides le long du boulevard Saint-Denis. Il continuait de regarder derrière lui comme s'il pensait être suivi.

J'ai traversé la rue pour continuer la filature depuis le trottoir opposé ; de toute façon, je savais où il allait. Il marchait vite, passant régulièrement une main dans ses cheveux pour les rejeter en arrière d'un air inquiet. À hauteur de l'arc de la porte Saint-Denis, il a traversé le boulevard Bonne-Nouvelle bien que le feu soit rouge, déclenchant un vacarme de klaxons. Puis, sans ralentir, il a remonté la rue Beauregard d'un pas rapide.

Guère de passants par là, alors je lui ai laissé une bonne avance et j'ai pris la montée à mon tour. J'entendais ses pas retentir devant moi, toujours plus rapides et lointains. Je suis arrivé au sommet juste à temps pour le voir passer la porte de son immeuble.

Le sous-marin, un fourgon gris avec, peint en jaune sur ses flancs, la raison sociale d'une entreprise de plomberie, était garé une dizaine de mètres plus loin. J'ai dépassé la porte cochère de l'immeuble et suis passé à côté de lui en donnant deux petits coups sur la portière. De l'intérieur, deux autres petits coups ont répondu à mon salut.

Metz avait garé la Renault Scénic sur la piste cyclable de l'autre côté de la rue. J'ai parcouru rapidement le pâté de maisons qui nous séparait, suis monté dans la voiture et, après avoir refermé la portière derrière moi, je me suis laissé aller contre le dossier avec un soupir insatisfait.

Constance et Maëlis se sont retournées pour me regarder.

– On pensait que tu l'avais perdu, a dit l'une. Qu'est-ce qui s'est passé ? a fait l'autre en écho.

– Il a rencontré un type, là-bas, porte Saint-Martin.

– Quelqu'un de l'atelier ? a demandé Maëlis.

– Mais non ! Jamais vu auparavant. Ils se sont parlé et Gustave se démenait comme un beau diable. Je crains qu'il ne soit impliqué jusqu'au cou, je crois que vous aviez raison, lieutenant.

– Qu'est-ce qu'ils se sont dit ?

– Je n'en ai pas la moindre idée, j'étais trop loin.

J'ai baissé la vitre pour laisser entrer un peu d'air, puis j'ai retiré ma veste :

– L'homme a essayé de le calmer, mais Gustave semblait hors de lui.

En abrégeant, j'ai raconté le peu que j'avais pu voir. Un petit camion couvert de rouille et de poussière s'est arrêté devant la porte de l'immeuble des Deshayes. Deux hommes en sont descendus et ont déchargé quatre grandes vitres après les avoir libérées du support qui les soutenait. D'une fenêtre du deuxième étage, une vieille dame s'est penchée et leur a dit de monter. Deux minutes après, elle leur a ouvert la porte cochère. Échange de plaisanteries, rires, tapes sur les épaules, puis les gars ont saisi une paire de vitres chacun et sont entrés dans l'immeuble en même temps.

– Ça pourrait ne rien vouloir dire, a dit Maëlis en regardant distraitement le camion, il est possible que Gustave et l'autre aient parlé travail.

– Je veux bien être pendu si c'est de travail qu'ils parlaient. Depuis que Martine a été tuée, Gustave est déboussolé au point de sembler être une autre personne. On dirait que quelque chose va de travers, le ronge de l'intérieur et le dévore même à toute allure.

Nous sommes restés silencieux. Constance me fixait, renfrognée.

– De plus, ai-je ajouté, selon moi ce type l'a même averti que nous étions à ses basques. Je ne sais pas comment ils l'ont découvert, mais le fait est qu'après avoir parlé avec lui Gustave n'arrêtait pas de regarder autour de lui.

– Ça veut dire que quelqu'un a les yeux fixés sur nous, a marmonné Constance.

Elle est descendue, a refermé la portière, a appuyé le dos contre la voiture et a tiré un paquet de cigarettes de sa poche. Elle en a mis une entre ses lèvres et l'a allumée.

Maëlis s'est retournée pour me regarder :

– Elle est sympathique, a-t-elle dit en désignant Metzger d'un geste du menton.

– Sympathique est un bien grand mot, mais comme flic elle n'est pas mal du tout, surtout quand il faut donner des coups. Elle est forte comme un taureau.

– Il y a quelqu'un de normal parmi *les Italiens* ? a-t-elle demandé en riant.

– Vous nous trouvez étranges seulement parce que nous faisons des pâtes à la sauce au bureau ?

Elle m'a regardé quelques secondes avec une expression amusée.

– Aussi.

Une femme d'âge moyen grande et mince, vêtue de taffetas vert et d'un chapeau de la même couleur, est sortie d'une rue latérale, donnant le bras à une dame âgée, pliée en deux comme un robinet. La vieille s'aidait d'une canne. Elle portait un imperméable rose bonbon et un chapeau beige rétro avec un nœud devant. Elle tenait en laisse un roquet blanc à taches noires, parfaitement obèse. Sur le cul du chien, les poils rares laissaient entrevoir des plaques de peau rose pâle. Le trio a traversé la rue à pas menus et s'est arrêté devant la porte de l'immeuble, comme sorti d'un récit de Queneau.

Un groupe de jeunes Noirs a débouché de la montée de la rue Beauregard. Ils jouaient à se lancer un ballon. Ils sont passés à côté des deux femmes, les apostrophant avec quelques moqueries, puis ils ont continué leur chemin et sont arrivés à hauteur de notre voiture avec des rires gouailleurs.

– Un peu de respect pour les vieux, a tonné Metzger sans changer de position.

Elle a reçu sa dose d'insultes sans broncher. Les cris et les rires des gamins se sont lentement éteints jusqu'au bout de la rue. La femme en vert a dit quelque chose à sa compagne âgée, l'a saluée et s'est éloignée en direction de la porte Saint-Denis. La vieille a fait une légère caresse au chien avant d'ouvrir la porte et de disparaître à l'intérieur avec lui.

J'ai bâillé. Quelques heures encore et je serais rentré chez moi. Le tour de nuit revenait à Coccioni.

– Quelles sont vos intentions, commissaire ? a demandé Maëlis d'un ton impatient.

– Rogliatti m'a lu la transcription d'une communication téléphonique entre Gustave et Véronique. Ils parlaient d'un rendez-vous ou d'une rencontre. Il est possible que quelqu'un les rejoigne ici, ou bien qu'ils sortent ensemble pour se rendre quelque part. Dans ce cas, nous les filons.

– Et si cela ne devait pas se produire ?

– Si rien n'arrive cette nuit, demain à l'aube nous les embarquons et la salle de torture sera à votre entière disposition.

Metzger est montée dans la voiture. Un groupe bruyant de mamans est passé devant nous. Elles bavardaient et riaient sans autre préoccupation au monde que celle d'aller chercher leurs rejetons à l'école voisine.

J'ai fixé Deslandes dans les yeux, elle a mordillé sa lèvre inférieure avec délicatesse. Probablement se demandait-elle ce que je pouvais bien avoir à la place du cerveau.

11

Une fois les bambins récupérés, les mamans s'en sont retournées chez elles. Au cours des deux heures suivantes, des gens de toutes sortes sont entrés et sortis des immeubles. La tension m'écrasait littéralement contre le siège, une pression intolérable qui ne lâchait pas prise. J'étais trempé de sueur et le sang battait à mes tempes. Je savais que cette surveillance ne servait à rien mais je m'obstinais parce que le visage voilé de la salope s'agitait devant mes yeux comme un masque endiablé.

Vers 6 heures, les vitriers ont eux aussi reparu dans la rue. La vieille à l'imperméable rose et son chien obèse étaient avec eux. Ils sont restés là à bavarder au moins cinq minutes, par moments la femme indiquait des fenêtres de la pointe de sa canne.

– Vous êtes en train de courir derrière cette maudite femme, a dit Maëlis d'un ton coupant, vous n'avez que ça en tête et vous vous fichez du reste de l'enquête.

Metz a posé une main sur son bras :

– Eh, frangine, qu'est-ce qui te prend ? Calme-toi.

– Attends, Constance, j'ai balbutié, le lieutenant a raison, j'ai tout à fait tort.

Elles se sont toutes les deux retournées vers moi.

– C'est-à-dire ? a demandé Maëlis.

J'ai expiré tout l'air que j'avais dans les poumons. Puis j'en ai fait entrer d'autre, plus frais, meilleur. Ça m'a redonné un peu de tonus.

– Vous vous rappelez le matin après le meurtre ? Nous sommes tous les deux allés à Art-en-Images.

Elle a fait un signe affirmatif de la tête.

– À un certain moment, Gustave s'est approché pour me dire combien il était désolé. Nous avons parlé un bref instant et il a dit, attristé, que, s'ils nous avaient raccompagnés chez nous, « peut-être que cette femme » ne l'aurait pas tuée. Vous comprenez, lieutenant, peut-être que *cette femme* n'aurait pas tué Martine.

Elle m'a regardé, sourcils froncés, puis son visage s'est tout à coup illuminé :

– Deshayes ne pouvait pas savoir que l'assassin de Martine était une femme, ce point n'a pas été rendu public.

– Justement, ça veut dire qu'ils la connaissent, qu'ils savent peut-être qui c'est. J'ai pensé qu'en restant sur leur dos ils me la livreraient sur un plateau d'argent.

Les deux ouvriers sont montés dans leur camion et sont partis. La vieille a attendu que son chien pisse contre le mur de l'immeuble, puis, en lui parlant comme à un être humain, l'a entraîné rue Beauregard.

– Vous êtes vraiment con, a dit Maëlis d'un ton sec, vous auriez dû nous en parler immédiatement.

J'ai posé une main sur l'épaule de Metzger qui s'apprêtait à lui sauter à la gorge :

– Vous avez raison, lieutenant, j'ai eu tort mais nous pouvons maintenant y remédier.

– Le Normand avait raison, vous êtes trop impliqué. Allons les chercher, ce que vous venez de me dire est suffisant pour une arrestation.

La vieille avait disparu depuis une dizaine de minutes quand Coccioni a paru en haut de la côte.

– D'accord, ai-je grogné en sortant de voiture, emmenons-les au poste. De toute façon, personne ne se manifeste ici.

J'ai rejoint Michel qui grimpait péniblement. Deux jeunes flics de la Crim étaient avec lui.

– On laisse tout tomber, lui ai-je annoncé en enfilant ma veste, maintenant on les embarque et on les boucle pour les interroger.

– Comme ça, de but en blanc ?

– Exactement. Faites-vous ouvrir la porte cochère et montez les prendre.

– Qu'est-ce qu'on fait du chien ? a demandé l'un de ses compagnons.

– Quel chien ?

– Un connard a abandonné un chien dans la rue, a poursuivi Coccio en pointant un pouce derrière lui, je vais appeler la SPA pour qu'on vienne le chercher.

Coup au cœur, palpitations du genre tambours de la jungle mystérieuse.

– De quel putain de chien parlez-vous ?

– Un roquet blanc et noir.

– Au cul rose, a complété son écuyer.

– Montez chez ces deux-là, ai-je hurlé en dévalant la rue, et faites venir quelqu'un pour fouiller l'appartement.

En bas de la pente, je suis passé près du cabot blanc et noir qui a poussé quelques aboiements en me voyant courir. La salope l'avait attaché à l'un des plots de métal noir qui empêchent les voitures de se garer.

J'ai forcé l'allure en débouchant sur l'esplanade de la porte Saint-Denis. J'ai regardé autour de moi : si elle avait une voiture, adieu, mais il était possible qu'elle se soit dirigée vers le métro. J'ai enjambé la barrière du trottoir, sauté sur le pavé et foncé vers la station Strasbourg-Saint-Denis.

Je l'ai vue en traversant le boulevard, une tache rose en train de disparaître, engloutie par les escaliers du métro. J'ai regagné un peu de terrain, mais de là à l'attraper c'était une autre histoire. En descendant en trombe les marches de l'entrée, je savais déjà que je l'avais perdue. La station était bondée, les gens entraient et sortaient des couloirs. Je me suis arrêté une seconde, je devais réfléchir vite.

Trois lignes, la 9, la 8 et la 4, je ne pouvais même pas jouer à pile ou face. La 9 et la 8 continuaient en diagonale vers les banlieues, alors que la 4 menait au centre, j'ai choisi celle-là.

D'un bond, j'ai enjambé le portillon et fait au pas de course le trajet jusqu'au couloir direction porte d'Orléans. J'ai dévalé le dernier escalier quatre à quatre tandis que la sirène signalait la fermeture de la porte. Je suis monté dans la rame de justesse, ma veste restant coincée dans les battants, petit spectacle extra pour les passagers.

On a démarré. Aucun imperméable rose dans le wagon, en admettant qu'elle ne l'ait pas jeté dans une poubelle avant de monter. L'arrêt suivant est arrivé en une minute et demie – énorme station, labyrinthe parfait pour disparaître en un éclair. Les portes sitôt ouvertes, j'ai bondi à l'extérieur. J'étais en sueur, mon cœur battait la chamade. Le quai était rempli de passagers montant dans la rame ou se dirigeant vers les sorties et les correspondances. J'ai glissé la main sous ma veste, serré les doigts autour de la crosse de mon pistolet et, courbé comme un chameau, j'ai parcouru le train dans toute sa longueur.

Elle était dans l'avant-avant-dernier wagon et a manqué me prendre de court. Coup de feu amplifié par les murs du tunnel, presque une détonation. La vitre devant moi a volé en éclats. Le type à côté s'est écroulé de tout son long sans émettre un son.

Hurlements, fuites éperdues, actes d'hystérie collective... Une pagaille dans les règles s'est propagée dans la foule comme une onde de choc. Pendant quelques secondes, je n'ai plus rien vu, puis j'ai aperçu un éclair rose filant vers la sortie.

– Police ! Tout le monde à terre ! j'ai crié avec tout le souffle qui me restait dans la gorge.

Six ou sept Français se sont allongés ; les cinq cents autres, Américains, ont continué à hurler en courant dans tous les sens. Le blessé étendu à mes côtés s'est plaint. Il avait un trou dans le blouson et son sang se répandait sur le carrelage. Le conducteur est arrivé en courant :

– Putain, mais qu'est-ce que vous fabriquez ? a-t-il braillé, furieux.

Je lui ai flanqué ma carte tricolore sous le nez :

– Je suis commissaire de police, occupez-vous de lui et appelez les flics.

Je les ai plantés là à se sucrer le blessé et j'ai déguerpi du quai. J'ai avalé l'escalator quatre à quatre en espérant que la pute ne s'était pas dirigée vers la correspondance de la ligne 3.

Les gens allaient et venaient. J'ai débouché au début d'un long couloir. Quelqu'un avait fait ses besoins par terre et les avait répandus partout. Il y en avait plein, étalé comme de la crème de marron sur une tartine de pain, ce qu'on appelle un travail bien fait. L'odeur donnait la nausée. Pour ne pas piétiner la merde, les gens étaient obligés de marcher sur la pointe des pieds comme dans un champ miné.

À gauche, une rampe montait vers les guichets et les sorties de la station. Je l'ai prise à toute vitesse en faisant du slalom entre les gens qui sortaient.

Elle m'attendait en haut.

Je ne l'avais même pas vue, j'avais seulement deviné une espèce de nuage rose qui a sauté sur moi en même temps que deux coups de pieds flanqués en bonne et due forme m'ont fait plier les genoux. Avant que je puisse réagir, elle m'a frappé d'un fendant au plexus qui m'a coupé le souffle, puis, après m'avoir écrabouillé le bas-ventre d'un coup de genou, elle m'a attrapé par les cheveux et d'un ultime coup de pied m'a précipité dans les escaliers.

Elle n'a même pas eu besoin de tirer, sa technique de combat était plus que suffisante.

En roulant le long de la rampe, j'ai réussi tant bien que mal à protéger ma tête de mes bras afin qu'elle n'éclate pas sur les marches comme un melon. En bout de course, j'avais l'impression qu'un char de guerre m'était rentré dedans, était passé sur moi avec chenilles, blindage, canon et tout le reste. Pendant quelques secondes, je n'ai presque plus pu respirer.

Des mains délicates m'ont saisi et ont essayé de me redresser au milieu des commentaires horrifiés. Rassemblant péniblement mes forces, j'ai réussi à prêter mains fortes à mes sauveteurs qui ont fini par me remettre debout. J'ai tout de même dû me soutenir en appuyant mon dos contre le mur. J'étais entouré d'hommes et de femmes à l'air surpris et inquiet et ça n'allait pas. Je voyais tout un peu trouble comme dans les grandes photos de Paolo Mussat Sartor. Il n'était pas exclu que mon cerveau ait pris la tangente.

– Vous voulez appeler la police ? a demandé une femme qui tenait une baguette de pain mal enveloppée sous le bras.

J'ai secoué le chef, bafouillé en essayant de me redresser :

– Ce n'est pas la peine, c'est mon ex, nous nous sommes disputés pour la garde du chien.

– Vous avez un pistolet, a dit un type fâché, en montrant sous ma veste.

– Si vous aviez une femme comme celle-là, vous en porteriez un aussi.

Je me suis éloigné du mur en tâchant de me débarrasser d'eux. Ma chemise sortait du pantalon, ma cravate ressemblait à un accordéon et je me sentais tout fripé. Ma vue est lentement redevenue normale. Quelqu'un affublé d'un imperméable violet m'a attrapé par le bras en me donnant une petite secousse :

– Attendez, je l'ai bien vue, c'était une dame âgée, si vous voulez je peux la décrire à la police.

Je lui ai arraché mon coude des mains :

– Ne dites pas d'idioties, selon vous une dame âgée peut-elle envoyer à coups de pied en bas des escaliers un homme grand et fort comme moi ?

– Alors appelons une ambulance, a proposé la femme à la baguette.

Je les ai éloignés d'un geste résolu :

– Ça va, je ne me suis rien fait. Je vous remercie de votre aide.

Je me suis libéré des importuns et j'ai remonté les marches de façon moins précipitée qu'à la descente, puis j'ai parcouru le couloir carrelé de blanc menant à l'entrée. En cours de route, j'ai ramassé l'imperméable rose abandonné par terre – maigre butin, vu qu'entre-temps elle avait disparu. J'ai pris la première sortie qui se présentait, ai émergé, broyé et endolori, square Émile-Chautemps. Je me sentais moulu. Pour la seconde fois, la salope m'avait bien arrangé. Elle frappait comme un hussard, la connasse.

Sur la place, les gens allaient et venaient, il y en avait beaucoup, trop. Quelqu'un m'a regardé avec un petit sourire. Debout à l'angle du trottoir, l'air abattu et tenant cet imperméable rose à la main, je devais être irrésistible. J'ai rentré ma chemise dans le pantalon et me suis passé la main dans les cheveux.

Ravalant ma rage à chaque respiration, j'ai tourné rue Réaumur, dédiée à ce bienfaiteur de l'humanité fiévreuse qui a inventé le thermomètre à alcool. Un taxi passait, je l'ai arrêté en agitant ma carte tricolore. Le chauffeur a pilé. Sur le siège arrière, deux êtres de sexe féminin, chargés de paquets de toutes tailles.

J'ai ouvert la portière en rugissant :

– Police, je dois réquisitionner ce taxi ; descendez, s'il vous plaît.

La plus intrépide, une blonde, a essayé de me foudroyer du regard :

– Comment vous permettez-vous ? a-t-elle braillé en serrant son sac Hermès sur sa poitrine.

– Madame, ai-je répondu avec patience, vous êtes déjà arrivée jusqu'ici sans payer, je vous conseille de ne pas trop tirer sur la corde.

Elles sont descendues en protestant et ont empilé leurs précieux achats sur le trottoir. Elles étaient tirées à quatre épingles, jupes comme il faut, chaussures dernier cri, un tour chez le coiffeur à la mode. J'ai récompensé d'un sourire leur pathétique effort pour ressembler à des dames et je suis monté dans le taxi :

– Je vous prie de m'excuser, cas de force majeure.

– Va te faire foutre, a lancé la brune.

– Où allons-nous, colonel ? a demandé le chauffeur.

J'ai donné l'adresse de Gustave, puis j'ai agité un billet de cinquante euros sous son nez :

– Si tu y arrives en moins de cinq minutes, je te paie la course de ces deux connes et en plus je t'offre un déjeuner à *La Coupole*.

Il a démarré sur les chapeaux de roues, a fait un demi-tour à lui valoir la prison à vie, puis a filé boulevard Sébastopol en le dévorant à cent à l'heure. Je me suis laissé aller sur le moelleux siège en cuir couleur champagne, pendant que la ville défilait à mes côtés à une vitesse sidérale. Mes mains tremblaient, je n'arrivais pas à les calmer, alors je les ai fourrées dans mes poches. Penser que je l'avais eue entre les mains, juste à portée de ma haine, et que je l'avais laissée s'échapper. J'ai fermé les yeux en accompagnant les mouvements de la voiture, me laissant bercer…

Rue Beauregard, la police était au complet, il y avait là tous types de véhicules, il ne manquait que les pompiers. La rue était barrée, alors j'ai payé le pilote de Formule 1 et je suis descendu de son taxi tout en glissant à mon bras le brassard orange signifiant « flic en service ». La porte cochère était grande ouverte. Quatre 307 gyrophares allumés et deux ambulances du Samu étaient arrêtées l'une derrière l'autre. Les rubans jaunes tendus de tous côtés maintenaient éloignés les curieux.

– Qu'est-ce qu'il s'est-il passé ? ai-je demandé aux deux flics de l'entrée.

– Une boucherie, a répondu l'un d'eux, le taciturne.

Dans les escaliers, j'ai rencontré Constance qui descendait :

– Je vais attendre la Scientifique en bas.

Véronique était par terre dans l'entrée de son appartement, renversée sur le dos, nue, mains et pieds liés, entravée. Une grosse balle en caoutchouc rouge fixée par un petit bracelet en cuir passant derrière la nuque lui maintenait les lèvres grandes ouvertes.

Un projectile dans le cœur et un au milieu du front. Une large flaque de sang foncé, dense comme du vernis, renvoyait de sombres reflets du sol. Au dernier moment, elle avait même fait sous elle, terrorisée, elle avait perdu le contrôle de son sphincter.

L'odeur était effroyable. Une poignée de policiers en uniforme attendait patiemment l'arrivée de la scientifique avant de commencer la perquisition de l'appartement. D'ailleurs, quelqu'un y avait déjà pensé, la salope avait là aussi fait preuve de zèle. Hormis les horribles photos de fossiles suspendues aux murs, elle n'avait pas laissé la moindre épingle à sa place. La tueuse n'était certes pas une feignasse, entre un petit assassinat et un autre elle avait fourré son nez partout.

Maëlis est apparue sur le seuil du salon. Elle était blanche comme un verre de lait.

– Je vous trouve bien pâle, lieutenant.

– Je viens de vomir, commissaire, je me sens un peu mieux maintenant.

La voix de Delarche est arrivée d'une des pièces :

– Mordenti, dépêche-toi !

– Gustave est dans sa chambre, m'a renseigné Maëlis par un filet de voix, il est encore vivant.

Je l'ai suivie à travers le salon, puis nous sommes entrés dans la vaste chambre à coucher. Deux médecins du Samu attendaient de voir quel pli prendraient les événements.

– Bonjour, commissaire, a dit le docteur auquel j'ai rendu son salut en m'approchant de la couche nuptiale.

Gustave était allongé sur le ventre, nu lui aussi, poignets et bras liés derrière le dos par un système compliqué de cordelettes et de nœuds formant une sorte de dessin géométrique. Les jambes étaient écartées et maintenues ouvertes par les cordes qui fixaient les chevilles à chaque montant du baldaquin.

Mais la chose vraiment particulière était la bouteille de champagne vide que la sadique lui avait enfilé, à plus de la moitié, dans le cul. Ça m'a fait mal rien qu'à regarder. Entre les jambes, le couvre-lit de satin blanc était trempé de sang. Il y en avait aussi trois doigts dans le fond de la bouteille.

Une publicité qui n'aurait pas du tout plu à M. Taittinger.

Delarche a échangé un regard avec moi :

– Il est mourant, si nous touchons cette bouteille il peut périr d'hémorragie en quelques minutes.

Je me suis penché sur lui. Gustave a entrouvert les yeux, essayant de distinguer les personnes qui se trouvaient devant lui. Son visage s'est contracté en une grimace de souffrance, puis il m'a reconnu et ses paupières se sont légèrement levées sur un regard déconcerté.

– Gustave, dis-moi comment s'appelle cette femme.

Il a cherché mon visage comme s'il avait du mal à me voir, puis un autre élancement lui a arraché une plainte plus intense.

– Tu m'entends, Gustave ? Tâche de faire un effort, dis-moi le nom de cette femme.

Il a ouvert les lèvres. Il a fallu quelques instants avant que ne sorte un vague type de murmure :

– Je regrette… Je regrette.

– Le nom, Gus, dis-moi ce maudit nom.

– Martine… a-t-il pleurniché, nous ne pensions pas que… nous ne savions pas qu'elle l'aurait tuée. Je… Je regrette tellement…

Coccioni m'a mis une main sur l'épaule :

– C'est la fin, il ne t'entend plus.

Je me suis passé une main dans les cheveux, l'air affligé. J'étais sur le point de m'éloigner quand j'ai vu que ses lèvres bougeaient encore. J'ai rapproché mon visage du sien.

– Ic… us…, a-t-il murmuré, on… ze, ic… icus…

– Merde, Gustave, ai-je hurlé, arrête avec les conneries et dis-moi le nom de cette salope !

– Ma… mada…, a-t-il gargouillé, madame…

Ses yeux se sont comme éteints.

– *Pezzo di merda*, ai-je soupiré.

– Il ne te dira plus rien, mon vieux, a grommelé Michel.

Alain Servandoni est entré dans la pièce. Il m'a salué, puis il a vu la bouteille de champagne dépasser du bas du dos de Gustave.

– Mon Dieu ! je ne voudrais pas être à la place de celui qui va la retirer de là.

Deslandes a détalé en vitesse en pressant de deux doigts ses lèvres. Alain a esquissé un geste.

– Quelle manière dégueulasse de mourir ! s'indigna Coccio.

– Pourquoi, tu en connais une plaisante ?

Coccioni réfléchissait :

– Qu'est-ce qu'il a bien voulu dire avec son « onze icus ?

Servandoni a fait un geste pour signifier qu'il ne savait vraiment pas :

– *Go ask Alice*, a-t-il chantonné, *I think she'll know…*

Voilà ce qu'était le rendez-vous dont Gustave et Véronique avaient parlé dans le coup de fil intercepté par Rogliatti. Ils devaient rencontrer la maudite salope, deux masochistes qui fréquentaient la sadique qu'il ne fallait pas. Je suis resté, là, à regarder ce cadavre que quelques heures auparavant seulement j'avais vu s'agiter et hurler devant moi. J'ai éprouvé de la compassion à son égard, à cause de ces cordes impitoyables qui serraient ses membres et de cette absurde bouteille qui, avant même de lui ôter la vie, l'avait privé de sa dignité.

Puis j'ai pensé qu'à cause de lui Martine était morte.

Guibert et Saunière sont entrés dans la chambre avec deux autres. Ils avaient tout le matériel d'usage, de la pile atomique au pendule de Foucault.

– Si vous vous enlevez de là, on pourra commencer notre travail, a dit Guibert.

– Tiens-nous au courant, Philippe, ai-je répondu en quittant la pièce.

– Eh, Mordenti, qu'est-ce qu'on fait du type à la bouteille dans le cul ?

– À moins que vous ne vouliez l'empailler pour le mettre sur la cheminée, je vous conseille de l'emmener à la morgue.

Je suis retourné au salon. Tout ça me les cassait tellement que j'en avais mal entre les jambes. J'ai pris mon téléphone et j'ai fait le numéro de Leila, prêt à recevoir une autre marmite de merde bouillante. Elle a répondu à la troisième sonnerie.

– C'est moi, Leila, ai-je dit, sombre, raconte-moi tout.

– J'ai su, pour Deshayes. Rude coup.

– J'ai fait une connerie, je l'admets. J'aurais dû suivre les conseils de *la* mannequin.

– Si je peux me permettre, patron, tu devrais partager tes fantasmes avec le reste de l'équipe.

– J'essaierai de me corriger. Que me dis-tu de nos amis masochistes ?

– Flamant et moi avons passé un après-midi intéressant. Les deux premières boîtes que nous avons visitées étaient des gargotes répugnantes, nous n'y avons trouvé que saleté et tristesse. Rien d'autre que trois ou quatre détraqués qui lisaient des revues porno. Ils n'avaient jamais entendu parler de cette femme ni de quelqu'un lui ressemblant.

Delarche a traversé le salon vers la sortie. Il m'a fait signe que nous nous contacterions plus tard et a disparu en emportant son élégante valisette. Regardant autour de moi, j'ai constaté que la salope avait ouvert tous les meubles et tiroirs de l'appartement. Elle cherchait quelque chose.

– Tu as entendu ce que j'ai dit ?

– La voix de Leila était impatiente.

– Oui, excuse-moi, je saluais Delarche qui part. Tu as autre chose à me dire ?

– J'ai peut-être une piste, a-t-elle continué hésitante, mais ne t'excite pas, elle est plutôt mince.

– Je t'écoute.

– Le troisième club m'a semblé d'un niveau vraiment supérieur. Le patron, un certain…

J'ai entendu qu'elle feuilletait un carnet.

– Un certain Mustapha Ben Bouali. Quand nous lui avons demandé s'il n'avait pas rencontré une femme comme ci et comme ça, c'est-à-dire comme tu l'as décrite, il a dit qu'un soir, il y a environ une semaine, il était allé aux *Liaisons Dangereuses* qui, comme par hasard, sont la quatrième boîte de la liste.

– Abrège, Leila, tu me fais mourir, ai-je pleurniché.

Elle a rigolé :

– Aux *Liaisons Dangereuses* il y avait, paraît-il, une soirée spéciale, bondage japonais ou quelque chose de ce genre.

– Shibari.

– Un nom de ce genre. Eh bien, la maîtresse – il l'a appelée comme ça –, la femme qui ce soir-là donnait la leçon, était une rousse plutôt sexy et bien faite, masquée par un foulard de soie noire.

– Qu'est-ce qu'il a dit encore ?

– À la fin de la soirée, la rousse est partie en compagnie de trois hommes qui, selon Ben Bouali, semblaient être ses gardes du corps. Quand il a demandé à sa collègue des *Liaisons Dangereuses* qui la rousse pouvait bien être, elle lui a répondu qu'elle ne le savait pas, qu'elle ne la connaissait que sous le nom de Madame Satin.

– C'est le nom que Gustave essayait de dire… ai-je grogné.

– Ça pourrait être une piste, a poursuivi Leila en soulignant sa surprise par un bref sifflement. Qu'a-t-il encore dit ?

- Quelque chose du genre « onze icus ». Je ne vois vraiment pas ce qu'il voulait dire.

– Écoute, Flamant et moi nous demandions si tu voulais que nous fassions un saut aux *Liaisons Dangereuses* pour en savoir un peu plus.

– Rentrez chez vous, Leila, j'irai demain matin avec Deslandes. Vous avez fait du bon travail.

– Bien. Je peux faire autre chose ?

Et comment !

– Demain, à ton retour au bureau, je voudrais que tu t'occupes un peu de Pinturicchio.

– De Pinturricchio ? Que veux-tu que je fasse, patron ?

À la brigade pour la répression du banditisme, il y a un type qui s'occupe de trafic d'art. Il paraît que c'est l'homme le plus compétent du système solaire. Appelle-le et vois s'il veut te prêter main-forte.

– O.K., je l'appelle dans la matinée.

– Il s'appelle Jérôme de Cabichou, ou Chabichou, dis-lui que c'est Le Normand qui t'envoie. Avant de diriger la baraque, le patron était chef de la BRB, ça le fera bondir. Il est probable que ce soit seulement du temps perdu, mais on ne sait jamais.

– O.K., à demain.

– Leila…

– J'écoute, patron.

– Je regrette, j'ai tout fait foiré.

Ayant raccroché, je suis descendu dans la rue, laissant Servandoni suivre le travail de la Scientifique. Appuyée à l'une des voitures d'intervention, Maëlis semblait avoir retrouvé un peu de couleur. Le gyrophare derrière elle allumait des lueurs bleues dans ses cheveux.

– Ça va mieux, lieutenant ?

Elle a souri faiblement :

– On dirait que voir certaines choses ne vous fait ni chaud ni froid, à vous et à votre collègue.

– Détrompez-vous, c'est mon travail et j'essaie de le supporter mais je vous garantis que la nuit j'ai moi aussi mes sales cauchemars.

Elle m'a dévisagé d'un air sceptique, a fermé sa veste d'un geste fatigué.

L'air fraîchissait. En descendant derrière les maisons, le soleil avait laissé une légère bave orange qui coulait des toits des immeubles les plus hauts.

Un escadron de journalistes amassé derrière les rubans jaunes bouillait en attendant que quelqu'un leur raconte tout par le menu. Entre-temps, ils bavardaient et fumaient avec les flics qui les tenaient en laisse.

– Que s'est-il encore passé ? a demandé Maëlis.

Je lui ai parlé de Leila, de Mme Satin et du club que nous visiterions le lendemain. Il fallait espérer que la tueuse n'ait pas réussi à trouver ce qu'elle voulait ou que Gustave n'ait pas eu le temps de lui dire où chercher, même si cela semblait improbable. À sa place, j'aurais tout craché seulement en la voyant, cette bouteille. Et lui, avait tenu beaucoup plus longtemps.

– Venez, je vous fais raccompagner par Metzger.

Nous avons rejoint la Scénic de service en passant au large des journalistes. Je lui ai ouvert la porte pour la laisser monter.

– Dormez bien, Deslandes. On se retrouve ici demain matin. Ça vous va, vers 7 heures et demie ?

Elle a fait un signe de sa belle tête. Ça lui allait. J'ai refermé la portière et Constance a mis en marche. Une brève marche arrière et elles ont été englouties par la ruelle descendant vers le boulevard Bonne-Nouvelle.

J'avais envie de faire quelques pas. La lumière virait maintenant au violet, avec une légère nuance de vieux rose. Le ciel que l'on apercevait au-dessus des immeubles était d'un bleu profond, à peine griffé par des nuages effilochés reflétant encore les rayons du soleil.

La journée avait commencé par un enterrement et se terminait avec les prémices de deux autres. Mes leçons de ténèbres semblaient entrer dans le vif du sujet. Et moi j'apprenais vite, je m'en nourrissais, je caressais mon désir de vengeance, sachant bien que, tôt ou tard, j'aurais cette femme entre mes mains.

En descendant vers la porte Saint-Martin, je me suis senti seul comme un chien.

12

J'ai poussé un bâillement qui a embué toutes les vitres de la « Karmann Ghia ». Depuis 6 heures du matin, j'étais assis dans ma voiture au pied de l'immeuble de Gustave et Véronique. Pour ne pas changer, je n'avais réussi à trouver le sommeil qu'au milieu de la nuit et pour quelques heures seulement. Alors, au lieu de tourner en rond chez moi, j'avais pris une douche et après m'être rasé j'étais venu paresser en voiture sous l'appartement des Deshayes.

Venant du lecteur de CD, la musique de *When the Levee Breaks* a envahi l'habitacle. J'ai mis au maximum et suis resté là, figé, à écouter l'attaque de batterie sec et essentiel tout de suite talonnée par l'harmonica au long son plaintif, rythmé par les coups de tambour. Je l'ai entendu monter, baisser, se traîner, s'interrompre et reprendre en roulant comme une vague. J'ai laissé la plus belle chanson des Led Zeppelin entrer dans mon cerveau en le secouant comme il faut :

If it keeps on raining levee's going to break
If it keeps on raining levee's going to break
When the Levee breaks I'll have no place to stay…

Je me suis rendu compte que quelqu'un tapotait à la vitre. J'ai ouvert les yeux. Penchée contre la portière, Maëlis me regardait d'un air patient, faisant la moue de façon amusée. J'ai baissé volume et vitre.

– Vous êtes devenu fou ? On entend depuis la porte Saint-Denis.

– Vous n'appréciez pas les Led Zeppelin ?

– Mauvaise nuit ?

J'ai éteint la musique, puis je suis descendu de voiture et j'ai refermé la portière :

– Pas pire que les cinq dernières. Vous avez déjà pris votre petit déjeuner ?

Elle a esquissé un signe affirmatif. Elle était revêtue d'un manteau noir en crêpe de laine léger, serré à la taille par une ceinture et suffisamment décolleté pour laisser beaucoup de place à l'imagination. À partir du genou, les jambes étaient nues et s'enfilaient dans une paire de sandales vernies noires d'une élégance à couper le souffle. Un petit sac de cuir noir pendait à son épaule. Elle m'a rappelé Modesty Blaise.

– Nous montons ? ai-je demandé en me demandant si sous le manteau elle portait autre chose que pistolet et culotte. Guibert et ses hommes sont déjà en haut.

Nous sommes passés près du fourgon de la Scientifique et de la Peugeot 307 de service stationnés devant la porte cochère et nous sommes entrés dans le hall. En montant les escaliers, il faisait presque froid. Devant la porte de l'appartement grande ouverte, deux flics en uniforme montaient la garde, fumant et bavardant à voix basse. Le sang et les excréments de Véronique avaient séché sur le carrelage de l'entrée, laissant une large tache sombre et striée, plus inquiétante encore que lorsqu'il y avait le cadavre. Nous l'avons enjambée pour rejoindre les scientifiques qui avaient recommencé à perquisitionner l'appartement et procédaient aux derniers prélèvements.

Multiples pressions de phalanges, puis Philippe a souri à Deslandes en plongeant le regard quelques secondes dans ce décolleté à donner le tournis. Peut-être se demandait-il lui aussi ce qu'il y avait dessous.

– Vous avez déjà trouvé quelque chose ? ai-je demandé en regardant autour de moi.

– Du calme mon vieux, nous ne sommes pas dans CSI Las Vegas, a-t-il répondu en se nettoyant distraitement le nez, notre rôle est de faire des prélèvements sur la scène du crime et de recueillir la merde. Pour l'étudier, ce sont les cerveaux qui s'en occupent.

Après avoir observé avec attention le précieux relevé nasal, il l'a enveloppé dans un mouchoir et mis dans l''une des poches de sa blouse en papier jetable.

– Nous avons envoyé au laboratoire le peu que nous avons trouvé hier soir, mais si tu espérais une empreinte sensationnelle, je vais te décevoir. Nous en avons trouvé un casier complet, les amis de ces deux-là touchaient tout.

– Des relevés organiques ?

Philippe a haussé les épaules :

– Si, en entrant ici, elle avait l'intention de les tuer, elle ne se sera certes pas mise à les bécoter ou à cracher par terre. De toute façon, tout ce que nous trouvons finit au quai de l'Horloge pour être analysé.

Deslandes et moi nous sommes regardés en silence. On n'entendait que le bruit discret des gars de la Scientifique qui fouillaient l'appartement. Il m'a semblé voir dans ses yeux une bonne dose de réprobation. Si nous avions arrêté Gustave et sa femme quand elle l'avait dit, ils ne seraient probablement pas morts. Et ils nous auraient peut-être donné un tas d'informations.

– Patron, nous avons trouvé quelque chose.

La voix de Martinez a interrompu le duel de regards entre Deslandes et moi. Juan Martinez était l'expert en perquisitions de l'équipe de Guibert ; pour lui, l'aiguille dans la botte de foin était chose quotidienne. Nous sommes entrés dans le bureau en silence l'un derrière l'autre.

Avant d'être retournée comme un gant, cette pièce avait dû être belle. C'était maintenant un bordel infernal. Il y avait entre autres, empilés sur la table, les cinq volumes d'une encyclopédie de paléontologie. Le sixième était ouvert. Martinez y a glissé les doigts et en a retiré un ordinateur plat en métal satiné :

– C'est un Mac Book Air.

Je me suis approché. À partir du milieu du volume, les pages avaient été collées entre elles, puis creusées pour créer un compartiment caché.

– Un travail bien fait, a noté Martinez, il a utilisé un exemplaire du cinquième volume avec la fausse couverture d'un numéro six. C'est un expédient un peu naïf, mais au final plus personne ne pense à ces livres factices.

– Excellent travail, Juan, a félicité Guibert en prenant l'ordinateur des mains de son collaborateur.

– C'est probablement ce que cherchait cette femme, ai-je grogné, Gustave a été capable de le garder caché, champagne ou pas.

– Il a dû s'évanouir avant qu'elle n'arrive à le faire parler, est intervenu Maëlis, après quoi elle n'aura plus eu le temps ou bien elle a pensé qu'il était mort.

– Il est certain que cette femme a un incroyable sang-froid, a constaté Guibert, avec vous tous au pied de l'immeuble.

– On peut l'allumer ? ai-je demandé pour couper court à l'apothéose de la salope.

Il a refermé le volume, a posé dessus l'ordinateur qu'il a ouvert. Une carte qui se trouvait entre le clavier et l'écran a glissé à terre. Je me suis baissé et l'ai prise par un coin entre deux doigts. Elle était identique à celle que m'avait donnée le père de Martine, une reproduction du *Christ mort* d'Andrea Mantegna. Au dos, Martine avait écrit deux lignes : *Gustave, ceci était sur ta table. C'est lui qui te l'a donnée ? Gus, cesse de faire l'andouille, aide-moi ou nous finirons tous par avoir des ennuis !*

– C'est qui « lui » ? a demandé Deslandes en regardant par-dessus mon épaule.

– Je n'en ai aucune idée, mais Jésus-Christ commence à apparaître un peu trop souvent.

J'ai glissé la carte dans l'enveloppe que m'a donnée Guibert.

– Philippe, regarde s'il y a des empreintes.

Puis je me suis adressé à Martinez :

– Allume cet ordinateur, mon vieux.

Il a appuyé sur un bouton. Il y a eu un son bref, du genre « Ciel ouvre-toi », alors que l'écran s'éclairait d'une lueur gris perle. Une espèce de petite hélice est apparue et a tourné sur elle-même jusqu'à ce que l'écran devienne bleu. Puis une fenêtre s'est ouverte avec l'espace pour entrer un mot de passe et la laconique légende : FILE VAULT REQUIRES THAT YOU TYPE THE PASSWORD FOR THIS USER ACCOUNT.

Nous nous sommes tous dévisagés. On dépendait de ce maudit mot de passe. Aujourd'hui tu ne fais plus rien sans, tu ne peux même plus aller aux gogues, on te le demande même pour tirer la chasse.

– C'était prévisible, a dit Guibert, on ne cache pas ainsi un ordinateur pour ensuite laisser n'importe qui l'allumer.

– Je le sais bien que c'était prévisible, Philippe. Qu'est-ce qu'on peut faire ?

– Caron ! a hurlé Guibert.

Il est arrivé de la chambre un être intermédiaire entre l'homme et l'autruche. Le cou était presque deux fois plus long que le mien et soutenait une tête ronde avec un nez semblable au bec d'un toucan. La blouse en papier blanc dont il était revêtu mettait en évidence la maigreur impressionnante de l'individu qui s'est approché en mettant une paire de lunettes à large monture de tortue.

– Dis-moi, patron, a-t-il jappé.

Guibert lui a montré l'écran :

– Qu'est-ce que c'est ?

Le dégingandé a regardé l'image quelques secondes :

– FileVault.

– Ça je l'ai trouvé tout seul. Je t'ai demandé ce que c'était.

– FileVault est une technologie présente dans l'Os X 10.4, le système opératif de Macintosh, a récité l'expert, il est en mesure de chiffrer et déchiffrer en temps réel la *home directory* de l'usager de façon totalement transparente. L'algorithme de chiffrage utilisé est l'AES 128 bits qui garantit une sécurité élevée contre n'importe quel type d'attaque…

– Qu'est-ce qui se passe si nous le forçons ? suis-je intervenu pour mettre fin à la leçon d'informatique.

Caron a reniflé, puis a regardé Guibert qui a fait un signe de tête.

– Si vous essayez d'entrer sans le mot de passe, tous les fichiers seront désintégrés.

– On pourrait l'ouvrir en laboratoire ? a demandé Maëlis.

L'autruche en pyjama a rougi, puis a haussé les épaules :

– C'est probable, madame, mais ça prendra un peu de temps.

Silence dans la salle. Quelqu'un a passé une main dans ses cheveux, un autre a fourragé son nez, Caron s'est éclairci la gorge. Moi, j'ai regardé tout autour. Volumes de paléontologie et photos de squelettes de dinosaures de tous côtés. Ossements par-ci, ossements par-là. Les gens font preuve de peu de fantaisie quand ils doivent inventer un mot de passe qu'ils ont peur d'oublier. Il fallait tenter.

– Nous pouvons faire des tentatives, ou tout est scratché ? ai-je demandé à Caron.

– Trois tentatives à la fois, entre l'une et l'autre il est préférable de relancer l'ordinateur.

J'ai regardé Deslandes :

– Vous pouvez demander à Rolland de nous rejoindre à la Scientifique ?

Elle m'a dévisagé, surprise :

– Rolland ?

– Oui, j'ai besoin de cet agréable personnage, il pourrait m'aider. Dites-lui d'amener quelques livres sur les dinosaures.

Guibert me regardait comme s'il venait de se rendre compte que j'avais des cornes.

– Je vais te l'ouvrir, moi, ce putain d'ordinateur, lui ai-je dit en le lui retirant des mains. Zou ! Allons dans votre bureau.

13

– Selon moi, nous devons utiliser le nom scientifique, a dit Rolland en feuilletant un gros livre plein d'images.

Pour tourner les pages, il humidifiait continuellement l'index contre ses lèvres :

– D'ailleurs, c'est un travail absurde. À part le fait que le mot de passe pourrait être le nom de son actrice préférée, le champ des dinosaures est plutôt vaste, vous savez ?

– J'imagine, Rolland, ai-je bâillé, mais Deshayes était photographe, pas cinéphile, alors essayons avec quelques dinosaures. Nous nous amusons pendant une petite heure et, si c'est un fiasco, nous envoyons tout aux informaticiens de la Scientifique pour qu'ils s'en occupent, O.K. ?

Il a fait un signe d'assentiment peu convaincu. Maëlis nous observait, assise à l'autre bout de la table, la tête appuyée dans la main l'air profondément ennuyée. En attendant l'arrivée de Rolland, j'avais épuisé mes vastes connaissances en la matière. Tyrannosaure et Vélociraptor, tout ce que j'avais appris dans *Jurassic Park*. Évidemment aucun des deux n'était le bon.

– Commençons, a dit Nassim, essaie avec Stegosaurus.

Nous nous sommes fait tous les quadrupèdes herbivores, puis les bipèdes, des êtres aux noms totalement absurdes. Puis ce fut le tour des carnivores et des cornus, des plus grands aux plus petits. Tous les trois mots de passe erronés, nous relancions l'ordinateur. Au milieu de la matinée, Deslandes est allée prendre un café.

Nous étions sur le point de tout laisser tomber quand nous l'avons trouvé : Euparkeria, une espèce de chose d'à peine cinquante centimètres de long, plus semblable à un lézard qu'à un dinosaure.

Le disque de l'ordinateur était divisé en plusieurs parties et plein de fichiers. Inutile de se mettre à chercher des détails brûlants, d'autres le feraient bien mieux que moi. J'ai laissé Caron s'en occuper.

– Je vous envoie Didier Cofferati, ai-je dit à Guibert, il vous aidera à écrémer ce qui nous intéresse du reste des fichiers.

– J'ai fait relever les empreintes sur la carte que tu m'as donnée. En plus de celles de Martine, de Deshayes et de sa femme, nous avons trouvé celles d'un repris de justice qui s'est fait deux ans de taule pour escroquerie il y a longtemps.

– Quel genre d'escroquerie ?

– On dirait une espèce de faussaire, peut-être trafic de devises ou quelque chose de ce genre. J'ai demandé le dossier à la BRB, le type s'appelle Calogero Vastedda, un Italien.

– Dès que tu sais quelque chose, tiens-moi au courant.

– Compte sur moi.

Je l'ai remercié, puis, avec Maëlis, j'ai raccompagné Rolland à sa voiture. Poignées de main, claques sur les épaules et compliments, mais sans oublier que nous nous détestions cordialement. Elle et moi sommes alors montés dans ma « Karmann » et nous nous sommes dirigés vers les *Liaisons Dangereuses* pour un moment de saine perversion.

La circulation pour sortir de l'île était épouvantable. De surcroît, nous avons dû nous arrêter pour laisser passer un cortège de l'antigang, provenant, sirènes hurlantes, du Boul'Mich. Deux fourgons et trois voitures de patrouille ont traversé le pont à la vitesse d'un train. La moitié des policiers à bord étaient aux fenêtres, visages couverts de passe-montagne et fusils M-16 pointés vers l'asphalte. On aurait dit qu'ils avaient embarqué l'ennemi public numéro un.

Avec une manœuvre peu galante, j'ai coupé la route à mes voisins et me suis joint au bruyant cortège. Le flic de queue m'a visé avec des yeux glacials et a relevé de quelques centimètres le canon de son mixeur. Avant qu'il ne lui vienne à l'esprit de me désintégrer, j'ai saisi ma carte tricolore et l'ai éventée par la vitre ouverte.

Le matamore s'est détendu tandis que le cortège nous entraînait jusqu'au boulevard Sébastopol sur lequel je les ai abandonnés pour continuer tout droit. Deslandes a recommencé à respirer :

– Si vous n'y voyez pas d'inconvénient, je voudrais arriver entière à destination, a-t-elle grogné en relaxant ses muscles tendus.

Je n'ai pas répondu tout de suite parce que quelque chose dans le rétroviseur a attiré mon attention. Une voiture bleu clair métallisé qui, depuis un moment, apparaissait et disparaissait entre les autos. J'ai changé de vitesse et augmenté un peu l'allure.

– Soyez tranquille, en général je sais ce que je fais.

– Je m'en suis rendu compte.

Je l'ai observée un instant. Profil de rêve, regard sombre, lèvres faisant la moue et tout le reste.

– Vous êtes charmante quand vous vous énervez.

– Arrêtez avec les idioties et regardez la route.

J'ai tourné boulevard Bonne-Nouvelle, puis Poissonnière et Montmartre. Arrêté à un feu rouge à l'angle de la rue Drouot, je l'ai à nouveau vue dans le rétroviseur. Je croyais qu'elle avait disparu et elle était encore là, une Citroën C4 bleu clair métallisé arrêtée trois voitures derrière la mienne.

Nous sommes repartis. J'ai traversé le croisement, lentement, et elle m'a suivi.

– Qu'est-ce qui se passe ? a demandé Deslandes en remarquant mes œillades dans le rétroviseur.

– Je crois qu'on nous file, une Citroën bleu clair.

L'air de rien, elle a fait semblant de prendre quelque chose sur le siège postérieur et a jeté un coup d'œil par la vitre arrière.

– Je la vois, vous êtes sûr ?

– Elle nous suit depuis que nous avons quitté le 36.

– Des amis de Gustave Deshayes ?

J'ai tourné rue Chauchat et suis monté vers Lafayette. Quelques secondes et la C4 est apparue au bout de la rue. La rue Rossini dépassée, j'ai pris à gauche rue de Provence, puis j'ai à nouveau tourné rue Laffitte en direction de Châteaudun. Cette fois, le chauffeur de la C4 a laissé une autre auto s'insérer entre nous mais il restait toujours dans le rétroviseur.

Une fois que nous sommes arrivés rue de la Victoire, j'ai tourné à gauche, puis, après avoir parcouru trois cents mètres, j'ai pilé, bloquant la rue. Je suis descendu de voiture en restant près de la portière ouverte. La Polo blanche que le type avait devant lui a aussi tourné et elle est venue vers moi en me faisant des appels de phares comme s'il pleuvait. Elle s'est arrêtée à un mètre de mon pare-chocs tandis que le museau bleu métallisé de la Citroën paraissait à l'angle de la rue. Elle a stoppé une seconde, le temps suffisant à la silhouette au volant de regarder dans notre direction, puis elle a poursuivi en accélérant et a disparu.

Le type de la Polo blanche a donné quelques coups de klaxon. D'autres voitures ont tourné et se sont retrouvées bloquées dans la queue derrière nous. Avec un geste de dépit je suis remonté en voiture et j'ai démarré.

– Il a filé, fils de pute…

– Il ne nous suivait peut-être pas.

– Il restait collé à nous comme une arapède, lieutenant, et il savait y faire. Seulement, il avait la voiture qu'il ne fallait pas.

– Vous ne seriez pas en train de devenir paranoïaque ? a-t-elle souri.

– Possible, mais en ce moment il se passe des choses plutôt étranges.

– Là-dessus, je suis d'accord avec vous.

Nous nous sommes garés au bout de la rue de la Victoire et avons marché un peu jusqu'à la rue Mogador. Le numéro 20 était une élégante porte à côté de la Maison grecque. Mais le luxe finissait là ; pour rejoindre le local, il fallait descendre dans une espèce de cave malodorante. Mme Olivia Amoako, une grosse femme noire à l'haleine puant l'oignon, avait fait tout son possible pour donner un certain style à son club. Rideaux sombres en damas noir, gravures érotiques d'une certaine qualité et moquette au sol. Autour de la salle principale étaient disposés des petits divans et des tables en assez mauvais état.

Après avoir évalué l'authenticité de nos papiers d'identité, elle nous a fait asseoir. Pas très loin de nous, une jeune fille nue était liée à une chaise avec quelques kilomètres de cordelette blanche. Vingt ans tout au plus. Un type, torse nu, ne portant que jeans et nu-pieds, était en train de l'entraver en décrivant la technique à deux hommes et trois femmes qui regardaient.

– Qu'est-ce que je peux faire pour vous ? a demandé Olivia.

– Un soir, vous avez organisé un stage, appelons-le ainsi, sur la technique du bondage japonais, le Shibari. Il a eu lieu il y a plus ou moins une semaine, vous vous souvenez ?

Elle a souri. Ses cheveux étaient frisés, courts et grisâtres. Les sourcils rasés et remplacés par deux traits arqués dessinés au crayon rouge lui donnaient un air d'ennuyeuse suffisance.

– Je me souviens carrément. Ça a été une soirée magnifique à laquelle plein de gens ont participé, ils arrivaient même d'autres clubs. Un beau coup, si je peux dire.

– Nous sommes intéressés par la personne qui officiait, Mme Amoako, que pouvez-vous nous dire d'elle ?

– Madame Satin…

Un regard lubrique a traversé ses petits yeux en amande.

– … une vraie légende, l'avoir dans son local est rare et un grand privilège.

– Racontez-moi comment ça s'est déroulé.

Elle a haussé les épaules :

– J'ai su qu'elle se trouvait à Paris et j'ai demandé à une amie d'organiser la soirée. Pour être sincère, je n'y comptais pas trop ; au contraire, madame a accepté. Ça m'a coûté les yeux de la tête, mais le bilan, je l'ai clôturé en positif.

– Cette déesse de la perdition a-t-elle par hasard un nom normal ?

– C'est probable mais je ne le connais pas. Elle a un genre plutôt excentrique, personne ne sait qui elle est réellement. Quand elle se trouve à Paris, il arrive qu'elle ait envie de faire quelques soirées. Dans ce cas, elle se manifeste par l'intermédiaire de personnes de confiance et seulement après avoir fait une montagne de contrôles. Il y en a qui sont encore convaincus qu'en réalité Madame Satin est un peu une légende qui court en ville, mais elle était ici dans mon local et je vous garantis qu'elle est douée pour le spectacle.

– Personne n'a vu son visage ?

– J'en doute, elle porte toujours une perruque et couvre son visage d'un foulard de soie noire. Ses gardes du corps font en sorte d'éloigner les curieux.

– Comment votre amie a-t-elle fait pour la contacter ? a demandé Deslandes.

– Je ne saurais pas vous dire, si tu as de la chance c'est elle qui te cherche. En réalité, ce sont les femmes qui lui plaisent. Il est possible qu'elle soit déjà venue ici sans se faire connaître. Elle fréquente probablement les clubs à la recherche d'esclaves et de concubines. Quand elle en trouve une qui l'excite, elle la fait contacter pour passer quelques heures en sa compagnie.

Elle semblait parler de la Madone. Cette tueuse abjecte se promenait dans Paris comme une reine, laissant derrière elle un sillage de cadavres et de femmes au cœur brisé.

La fille attachée à la chaise a tourné son visage vers nous et ses yeux ont croisé les miens un instant. Coupe au carré blonde comme les blés, yeux bleus et bouche merveilleusement dessinée. Un délice de la création. Liée à cette chaise, elle semblait encore plus douce et délicate. Avant de détourner le regard, l'effronté m'a fait un clin d'œil.

– Certaines de vos clientes ont eu cette chance extraordinaire ?

Elle a feint de réfléchir :

– Oui… la femme qui ce soir-là s'est laissé lier pour la leçon. Une sur le retour qui fréquente le local. Elle a passé le week-end dernier avec Madame Satin.

– Une sur le retour ? a dit Maëlis d'un ton sec.

La femme a ricané :

– Excusez-moi, lieutenant, je voulais dire : une femme d'un certain âge comme moi, pas une femme belle et jeune comme vous.

Deslandes l'a dévisagée, cachant avec peine son dégoût. Dans ce taudis de quatre sous, elle semblait un chef-d'œuvre d'art classique.

– Elle a un nom, cette femme d'un certain âge ? ai-je soupiré.

Elle a fait un geste de l'index puis s'est levée pour se traîner à pas lents vers le bureau. Elle était revêtue d'une longue tunique africaine dans les tons marron et portait aux pieds une paire de sandales orange. Je l'ai imaginée en train d'attacher une jeune jument nue et ça m'a coupé l'appétit. Elle est revenue avec une petite boîte en fer, l'a ouverte, a fouillé parmi les talons des cartes d'inscription et a mis entre mes mains un petit carton tout froissé.

La femme sur le retour s'appelait Gwendoline de Sarmé. Ça sonnait faux mais il y avait une adresse : 72, boulevard de Clichy. Au bas étaient énumérées les qualités de la concubine : douce, soumise, passionnée, disponible, assez cochonne, etc.,

etc. Elle avait même une option : aime être ligotée mais avec une femme plus jeune, peut-être dominante. Un personnage aux mille ressources !

– Ce n'est pas son vrai nom.

– Non commissaire, ici le vrai nom s'oublie en passant le seuil.

La fille sur la chaise m'a fait un autre clin d'œil. Entre-temps, deux autres couples s'étaient mis à faire leurs exercices sous le regard vigilant du « professeur ».

– Je vous rappelle que si par hasard vous connaissez le vrai nom de cette femme et que vous ne nous le dites pas, vous pourriez avoir de sérieux ennuis, madame Amoako. Je ne voudrais pas être contraint de fermer ce paradis.

Elle a fait claquer ses lèvres brunes, l'air innocent :

– Si je le savais, je vous le dirais ; croyez-moi, je ne veux pas d'histoires avec la police.

Je lui ai donné ma carte :

– Faites-moi parvenir une liste de toutes vos abonnées de sexe féminin, ai-je dit en me levant, d'ici ce soir.

– Mais commissaire... a-t-elle pleurniché.

– Pas de « mais », ma belle, autrement je vous envoie la Mondaine un jour sur deux.

Nous sommes sortis. Après la puanteur d'humanité transpirante du demi- sous-sol, j'ai trouvé la lumière du soleil très agréable. En retournant à la voiture, Maëlis et moi avons marché côte à côte, en faisant du slalom entre les gens qui encombraient les trottoirs.

– Quelle femme horrible ! a constaté Deslandes en refermant la portière.

– L'atmosphère n'était pas mal non plus. Courage, lieutenant, allons voir Madame Gwendoline.

– Elle est manifestement fausse, commissaire.

– Je sais, mais malheureusement nous sommes flics et il nous faut vérifier.

J'ai mis le contact et nous sommes partis. Nous avons fait le tour du pâté de maisons, puis direction nord le long de La Rochefoucauld jusqu'à la place Pigalle. Ensuite nous avons pris le boulevard de Clichy.

Nous nous sommes arrêtés devant le 72. Maëlis a regardé par la vitre et a éclaté d'un rire cristallin :

– Gwendoline a de l'humour.

– Il n'y a pas de quoi rire, ai-je grogné en fixant l'enseigne du musée de l'Érotisme.

14

J'ai traversé la vieille cour pavée du 36 en me demandant où j'allais. Mes collègues se démenaient pour travailler sur une enquête se révélant plutôt pourrie, et sans doute attendaient-ils mon aide. Moi, au contraire, je suivais ma proie sans me soucier des bâtons que je pouvais leur mettre dans les roues. Pour l'instant, Servandoni restait indécis, mais aussi bien Deslandes que Leila m'avaient manifesté, sans mâcher leurs mots, leur réprobation de mon attitude absurde.

Maëlis était retournée à son commissariat pour faire part à Steinmetz des maigres résultats obtenus jusqu'alors. Je devais faire attention : si Steinmetz décidait de se mettre à jouer les durs, il pouvait nous causer de sérieux ennuis, à moi, à mon équipe et surtout à Le Normand. J'espérais que le lieutenant le plus élégant de France avait pris la décision de ne pas tout lui dire.

Je suis monté au troisième et j'ai regagné notre bureau. Servandoni, Coccioni et Flamant étaient en train d'examiner une série d'images des deux fausses vieilles, extraites de la vidéo prise devant l'immeuble des Deshayes par la caméra du sous-marin, alors que Rogliatti était en train de nettoyer et de remettre en ordre sa cuisine miniature ; Cofferati, lui, était à la Scientifique.

J'ai regardé les photos l'une après l'autre. Les deux femmes étaient presque toujours de dos ou à peine de profil, et quand, pour une raison ou une autre, elles se tournaient vers la caméra, elles gardaient la tête penchée, protégeant leur visage avec le bord des chapeaux. On avait l'impression qu'elles étaient conscientes d'être filmées. Elles étaient lourdement maquillées en personnes âgées, avec rides, plis, verrues, couperose et tout le reste. Impossible de pénétrer leurs masques grotesques.

– Cette salope est diablement douée.

– Trouvons le mobile et nous la trouverons, a enchaîné Alain. Nous devons inverser les rôles, on dirait que jusqu'à présent ce sont eux qui nous ont donné la chasse.

– Tu as une idée ?

Il a enlevé ses lunettes, les a regardées à contre-jour puis, avant de les remettre sur son nez, les a nettoyées avec un pan de sa chemise :

– Bon, nous avons deux nouveaux acteurs, celui dont t'a parlé le père de Martine et le type qui a rencontré Deshayes pendant que tu le filais. Il se pourrait que ce soit la même personne, faisons un portrait-robot et voyons ce que nous disent ceux d'Art-en-Images.

– Bien sûr, comme ça la diablesse trucide aussi celui-là avant que nous l'ayons attrapée. Je ne sais pas si c'est notre tueuse qui tient les fils de l'histoire, mais il est certain qu'elle se démène. Elle garde les yeux ouverts et a de grandes oreilles.

Le téléphone sur la table s'est mis à sonner. Flamant, qui était à côté, a répondu. Il a échangé quelques mots avec l'interlocuteur puis a coincé le combiné sur son épaule :

– C'est le standard, a-t-il annoncé en me regardant, ils ont en ligne une nana qui demande à te parler, tu la prends ?

– Qui est-ce ?

– Ils ne savent pas, elle n'a pas voulu dire son nom.

Je me suis approché et lui ai pris le combiné des mains.

– Mordenti, ai-je grogné dans l'appareil.

– C'est vous qui êtes venu ce matin aux *Liaisons Dangereuses* avec la pin-up ? a demandé la voix d'une jeune femme.

– Oui, c'est moi, de quoi s'agit-il ?

Elle a rigolé :

– Elles sont toutes comme ça, vos collègues ?

– Non, j'ai une chance insolente. Écoutez, je regrette mais en ce moment je suis assez occupé.

– O.K., O.K. J'ai entendu de quoi vous parliez avec l'horrible Amoako. Je suis la fille qui était sur la chaise, vous vous rappelez ?

– Difficile de vous oublier, mademoiselle. La raison de votre appel ?

– J'ai lu dans le journal ce qui vous était arrivé, commissaire, je vous ai reconnu sur la photo. J'imagine que ça a été terrible, alors j'ai pensé que je pouvais vous aider.

– C'est gentil de votre part, je peux savoir votre nom ?

– Ce n'est pas nécessaire, a-t-elle rigolé, je ne vous ai pas appelé tout de suite parce que je préférais ne pas parler devant les autres. Je ne veux pas d'ennuis, vous comprenez ?

– À la perfection. Je vous écoute.

– Cette femme dont vous parliez, Gwendoline, celle qui a rencontré Madame Satin, eh bien en réalité elle s'appelle Christiane.

Je suis resté silencieux.

– Elle et moi nous nous sommes quelquefois rencontrées, c'est ma maîtresse, vous comprenez ?

– Je comprends. Vous avez un nom ou une adresse ?

– Non, malheureusement ; je ne connais que son prénom, mais je sais aussi qu'elle dirige une école maternelle. C'est du moins ce qu'elle m'a dit.

– Une école maternelle ? Vous vous foutez de moi ?

– Arrêtez, je vous dis qu'elle dirige une école maternelle au Kremlin-Bicêtre.

Alain, Michel et Aurélien me dévisageaient, perplexes. J'ai soufflé en gonflant les joues.

– Vous m'entendez, commissaire ? a repris la bondagette irritée.

– Oui, mademoiselle, je vous remercie, c'est gentil de m'avoir appelé. Avec les informations que vous m'avez données je réussirai à la trouver.

Elle est restée silencieuse un instant. Je l'entendais respirer :

– Vous m'avez tapé dans l'œil, a-t-elle enfin dit, vous êtes vraiment mignon, vous n'aimeriez pas m'attacher un de ces jours ?

Je me suis éclairci la gorge :

– Ce n'est pas mon métier, mademoiselle, mais s'il vous arrive de dévaliser une banque faites-le moi savoir, que je coure vous passer les menottes.

Elle a ri. Une cascade d'eau de haute montagne, cristalline et rafraîchissante. Je l'ai bue avec avidité, elle m'a fait du bien.

– Je n'y manquerai pas, ça a été un plaisir, commissaire, saluez pour moi votre belle amie.

J'ai revu cette effrontée me faisant un clin d'œil.

– Mademoiselle…

– Oui.

– Soyez prudente, ce que vous faites peut être dangereux.

– Je serai sur mes gardes, commissaire, adieu.

Elle a raccroché. Moi aussi. Pendant un moment, j'ai pensé à elle, si jeune, si blonde, ainsi ficelée. Une colombe parmi les vautours.

J'ai pris un stylo et j'ai tout écrit sur un morceau de papier que j'ai tendu à Flamant :

– Olivier, trouve-moi cette école maternelle à Bicêtre. La directrice s'appelle Christiane.

Il a regardé la feuille comme si je lui avais posé les slips de Coccioni dans les mains :

– C'est tout ce que tu as ?

– Combien d'écoles maternelles veux-tu qu'il y ait à Bicêtre ? C'est pas New York, bouge-toi.

Il a enfilé sa veste et a gagné la porte, l'a ouverte et s'est trouvé face à Le Normand.

Le patron est entré précédé de la fumée douceâtre de ses cigarettes russes. Flamant l'a laissé passer avec un sourire déférent de courtisan, puis il s'est éclipsé en refermant silencieusement la porte derrière lui.

– Les deux associés d'Art-en-Images arrivent, a commencé l'homme de pierre en s'adressant à Servandoni d'un ton ennuyé, ils sont accompagnés de la fine fleur des avocats parisiens. Je voudrais que vous les receviez dans la salle de réunion et que vous y alliez mollo.

– Il s'agit des deux dernières victimes, a dit Alain, nous voulons parler d'elles.

– Que pensez-vous qu'ils puissent vous dire ?

– D'abord Martine Delvaux, maintenant Gustave Deshayes, a dit Michel, nous nous attendons à ce qu'ils fassent un effort pour nous aider à comprendre qui est en train de décimer leurs collaborateurs.

– Chappaz a des amis influents, a répondu le patron peu convaincu, je viens de parler au téléphone avec le préfet, il a recommandé une certaine prudence.

– La possibilité que ces deux-là n'aient rien à y voir est plutôt mince, nous essaierons de les pomper sans exagérer.

Le Normand a lentement caressé son menton de granit, sourcils froncés en un pli distant. Une dernière bouffée sur sa cigarette de chochotte avant de l'écraser dans le cendrier de marbre vert bordé des trois petites oies.

– Les avocats ne les laisseront pas parler, mais en tout cas tenez-moi au courant.

Puis il m'a dévisagé :

– Je peux te dire deux mots ?

Sans attendre mon légitime consentement, il a fait volte-face pour se diriger vers la porte à grands pas. Je l'ai suivi jusque dans le couloir. Nous nous sommes arrêtés au pied de l'escalier menant à l'étage des dieux.

– J'ai entendu parler de ta tendance à vouloir jouer le *ranger* solitaire, a-t-il lancé en indiquant du doigt le lobe de son oreille. Je te le dis une fois pour toutes : j'ai trois brigades à diriger là-dedans. Seulement, à la Crim, nous avons sept enquêtes l'une plus embêtante que l'autre. Je n'ai pas de temps à perdre avec les crises d'hystérie d'un de mes gars.

Il a pointé un doigt contre ma poitrine :

– Vous vous êtes fait foudroyer sous le nez deux témoins précieux. Si tu veux y laisser ta peau en même temps que celle de tes compagnons, continue comme ça.

Nous sommes restés face à face, immobiles, ses yeux sombres plantés dans les miens. La menace était tout autre que voilée, il n'était pas nécessaire de lire entre les lignes. J'ai pris une grande inspiration.

– Le message est-il clair ? a-t-il rugi.

J'ai acquiescé d'un signe de tête.

– Je n'ai pas bien entendu.

Son visage de granit s'est rapproché du mien, les pointes de nos nez se sont effleurées. Son haleine sentait la cigarette et la menthe poivrée.

– Très clair, ai-je répondu furibond.

Il a fait un gargouillis satisfait, puis il s'est mis à monter l'escalier. Il s'est arrêté à la moitié de la première rampe pour se retourner vers moi :

– Je veux cette tueuse autant que toi, mais il me faut ses complices dans le même sac. Il est nécessaire que cette enquête se termine avec succès. Grouillez-vous.

Je suis resté là à écouter ses pas lourds monter les escaliers. L'ancienne amitié entre Le Normand et mon père continuait de me sauver de l'inévitable, mais si je voulais être présent au moment de l'arrestation de cette femme je devais changer de méthode.

Une escouade de personnes se dirigeait vers moi le long du couloir. Coccioni et Servandoni avec Chappaz et Devaux dont les visages étaient plus gris que les costumes des quatre avocats qui les accompagnaient. Gestes de salutation, zéro sourire, pas mal de tension. Pendant que Coccio les accompagnait dans la salle de réunion, Servandoni a glissé une note entre mes mains.

– De Clock t'a cherché, il paraît qu'il a du nouveau. Va le voir, Michel et moi pouvons nous occuper de ceux-là.

Je l'ai salué et j'ai filé. Dans la cour, j'ai rencontré Leila qui rentrait avec Metzger.

– J'arrive du bureau de Jérôme de Chabichou, a-t-elle annoncé joyeuse, je crois savoir qui est Pinturicchio.

– Je vais chez Maurice ; accompagne-moi, pour me raconter.

Elle a refilé à Constance tous les dossiers qu'elle avait dans les mains sauf un et nous sommes sortis quai des Orfèvres. Juillet était sur le point d'entrer en scène et Paris était pleine comme un œuf de touristes qui essaimaient comme des fourmis en dérobant la ville à travers les viseurs de leurs appareils photo.

– Accouche, lui ai-je demandé d'un ton anxieux.

– Ce matin j'ai appelé Chabichou aux Brocs, il a été très aimable et m'a invitée à monter chez eux.

Le groupe Répression du vol d'objets d'art, les Brocs ou les Antiquaires, comme on les appelle dans le milieu, est la section trafic d'art de la BRB, ceux qui, si quelqu'un subtilisait *La Joconde*, devraient se mettre en mouvement pour la retrouver.

– Sur le moment, ils ont hésité en essayant de me convaincre que Pinturicchio ne leur disait rien. Puis ils ont admis qu'ils le connaissaient en sortant un cas d'il y a une douzaine d'années et ils ont fait semblant de rechercher dans les archives.

Elle a retiré deux photos du dossier et me les a mises dans la main.

– Calogero Vastedda di Scacciata, noble sicilien et habile faussaire. Il devrait avoir aujourd'hui aux alentours de soixante-dix ans. Il était connu dans le milieu comme Pinturicchio.

– *Cazzo !* C'est la personne que Gustave a rencontrée et c'est aussi le repris de justice dont parlait Guibert. Ses empreintes étaient sur la carte que nous avons trouvée dans l'ordinateur chez Deshayes.

Le type de la photo, pris de face et de profil, portait un beau numéro sur le torse. Il était en noir et blanc, plus jeune, un peu plus en chair, avec des cheveux moins blancs, mais il s'agissait, sans l'ombre d'un doute, de la personne que Gustave avait rencontrée. À côté de lui, sur la deuxième photo, se tenait l'homme que j'avais vu avec la mère de Martine aux funérailles. Lui aussi était plus jeune.

– Qui est la grande perche sur la photo ?

– Jérôme de Chabichou.

– Tu es sûre ?

– Je viens juste de le rencontrer, qu'est-ce qui ne colle pas ?

– Il était à l'enterrement de Martine, il parlait avec la mère.

– Nom d'un chien, et c'est maintenant que tu le dis ?

– Je ne l'avais pas reconnu, c'est un type maladivement fuyant, pas de photos, peu de nouvelles, tu connais le genre, les journalistes l'appellent le Baron.

Elle s'est rembrunie :

– Cela expliquerait certaines choses.

– Tu penses qu'il y a quelque chose là-dessous ?

Elle a fait une grimace :

– Je me trompe peut-être, mais il me semble que Chabichou et compagnie sont plus intéressés par notre ami que ce qu'ils voulaient me faire croire. Je les ai trouvés très réticents.

– Tu crois qu'ils sont eux aussi après Vastedda ?

Elle a haussé les épaules :

– S'agissant d'art, ça ne m'étonnerait pas. Quand j'ai dit que nous enquêtions sur l'homicide de Martine, j'ai tout de suite senti pas mal d'électricité dans l'air, tu sais ce que je veux dire : coups d'œil, regards préoccupés, silences, ce genre d'attitudes. Et il y a autre chose : peut-être est-ce une impression, mais quand j'ai tiré Pinturicchio du chapeau ils en ont fait un peu trop pour feindre de ne pas savoir qui c'était.

– Mais ils se sont ensuite dégonflés, non ?

– J'ai été insistante, a-t-elle répondu avec un petit sourire, tu me connais, je suis un chien de chasse, quand je mors une proie je ne la lâche pas facilement.

Nous avons marché en silence un moment. Le soleil cognait comme un maillet.

– Qu'est-ce qu'ils ont dit sur Vastedda ?

– Plusieurs choses. Dans les années soixante, il était connu pour la qualité extraordinaire de ses faux, dans le milieu il était considéré comme un gros calibre. Il a été pris alors qu'il essayait de vendre un Antonello da Messina au Louvre. Ceux du musée étaient convaincus de l'authenticité du tableau, mais le bailleur de fonds a voulu faire un examen sur l'âge du support et on a découvert que le bois n'avait pas plus de deux cents ans. Il en a pris pour deux ans à la Santé. Il devait en faire quatre mais il est sorti pour bonne conduite. Depuis, il n'a plus eu d'ennuis avec la justice.

– On sait où le trouver ?

– C'est le problème, il a disparu depuis pas mal de temps, domicile inconnu. Ils pensent qu'il se trouve encore à Paris mais ils n'en ont pas la certitude absolue. En tout cas, il m'a semblé que les Brocs aimeraient bien eux aussi bavarder avec lui. Si tu veux vraiment que je te dise, j'ai eu l'impression que notre intérêt pour Vastedda les ennuyait énormément.

Nous nous sommes arrêtés près de ma voiture et je lui ai rendu les photos. Leila m'a dévisagé en se mordant la lèvre inférieure :

– Tu as une idée de ce que Chabichou cherchait aux funérailles ?

J'ai haussé les épaules :

– Peut-être surveillait-il Gustave et Véronique, ou bien il voulait parler aux parents de Martine, comment savoir ?

– Eh bien, cela ouvre de nouveaux horizons, tu ne crois pas ?

– Oui, on dirait que les Brocs mènent une enquête parallèle. Surveille-les et vois si tu réussis à découvrir quelque chose. De toute façon, il est fondamental de prendre Vastedda. Martine pourrait être morte à cause de lui, on doit l'épingler.

– Nous risquons de déclencher un conflit de compétences, mais je verrai si je peux trouver une voie alternative. S'il se trouve à Paris, tôt ou tard quelqu'un nous dira où il se cache.

Nous nous sommes salués. Leila a remonté le quai pour retourner à la Grande Boîte. J'ai regardé autour de moi alors qu'un flot d'anxiété se ruait dans ma poitrine. Ce que Leila venait de me dire était inquiétant. Si ses soupçons étaient fondés, il était possible que les Brocs soient en train de travailler à quelque chose ressemblant fort à notre enquête. Leila n'était certes pas naïve, le fait qu'elle en ait eu la sensation suffisait à me mettre de mauvaise humeur.

Dans la Maison, Jérôme de Chabichou était considéré telle une star ; s'il décidait de nous écarter, il lui suffisait de claquer des doigts. C'était une éventualité dont il fallait tenir compte.

J'ai conduit jusqu'à la place Mazas et me suis garé dans les parages du laboratoire de toxicologie. Après avoir montré le macaron au gendarme de service, je suis monté à la section balistique. De Clock était assis à son bureau. Je me suis installé en face de lui. Le dessus de sa table était encombré de papiers, documents, dossiers et livres. Il y avait aussi une boîte en plastique transparente contenant un pistolet tchèque CZ Mod. 97 B, deux chargeurs et une trentaine de balles « dum dum » calibre 45. Le pistolet semblait flambant neuf et le bloc de culasse était ouvert.

J'ai pris un des projectiles. La balle, revêtue de cuivre jusqu'à la moitié, laissait découverte la pointe creuse en plomb. Déjà comme ça elle aurait été meurtrière, mais quelqu'un avait, de plus, profondément incisé l'extrémité avec un couteau.

– Où as-tu pris ça ?

– On l'a saisi chez un gros trafiquant de drogue, on pense que c'est l'arme utilisée pour une série d'homicides.

– J'espère ne jamais me trouver face à quelqu'un qui tire des nèfles comme celle-là.

– Ce serait franchement une vilaine rencontre, a-t-il renchéri avec un petit signe de tête.

J'ai encore tourné entre mes doigts l'objet diabolique en observant les lueurs sinistres reflétées par la douille en étain. Tu pouvais voir tant de choses dans ces éclairs – le passé, le présent et l'avenir. Avec un petit effort, tu pouvais même y voir la partie la pire de toi-même.

– Ça t'ennuie que j'en prenne une ?

Il m'a dévisagé quelques secondes en lissant de deux doigts un côté de sa moustache en guidon de bicyclette.

– Je t'en prie, a-t-il dit sans lever les yeux des miens, fais-en bon usage.

– Je la garderai comme porte-bonheur, ai-je précisé en la glissant dans ma poche. De quoi tu voulais me parler ?

Il s'est mis à son aise dans son fauteuil. Deux ou trois explosions étouffées sont parvenues de loin : un technicien qui tirait dans un tunnel d'arrêt. Maurice a pris cinq feuilles agrafées ensemble et les a fait glisser vers moi :

– Il y a une comparaison intéressante avec la balle que j'ai extraite du plancher chez Martine, a-t-il dit en feuilletant une copie du document qu'il venait de me passer.

– Même pistolet ? ai-je demandé en parcourant la première feuille dactylographiée.

J'ai saisi au vol quelques mots qui ont allumé autant de clochettes : Turin, double homicide, restaurateurs d'art.

– Un de mes gars a déniché ça sur une communication d'Interpol. Deux homicides à Turin. Deux restaurateurs d'art assassinés avec un pistolet identique à celui qui a tué Martine.

– Que sais-tu encore sur ces deux-là ?

– Deux pédales notoires, connus aussi comme restaurateurs. À la bibliothèque, j'ai récupéré pour toi les éditions de la Stampa parues les jours qui ont suivi la découverte des cadavres. Malheureusement il n'y a pas grand-chose, pour avoir de plus amples détails tu devras appeler la police de Turin.

Les quatre autres feuilles du document que j'avais en main étaient des articles du quotidien tirés de microfilms. Il y a deux mois, un soir, quelqu'un avait tué Attilio Beltramo et Roberto De Medici. Tant qu'à faire, on avait mis le feu à leur atelier. Les pompiers n'avaient réussi à sauver qu'une partie de la villa. Dès le début, la police avait suivi la piste du sous-bois homosexuel. Le reste des articles ne disait rien d'intéressant.

– Est-ce que ça pourrait être l'œuvre de notre tueuse ? ai-je demandé.

– On n'a pas trouvé de douilles et les balles sont sorties du même pistolet. On ne peut pas en avoir la certitude absolue, mais il est fort probable que c'était elle. Pour la police italienne, l'arme était un simple 7,62, ils n'ont pas du tout pensé au crache-feu de notre amie. D'ailleurs, je n'y aurais pas pensé non plus si tu ne me l'avais pas aussi bien décrit.

Je me suis levé pour m'en retourner au bureau. Maurice m'a raccompagné jusqu'à l'escalier et m'a serré la main :

– S'il y a du neuf, je te le fais savoir.

Dans la rue, j'ai retrouvé soleil, chaleur, animation, mais mon âme est restée froide comme le cul d'un morse. La maudite femme était si profondément plantée dans mon cerveau que je ne parvenais pas à avoir d'autres pensées. Je me suis rendu compte que je grinçais des dents quand je l'avais à l'esprit. Et cela suffisait déjà à en faire une pathologie.

L'horloge de la tour indiquait 11 heures quand je suis passé sous ses aiguilles. J'ai dû tourner deux fois autour du palais de justice avant de réussir à me garer. Peut-être ce fainéant de Flamant avait-il déjà trouvé la « maîtresse perverse » ; dans ce cas, j'avais encore le temps de faire un saut à l'école et de l'interviewer.

Pour ne pas changer, il régnait chez nous un air de fête. Deslandes était rentrée avec un élégant assortiment de macarons abricot gingembre de chez Ladurée dont Constance et Flamant étaient en train de profiter, accompagnés de café.

Je me suis approché des adeptes de Bacchus. Maëlis a posé sa tasse et offert la boîte de macarons. J'en ai pris un, il fondait dans la bouche.

– Leila était en train de me parler de Calogero Vastedda, m'a dit le lieutenant le plus sexy du monde en désignant une photo du Sicilien d'un geste du menton.

– Beh, maintenant nous savons qui c'est, mais de là à le coincer la route est encore longue, ai-je grogné.

Leila est allée à l'armoire-cuisine de Rogliatti et m'a apporté un café.

– Que voulait De Clock ? a-t-elle demandé en me tendant la tasse.

– Il se peut que notre tueuse ait encore supprimé deux autres personnes en Italie, à Turin.

– Quand ?

Deslandes était surprise.

J'ai pris un autre macaron :

– Ils sont délicieux… Le mois dernier, lieutenant, deux gays restaurateurs d'art. Pour l'instant, c'est tout ce que je sais, mais je ne serais pas surpris d'apprendre qu'ils étaient ficelés comme des saucissons quand on les a trouvés.

– De Clock ne savait rien d'autre ?

– Il a une comparaison sur l'Euro-IBIS. Pour en savoir davantage sur le crime, il sera nécessaire d'appeler la police de Turin.

– J'ai un ami à Turin, est intervenue Maëlis, un inspecteur qui travaille au commissariat central de la police judiciaire. Je peux essayer de lui passer un coup de fil.

– Vous pensez qu'il pourrait nous procurer un rapport sur les homicides ?

– Je ne sais pas, mais ça vaut la peine de tenter. Pour la bureaucratie, il y a toujours le temps.

– Alors essayons, lieutenant, passez cet appel.

Elle m'a regardé en se mordillant la lèvre puis elle est allée vers le bureau d'Alain et a tiré un élégant agenda de son sac.

J'ai regardé Flamant d'un air interrogatif. Il s'est penché de tout son long sur le dessus de la table en poussant vers moi un carnet blanc, puis, vu que ses doigts se trouvaient déjà à proximité de la boîte de macarons, il en a pris un. Avec une belle calligraphie, Olivier avait écrit les nom et adresse de l'école maternelle. La directrice s'appelait Christiane Broustal.

– L'unique Christiane ?

– L'unique à diriger une école maternelle à Bicêtre, a-t-il répondu la bouche pleine et en faisant suivre d'une gorgée de café.

Avant de m'approcher du bureau, j'ai attendu que la poupée finisse sa conversation avec Turin. Elle parlait assez bien l'italien, avec un délicieux accent.

– Il me rappelle dès qu'il a des informations sur l'homicide de ces deux types, nous a-t-elle annoncé.

J'ai remarqué qu'elle avait enlevé son pardessus. Elle portait une robe fourreau noire en tricot de soie et son élégant pistolet. Je me suis éclairci la gorge :

– Merci, ça pourrait accélérer les choses.

Elle a rangé son agenda en souriant. Deux fossettes se sont formées sur ses joues. Je les ai observées un moment, charmé. Certains sont attirés par les pieds ou les mains, d'autres par les seins ou les fesses. Moi, j'ai toujours eu un faible pour les fossettes sur les joues. Elle a surpris mon regard :

– Je peux faire autre chose pour vous ?

Un tas de choses, mais ce n'était pas le moment. Je lui ai montré la feuille du bloc-notes. Ses sourcils se sont unis en un V intrigué.

– C'est le vrai nom de Gwendoline de Sarmé, la femme qui a passé le week-end avec Madame Satin.

– Comment avez-vous fait pour la trouver ?

Je lui ai tout raconté, l'appel téléphonique de la bondagette, l'école maternelle, etc., etc.

– Nous avons encore le temps ; ça vous dit, une course en métro jusqu'à Bicêtre ?

15

Onze stations et vingt-cinq minutes de secousses bruyantes nous avaient menés à l'arrêt Bicêtre. Puanteur d'humanité mêlée à d'étranges parfums, effluves de nourriture et de sécrétions industrielles, tout ce que la ville peut offrir de mieux à un nez délicat. Au cours du trajet, la couleur des visages avait lentement viré au sombre jusqu'à ce que le noir prenne le dessus.

En sortant à ciel ouvert au côté de *ma* mannequin, j'avais reconnu l'odeur de ces lieux, un arôme qui ne m'avait pas complètement lâché. Villejuif, le quartier où j'étais né, où j'avais grandi et commencé ma carrière de flic, se trouve un peu plus loin, caché par les façades ordinaires des immeubles. Un grumeau gris et poisseux dont on ne parvient pas toujours à se décoller.

Le type qui nous suivait, je ne l'ai pas vu, je l'ai plutôt perçu comme une sorte de démangeaison sur la nuque pendant que nous descendions la rue Danton. Une fois que nous sommes arrivés à l'angle, je me suis retourné ; notre ami s'est mis à regarder une vitrine en fouillant dans sa poche, l'air de rien. Il portait un costume gris léger, une chemise crème et une cravate verte. Il s'est rendu compte qu'il était en train de regarder une vitrine de vêtements pour nouveau-nés au moment où, faussant compagnie à Maëlis, je me suis dirigé vers lui. Il a tourné les talons et s'est mis à marcher rapidement vers l'avenue Eugène-

Thomas. Il a regardé derrière lui et nos regards se sont croisés ; dans le mien, il n'a lu que des ennuis.

Il s'est mis à zigzaguer entre les rares personnes du trottoir, alors j'ai moi aussi passé la quatrième et me suis lancé à ses trousses.

Il avait un bel avantage mais semblait moins en forme que moi. Il voyait que je me rapprochais et s'est élancé pour traverser la rue, au risque de se faire emboutir par une Seat qui a pilé en faisant grincer ses pneus. J'en ai profité pour passer moi aussi de l'autre côté tandis que le chauffeur hurlait par la vitre quelques appréciations peu aimables sur nos mères respectives. Deux Chinois qui sortaient d'un immeuble en portant une commode m'ont coupé la route. Pour un peu, nous finissions tous les quatre fers en l'air. J'ai enjambé le meuble et continué de courir. Autres insultes, mais cette fois ma mère ne les aurait pas comprises.

Entre-temps le type que je poursuivais est arrivé au bout de la rue. Il est passé devant une brasserie qui se trouvait à l'angle et a disparu de ma vue.

J'ai débouché sur l'avenue juste à temps pour le voir extraire d'un taxi arrêté au feu une grosse femme et prendre sa place. L'auto a démarré comme une fusée en passant au rouge. D'autres coups de frein tandis que le taxi disparaissait vers l'avenue de Fontainebleau.

Tout en jurant, je me suis approché de la femme qui avait fini par se retrouver le derrière à terre et l'ai aidée à se relever. Il s'est formé un attroupement de personnes indignées avec lesquelles elle a commencé de s'épancher. Je me suis éclipsé en tournant vers la rue Danton. Deslandes m'attendait devant le bistrot.

– Cette fois-ci, il n'y a plus de doutes.

– Sale fils de pute, ai-je lancé essoufflé, s'il n'y avait pas eu ce taxi je le choppais.

Nous nous sommes remis en marche pendant que je rentrais ma chemise dans mon pantalon.

– Vous l'aviez déjà vu ? a demandé la belle.

– Mais non ! J'ai l'impression que ces jours-ci tout Paris me colle au cul, d'abord la voiture, maintenant ce type.

Je l'ai prise par le bras et nous avons traversé la rue de la Convention pour la seconde fois.

L'école maternelle Jeanne-d'Arc se trouvait dans un bâtiment début de siècle décoré d'un parement de briques et de petits arcs bicolores au-dessus des fenêtres. Des lucarnes s'ouvraient sur le toit pentu recouvert de losanges d'ardoise noire. Au-delà du mur d'enceinte, des arbres de haute futaie et un gazon d'herbe sauvage composaient un modeste jardin auquel on accédait par un portail vert, clos à ce moment-là mais à travers lequel on apercevait des jeux d'enfants et de petits bancs rouges.

Le babillage des bambins provenant de l'intérieur de l'édifice était de loin en loin entrecoupé par les paroles impatientes des maîtresses. Bruit d'assiettes et de couverts, les morveux étaient en train de déjeuner.

Nous avons sonné et le petit portail laqué de vert s'est débloqué avec un bourdonnement. Nous sommes entrés et avons parcouru un couloir jusqu'au réfectoire où une trentaine d'enfants, entre trois et cinq ans, étaient assis autour de petites tables jaunes. Ils en étaient au dessert, à première vue un tiramisu.

Une femme blonde est venue vers nous :

– Monsieur et madame Guillaume, je présume, a-t-elle avancé avec un sourire radieux, vous avez téléphoné pour inscrire votre fille, n'est-ce pas ?

J'ai discrètement montré ma carte, raies rouges, blanches et bleues, photo, plaque et tout le reste. Je ne me lasserai jamais de ce geste, il fait toujours une certaine impression sur les gens.

– Je suis le commissaire Mordenti, de la brigade criminelle.

Et, présentant Maëlis :

– Le lieutenant Deslandes. Nous voudrions parler à Mme Christiane Broustal.

– C'est moi, a-t-elle dit à Maëlis. À l'improviste j'étais devenu transparent, ma collègue l'intéressait beaucoup plus.

Cheveux courts et blonds, très souples, yeux mobiles intelligents, non privés d'une certaine douceur. J'imaginai qu'ils pouvaient lui donner un aspect soumis, comme la transformer, à l'occasion, en une venimeuse putain. Mâchoire ronde, forte, petite bouche bien faite, mise en valeur par un grain de beauté au-dessus de la lèvre supérieure. Ce n'était pas miss Monde, Gwendoline de Sarmé, mais avec cette expression toujours inquiète elle avait un certain charme.

– De quoi s'agit-il ?

– Nous avons parlé à Olivia Amoako, madame, ai-je répondu en remettant ma carte en poche, nous voudrions vous poser quelques questions sur Madame Satin.

Elle s'est quelque peu raidie et a légèrement pâli. Elle pensait que sa vie privée était en sécurité dans un coffre-fort, et voilà qu'on venait d'ouvrir celui-ci à la dynamite. Elle était glacée :

– Comment avez-vous fait pour connaître mon nom ?

– Nous sommes de la police, lui a répondu Deslandes, et payés pour trouver noms et personnes. Nous voulons juste que vous nous parliez de cette femme.

– Je ne sais rien d'elle.

Il y a eu un peu de remue-ménage dans le réfectoire :

– Laurent, a crié une des maîtresses, tu arrêtes de prendre du gâteau dans l'assiette de tes voisins.

Le dangereux sujet, un petit bouchon portant une Lacoste vert pâle et des jeans miniatures, a été soulevé à bout de bras de sa chaise. Puis Broustal l'a pris par la main pour l'emmener à côté de la table de service :

– Tu es puni, Laurent, reste ici debout pendant dix minutes, lui a-t-elle dit d'une voix douce, tu as eu ta part, tu ne dois pas prendre celle des autres.

Le massacreur de flans ne m'a pas semblé accablé de remords. Il est resté près de la table à la recherche de trésors perdus loin à l'intérieur de son nez. Christiane est revenue vers nous :

– Excusez-moi, nous disions ?

– Madame Satin, que pouvez-vous nous dire d'elle ?

– Je vous ai dit que je ne savais pas qui elle était, je ne crois pas pouvoir vous aider.

– Madame Amoako nous a dit que vous l'aviez rencontrée. Parlez-nous de cette rencontre.

Elle s'est mordillée la lèvre inférieure. Son regard s'est voilé d'une ombre de méfiance. Personne n'aime étaler ses secrets sur la place publique, mais il faut parfois le faire.

– Je n'ai jamais vu son visage. Notre rencontre a été un hasard, je ne sais vraiment pas quoi vous dire.

Entre-temps le petit Laurent avait trouvé une cuiller et mangeait le tiramisu à même le plat, de grandes cuillérées, l'une après l'autre. Quand je l'ai fait remarquer à Christiane, il avait déjà du chocolat jusqu'aux oreilles.

– Oh, mon Dieu, Laurent, s'est-elle exclamée en se précipitant vers lui. Elle l'a porté en le prenant sous les aisselles et l'a éloigné de la table, puis elle l'a confié à l'une des maîtresses :

– Nettoie-le, Josiane. Moi, je dois parler à ces personnes.

Alors que maîtresse et enfant quittaient la pièce, Christiane est revenue vers nous :

– Allons dans mon bureau, si vous voulez bien. Je pense que ce sont des questions privées.

Nous l'avons suivie le long d'un couloir jusqu'à une petite cage de verre pas beaucoup plus grande que la table qu'elle contenait. Livres et dossiers étaient empilés les uns sur les autres. Nous nous sommes installés autour de la table. Christiane Broustal s'est éclairci la gorge pour essayer de diminuer son embarras :

– Je peux imaginer ce que vous pensez de moi, mais ce que je fais lorsque je suis en dehors de cette école ne regarde que moi, non ? Je vous assure que je suis une bonne enseignante, que j'adore les enfants et que mes… mes hobbies restent totalement étrangers à mon travail.

– Nous ne sommes pas ici pour vous juger, est intervenue Maëlis, nous voulons seulement savoir comment vous avez connu cette femme.

Christiane a souri en coin et s'est mise à jouer avec un crayon :

– Ça a été une folie, mais quand elle m'a demandé si je voulais passer une fin de semaine avec elle je n'ai pas su résister. Le soir du stage, elle avait été extraordinairement excitante. Madame m'avait choisie comme sujet, eh ben… être ligotée par elle a été fantastique, j'ai senti qu'elle prenait plaisir à le faire, qu'elle ne jouait pas.

Elle a passé une main dans ses cheveux, lentement :

– Vous ne pouvez pas comprendre ce qui se passe entre une esclave et sa maîtresse, c'est comme une vibration continue, une décharge électrique qui parcourt ton corps sans arrêt se transformant en pur plaisir. C'est pourquoi j'ai immédiatement accepté lorsqu'elle m'a fait cette proposition.

Elle a croisé les jambes d'un geste lent et provocant. Un show plein de séduction, mais pour ma collègue, pas pour moi. Elle portait un simple chemisier de coton rose, une jupe grise légère et une paire de sandales peu voyantes à talon plat. L'uniforme de la parfaite petite institutrice intègre.

– Vous souvenez-vous où vous vous êtes rencontrées ?

– C'était un grand appartement, très élégant, mais je n'ai pas la moindre idée de l'endroit. Certainement dans Paris, peut-être Neuilly, bien que je n'aie pas l'impression que nous ayons quitté la ville.

– Comment y êtes-vous arrivée ?

– J'avais rendez-vous devant l'hôtel de ville. Deux hommes dans une Audi foncée, un au volant et l'autre avec moi sur le siège arrière. Il m'a fait mettre une paire de lunettes enveloppantes aux verres noircis, je ne pouvais rien voir. Il m'a prévenue que si je les enlevais il me battrait ou pire.

– Combien de temps a duré le voyage ?

– Une vingtaine de minutes, une demi-heure peut-être. Je n'ai même pas cherché à m'orienter, c'était impossible. De plus, j'étais effrayée, excitée et effrayée.

– Vous sauriez reconnaître ces deux hommes ?

Elle a haussé les épaules :

– C'était ces types qui se rasent la tête comme des boules de billard parce qu'ils perdent leurs cheveux. Il y en a plein, ils sont tous pareils. Et ils portaient des lunettes foncées. Celui qui conduisait, je n'ai pratiquement pas vu son visage, mais si vous me faisiez voir une photo de celui qui était à côté de moi, j'imagine que je pourrais le reconnaître.

– Selon vous, ils étaient Français ? a demandé ma collègue.

– Je ne crois pas, ils avaient un accent étranger, grec peut-être, ou italien. Si vous voulez mon opinion, Madame Satin non plus n'est pas Française, mais son accent est indubitablement plus policé que celui des deux autres.

– Est-il possible qu'elle ait fait semblant ?

– Ça se peut. Mais alors elle le faisait rudement bien.

– Continuez, madame, racontez-nous comment ça s'est passé.

– Nous nous sommes arrêtés dans un hall d'immeuble. Celui qui était derrière avec moi m'a aidée à descendre et, en me tenant par un bras, il m'a conduite au deuxième étage par un escalier en marbre. Celui-ci devait être imposant car l'écho de nos pas résonnait fortement. Après avoir refermé la porte d'entrée derrière moi, il m'a enfin enlevé les lunettes. Madame était là devant moi, vêtue d'une robe de chambre de satin champagne et le foulard de soie noire lui masquait le visage. Je pense que dessous elle était nue. J'étais complètement étourdie, je tremblais d'excitation.

– Elle portait une perruque ? a demandé Deslandes.

– La même que celle qu'elle portait le soir du stage, des cheveux roux très naturels.

– Comment était l'appartement ?

– Grand luxe, plein de moulures, tapis, tableaux, fauteuils et divans élégants. Sans aucun doute l'appartement de gens très riches.

– Comment s'est déroulée la rencontre ?

– Eh bien, Madame a fait un signe et le tondu est sorti. Elle s'est mise à tourner lentement autour de moi, puis elle m'a dit qu'il y avait un changement de programme, qu'elle devait me laisser seule pendant quelques heures. Je lui ai dit que, si elle préférait, je pouvais revenir une autre fois, mais elle m'a dit de me taire et de me déshabiller.

Elle a regardé Maëlis de façon si effrontée que, si elle avait été un homme, elle se serait pris une bordée de gifles. Ma collègue s'est simplement mise à se tapoter la lèvre supérieure de la pointe des doigts. Elle ne semblait que contrariée par ces attentions pressantes. Il était évident que la petite maîtresse l'aurait volontiers mise dans son lit, peut-être même liée comme un saucisson.

– J'ai fait comme elle le disait, d'ailleurs j'étais là pour ça. Ensuite elle m'a conduite dans une grande salle de bains et a commencé à m'attacher les poignets, les bras et les chevilles. Puis elle m'a fait étendre par terre et avec une autre corde elle a fait en sorte que je ne puisse pas allonger les jambes.

Elle a mimé la position en relevant les chevilles vers les mains.

– C'est une technique de bondage qui ne permet pas à la victime de rester debout.

– Nous savons ce que vous voulez dire. Continuez.

– Je vous excite ? a-t-elle demandé sans pudeur.

– J'ai du mal à ne pas vous sauter dessus, madame. Continuez, je vous en prie.

Elle a haussé les épaules :

– Bien, ensuite elle m'a bâillonnée avec une de ces petites balles de caoutchouc rouge qui font tout le temps baver et elle s'est assise sur le bord de la baignoire pour me regarder, satisfaite. Je ne pouvais voir que ses yeux, vous savez à cause de ce foulard qui lui masquait le visage, mais cela m'a suffi pour comprendre à quel point ça l'excitait de m'avoir en son pouvoir, là sur le sol. Tout à coup, elle s'est levée et elle est sortie en refermant la porte à clef. Je pensais qu'elle allait bientôt revenir, par contre cette conne m'a laissée plus de six heures sur le carrelage de la salle de bains.

– Vous voulez dire qu'elle vous a laissée seule ? a demandé Maëlis abasourdie. Et comment avez-vous fait…

– Comment j'ai fait ? J'ai fait sur moi et je suis restée à tremper dans mon pipi tout l'après-midi, lieutenant, et heureusement je n'ai pas eu d'autres besoins. J'ai même tâché de me libérer, croyez-moi, mais il n'y a pas eu moyen.

– Avez-vous une idée de la raison pour laquelle elle vous a contrainte à subir une chose pareille ?

– Parce que c'est une horrible sadique qui aime humilier les gens, voilà pourquoi. J'imagine qu'elle a été obligée de sortir, ou peut-être qu'elle avait autre chose à faire. De plus, elle a dû me filmer, il y avait une caméra suspendue à l'un des murs. Quand elle est revenue le soir, je n'en pouvais plus. Avant de me laisser prendre une douche, elle m'a même obligée à tout nettoyer.

– Très instructif. Que s'est-il encore passé pendant ce week-end ?

– J'ai dû satisfaire ses désirs pervers, commissaire, vous voulez que j'entre dans les détails ?

– Ce n'est pas nécessaire, madame, ma collègue et moi avons une imagination fertile.

– Bien sûr. En tout cas, cette nuit-là elle m'a fait dormir sur la descente de lit, mais le jour suivant j'ai enfin eu ce que j'attendais, l'expérience la plus bouleversante de ma vie. Un orgasme après l'autre, a-t-elle ajouté en fixant Deslandes avec un sourire insolent.

– Vous n'avez jamais réussi à la voir sans masque ?

– La nuit elle m'a laissée les yeux bandés et dans la journée elle portait toujours ce foulard. Vous ne pouvez pas imaginer à quel point une femme nue au visage voilé de soie noire peut être excitante.

Elle a dit ça d'une voix insinuante. Maëlis et moi avons échangé un regard. Il était probable que nous n'y étions pas parvenus mais nous réussirions à survivre sans trop de problèmes. Christiane, au contraire, a soupiré en baissant les paupières comme pour revoir sur grand écran l'audacieux moment qu'elle avait vécu.

– Vous l'avez vue nue, vous ne vous rappelez pas si elle avait quelque chose de particulier qui pourrait nous aider à l'identifier ? Je ne sais pas, un tatouage ou une cicatrice.

– Elle a été opérée de l'appendicite, a-t-elle répondu avec un petit sourire, et elle a le poil sombre – châtain, je dirais. Aucun tatouage. Sa peau est douce comme la soie, je crois qu'elle soigne beaucoup son aspect physique.

– Vous avez une idée de l'âge qu'elle peut avoir ? a demandé Maëlis.

– Sûrement plus de trente ans, quarante peut-être, autrement je n'aurais pas accepté. Vous voyez, j'aime me soumettre à des femmes plus âgées que moi ou qui ont au moins mon âge. Avec les jeunes et belles comme vous, lieutenant, j'ai tendance à être dominante. Vous n'avez jamais pensé vous laisser attacher par une autre femme ?

Les joues de ma collègue ont légèrement rougi. J'ai eu la sensation que cette fois la gifle allait partir.

– Je vous rappelle que vous parlez à un représentant de la force publique, madame Broustal, a-t-elle simplement fait remarquer.

J'ai masqué un sourire en portant une main devant ma bouche. Christiane a compris qu'elle n'aurait trouvé que du pain sec pour apaiser sa faim et elle s'est calmée.

– Vous n'êtes pas parvenue à comprendre dans quel quartier se trouvait l'appartement ? Qu'est-ce que vous avez vu par les fenêtres ?

– Les rideaux étaient toujours tirés, commissaire, et j'ai été attachée la majeure partie du temps et totalement à la merci de cette femme, chose pas du tout désagréable d'ailleurs. Pourtant j'avais peur qu'elle me fasse mal, alors j'ai fait attention de ne pas l'irriter.

Nous sommes restés silencieux sans nous regarder. J'avais espéré des nouvelles plus intéressantes et j'avais reçu l'habituelle douche froide. Cette maudite tueuse semblait insaisissable.

– Vous ne vous souvenez pas de quelque chose qui ait attiré votre attention dans l'appartement ? a demandé Deslandes de but en blanc, un objet, une photo, n'importe quoi.

Christiane Broustal a réfléchi un moment en mordillant la jointure de son pouce, puis elle a levé ses fins sourcils en un geste vague :

– Je me rappelle une photo en noir et blanc sur la cheminée, a-t-elle dit en haussant les épaules :

– Un homme et une femme dans un jardin. Dans un cadre en argent, je l'ai remarquée parce que j'ai pensé que ça pouvait être elle. La femme était brune, élégante ; l'homme, au contraire, m'a semblé plutôt petit et laid. Derrière eux, on voyait une espèce de bassin avec des poissons.

– Vous voulez dire : des poissons rouges ?

– Mais non, un grand bassin à nénuphars avec des sculptures de poissons.

Probablement le jardin d'une villa XVIIe.

– Française ?

– Plus probablement italienne, toscane peut-être.

– J'imagine que votre retour a été semblable à l'aller ? a demandé Maëlis.

– Exactement la même chose mais avec plus de tension. Quand elle a permis que je me rhabille, il devait être 10 heures du soir. Il faisait déjà nuit. Elle a appelé le tondu et lui a simplement dit : « Occupe-t-en. » Je ne sais pas pourquoi, j'ai eu la sensation qu'elle lui avait ordonné de me tuer.

Elle a souri en secouant légèrement la tête.

Il m'a, au contraire, ramenée où il m'avait prise, m'a retiré le bandeau des yeux et m'a fait descendre de l'auto. Il m'a même ouvert la porte.

– C'est tout ?

– Ben, le type m'a dit que si je tentais de découvrir où j'étais allée il me tuerait sans y réfléchir à deux fois.

– Si vous voulez, je peux vous faire protéger pendant quelques jours.

– Ce n'est pas nécessaire, je vous remercie. Je sais me débrouiller toute seule.

Maëlis a fouillé dans son sac :

– Une chose encore, madame Broustal, a-t-elle demandé en lui mettant entre les mains les photos de Gustave, Véronique et Pinturicchio, avez-vous déjà rencontré ces personnes ?

J'ai dévisagé ma collègue, bouche bée. Pendant que la petite prof étudiait les trois portraits, elle m'a fait un clin d'œil avec un sourire malin.

– Je me rappelle le jeune couple, ils fréquentent assidûment le club d'Olivia Amoako. La femme se fait appeler Blunder Broad ; lui, je ne me rappelle pas. Je crois que c'est elle qui a organisé le stage avec Madame Satin.

– Vous en êtes sûre ?

– Absolument, je les ai rencontrés plusieurs fois. Vous les recherchez, eux aussi ?

– Non, eux, nous les avons déjà trouvés. Avez-vous vu le troisième individu ?

Elle a observé attentivement la photo, en rétrécissant les yeux comme pour essayer de se souvenir.

– Je n'ai pas l'impression…

Un éclair a traversé son regard :

– Mais oui, bien sûr, le vieux baveux. La photo doit remonter à quelques années, c'est pour cela que je ne l'ai pas reconnu tout de suite.

– Vous l'avez vu dans ce local ? a demandé Maëlis, en se penchant vers elle.

Christiane a acquiescé :

– Il vient rarement. C'est un type étrange, il ne participe jamais aux activités du groupe. Il se limite à regarder sans parler. Il fait souvent des esquisses, vous savez, il sort son album, un crayon et il se met à dessiner.

– Est-ce que vous vous rappelez s'il a participé au stage de Madame Satin ?

Elle a rendu les photos à Deslandes qui les a remises dans son sac.

– Je ne sais pas, a-t-elle répondu en la dévorant des yeux, je n'ai qu'un seul souvenir de cette soirée, elle qui m'attachait. Je me sentais comme droguée, c'était comme s'il n'y avait eu que nous deux dans la pièce.

Échanges de regards avec ma collègue. Ainsi, ils fréquentaient tous ce genre de club. J'aurais dû y penser ; Maëlis, elle, avait fait tourner ses engrenages beaucoup plus rapidement que moi. Malheureusement, je n'avais les photos ni de Chappaz ni de Devaux et encore moins de ce glaçon de secrétaire, Lalanne ou je ne sais plus comment. Il aurait été intéressant de savoir s'ils étaient eux aussi de la même paroisse.

Il semblait que le lien de la bande, si l'on peut dire, c'était les cordes avec lesquelles ils aimaient attacher ou faire attacher leurs adeptes. Une espèce de cour dont la reine était Madame Satin.

Nous nous sommes levés. J'ai pris une de mes cartes et l'ai donnée à Christiane Broustal :

– Si quelque autre chose vous venait à l'esprit, je vous prie de m'appeler. Vous avez été très aimable de nous parler, vous n'y étiez pas obligée.

– Vous auriez dû me le dire avant, vous ne croyez pas ?

– Vous avez raison, ai-je répondu avec un sourire.

Elle a retourné la carte entre ses doigts en la regardant distraitement, puis elle a levé les yeux sur Deslandes en la fixant :

– Et votre carte, lieutenant, vous ne me la donnez pas ?

– Une suffit, a répondu la belle moqueuse qui désormais faisait partie de l'équipe des *Italiens.*

Broustal nous a raccompagnés à l'entrée. Les enfants avaient disparu, ils faisaient probablement la sieste.

– Faites attention, a-t-elle averti en s'appuyant à la porte, cette femme est cruelle, elle prend plaisir à faire souffrir les gens. Pour moi, ce n'est qu'un jeu, érotisme et passion, parfois amour. Elle, au contraire, agit sérieusement, elle m'a fait mal et cela lui a beaucoup plu.

– Je connais le genre, ai-je répondu, elle m'a fait mal à moi aussi. Mais je vous remercie de l'avertissement.

Nous nous sommes mis en marche vers la station de métro, silencieux. Deslandes ne semblait pas d'humeur à bavarder. Plus que mener une enquête, il semblait que nous étions en train de collectionner des personnages tous plus barrés les uns que les autres. Si ça continuait comme ça, nous pourrions bientôt mettre un beau cirque sur pied.

16

Cher Gustave, les discussions de ces derniers jours ne m'ont pas du tout convaincue. J'ai, de mon côté, fait quelques recherches et ce que j'ai trouvé est plutôt déconcertant. Hier, à l'inauguration sur la Renaissance, il était là. Je l'ai photographié, Gustave, cesse donc de me dire que j'ai rêvé. Des photos de lui circulent encore sur Internet.

Plusieurs années se sont écoulées depuis l'affaire du Louvre, mais je suis certaine que c'est lui, j'étais alors consultante du bailleur de fonds et je te garantis que ce n'est pas un type que l'on oublie facilement. À l'inauguration, je l'ai vu parler avec des gens que nous fréquentons continuellement pour le travail. Je ne pensais pas qu'il vivait encore à Paris, le retrouver en face de moi a été une douche froide. Il y avait aussi Bastien et Marius, ils ne ratent jamais une soirée mondaine. Bref, même si apparemment ils ne l'ont pas reconnu, je n'arrive plus à penser à rien d'autre.

Une question : pourquoi cet homme apparaît juste au moment où nous nous apprêtons à partir pour Turin ? Qu'est-ce que ça veut dire ? Je te dis carrément que j'ai l'intention d'en parler à Bastien et, s'il ne m'explique pas tout par le menu, je me retire et je quitte l'atelier. À Turin, nous aurons entre les mains des chefs-d'œuvre de millions d'euros et l'idée que cet individu est en circulation me fait trembler. J'ai toujours travaillé honnêtement et, si je devais avoir la certitude qu'un de nos consultants est un faussaire de ce calibre, je te garantis que j'en parlerais à mon ami le commissaire et à ses collègues.

Excuse-moi de m'épancher ainsi, Gustave, tu es un bon ami, la seule personne en qui j'aie vraiment confiance. Je veux être certaine que cet homme n'a rien à voir avec l'atelier.

Je t'embrasse.

Martine

J'ai lu et relu le mail de Martine que Didier avait trouvé sur l'ordinateur portable de Gustave. Pinturicchio était, sans l'ombre d'un doute, le personnage sur lequel ma pauvre amie était tombée. Ce qui s'appelle une rencontre fatale. Par malchance, elle avait décidé de confier ses doutes au fils de pute qui allait lui régler son compte. Une rage sourde est montée dans ma poitrine.

Je me suis levé pour regarder par la fenêtre. La rancœur que j'éprouvais s'est transformée en un tremblement qui m'a secoué de la tête aux pieds. Au-delà des vitres, il y avait le fleuve, les maisons, les voitures et les gens, mais je n'ai rien vu de tout cela. Je n'avais à l'esprit que ces deux yeux de glace qui me regardaient par-dessus le foulard de soie noire. Mes leçons de ténèbres progressaient vers une obscurité suffocante qui me rongeait comme un cancer, alimentée par la haine que je portais en moi.

Mes compagnons m'observaient en silence. Je les avais mis au courant de l'interrogatoire de Christiane Broustal et des quelques informations qu'il avait fournies, avant de me mettre à étudier les fichiers que Didier et Caron avaient trouvés sur l'ordinateur de Gustave.

Je suis retourné m'asseoir. Je ne savais même pas que, à l'époque de l'arrestation de Vastedda, Martine était consultante pour le bailleur de fonds du Louvre. Il est certain qu'elle n'avait pas pu oublier le faussaire.

– Il y a autre chose, a annoncé Didier, la réponse de Gustave, une autre de Martine assez intéressante et quelques photos bizarres.

Il a mis un tas de feuilles entre mes mains. Gustave avait tenté de rassurer Martine par des arguments plutôt tièdes :

Martine, j'ai lu sur Internet quelque chose concernant ce Pinturicchio. Je ne savais pas qu'il avait été aussi célèbre, mais il s'est écoulé plus de dix ans depuis son arrestation, il était déjà âgé à l'époque des faits et aujourd'hui il doit être quelque peu décrépit. C'est absurde de penser qu'il peut encore être en activité, tu ne crois pas ? Tu te stresses pour rien en tout cas, je ne l'ai jamais vu de ma vie, ni à l'atelier, ni, encore moins, sur les chantiers que nous avons mis sur pied ces dernières années. S'il n'en était pas ainsi, tu l'aurais déjà rencontré d'autres fois. Le fait que tu l'aies vu à l'inauguration d'une exposition ne signifie rien. C'est probablement un passionné d'art, n'importe qui ayant fait son métier le serait.

J'en parlerai à Marius à la première occasion, je suis sûr que lorsque tout sera éclairci nous en rirons bien. Je ne pourrais pas faire ce travail sans toi, je te garantis que tu n'as aucune raison de t'inquiéter.

À bientôt.

Gustave

Un mensonge après l'autre, j'avais moi-même assisté à sa rencontre avec Vastedda. Gustave le connaissait bien, ce type l'avait traité avec la patience et l'affection d'un vieil ami. Le cochon avait tourné autour du pot pour essayer de rassurer Martine. Au moment où il lui avait écrit le mail, il est probable que ses amis s'organisaient déjà pour l'éliminer parce qu'elle n'avait nulle intention de lâcher prise. Le mail suivant portait la date du jour précédant sa mort. Je l'ai lu à haute voix :

Crois-moi, Gustave, Pinturicchio a toujours été le meilleur et il est encore en mesure de travailler, j'ai sur lui des nouvelles récentes. Il est certainement en mesure de créer une reproduction parfaite qui, au moment opportun, pourrait remplacer un original sans que personne ne s'en rende compte, et même pendant que nous sommes en train de le photographier.

Je n'arrête pas de penser à cette éventualité, je crois même savoir ce qu'ils ont en tête, j'ai trouvé du matériel qui ne laisse aucun doute sur la question. Tu te rends compte de ce que cela signifierait ? Dans ce cas il n'y aurait aucune enquête, aucun bailleur méfiant. Le faux retournerait à la place de l'original et il faudrait peut-être des années avant que quelqu'un s'en aperçoive. Je suis quasi certaine qu'ils l'ont déjà fait d'autres fois.

Je ne suis pas en train de délirer, Gustave, aide-moi à découvrir ce qui se passe. J'ai fait quelques recherches et je crois que ce type et Marius se connaissent depuis longtemps. Je sais qu'ils se rencontrent périodiquement quelque part, dans un club ou quelque chose de ce genre. Avant-hier, cette femme rencontrée au dîner chez vous a essayé de me contacter. Nous l'avons vue avec le marquis au musée du Luxembourg, tu te rappelles ? Elle a demandé à me rencontrer mais j'ai répondu que je n'avais pas le temps. Le personnage ne me plaît pas.

Merde, Gustave, je sais que je te casse les pieds, mais tu es la seule personne qui puisse m'aider. De toute façon, sache que si d'ici demain je n'ai pas de réponse convaincante j'en parlerai à la police.

Martine

Nous nous sommes regardés en silence. L'hypothèse de Martine semblait assez fantaisiste. Pour être vraisemblable, une telle machination aurait eu besoin d'une superorganisation. Même si on voulait prendre Martine au sérieux, il manquait toutes les preuves. Elle avait même rencontré Madame Satin. Il ne pouvait s'agir que d'elle, la femme au dîner chez les Deshayes qui, entre-temps, étaient élégamment sortis de scène. J'étais impressionné.

– Intéressant, a relevé Alain, tu penses que ce Pinturicchio serait vraiment en mesure de faire ça ?

– Qu'est-ce que j'en sais ! Ici Martine dit même savoir ce qu'ils ont en tête.

Tu te rends-compte ? Il est possible qu'elle ait tout compris et, vu cette femme, c'est pour cela qu'ils l'ont tuée.

– Malheureusement Martine est morte, mon vieux. Par contre, Calogero Vastedda est toujours en vadrouille. C'est lui maintenant qui peut nous donner les informations dont nous avons besoin.

– Tu ne trouves pas étrange que Martine ait dévoilé son jeu à Gustave aussi ouvertement ?

– Elle pensait peut-être que cette limace était un véritable ami.

– Je ne sais pas, je n'arrive pas à comprendre, Alain, on dirait qu'elle avait une stratégie.

Il a tiré du paquet une de ses cigarettes au parfum âcre et l'a mise entre ses lèvres. Il l'a allumée en grattant une allumette sur le dessus de la table et a soufflé quelques bouffées qui se sont enchevêtrées dans l'air en montant au plafond. C'était sa façon de penser, fumer lui était indispensable, son cerveau en avait besoin. En traversant le corps de mon collègue, la nicotine en stimulait les neurones, les caressait, leur donnait de tendres baisers. Sans ses infectes Gauloises, Servandoni n'était plus bon à rien. Inutile de lui rappeler qu'elles le mèneraient précocement à la tombe, les bienfaits qu'il en retirait étaient suffisants à justifier le risque.

– J'ai l'impression que ce n'est pas par hasard que Martine travaillait dans cet atelier, a-t-il déclaré en me fixant à travers la fumée de sa cigarette.

– Mais qu'est-ce que tu racontes ? j'ai explosé.

– Lire ces mails donne l'impression qu'elle enquêtait.

– Martine essayait de comprendre certaines choses. Elle était photographe, Alain, pas policier.

Il a haussé les épaules :

– Peut-être, mais je connais des flics beaucoup moins déterminés qu'elle.

– Une chose est certaine, la personne qui l'a tuée voulait l'empêcher d'aller de l'avant, est intervenue Maëlis d'une voix sourde.

– C'est possible, a grommelé Alain, il est certain qu'elle a misé sur le mauvais cheval.

J'ai feuilleté en silence le reste des papiers que Didier m'avait donnés. Il s'agissait d'une série de photos d'une espèce d'engin en fer et bois avec quelques vis et des boulons. Elles étaient sombres, floues, et on comprenait difficilement de quoi il s'agissait.

– Qu'est-ce que c'est que ces photos ? ai-je demandé.

– Selon Guibert, il s'agit d'une sorte de support. Leur expert en photographies soutient que ce sont les détails d'un chevalet pour reproduire des tableaux et des gravures. Il trouve curieux qu'il soit complètement démesuré.

– C'est tout ? Un chevalet démesuré et rien d'autre ?

– Nous avons également trouvé celles-ci, on dirait les agrandissements d'une toile peinte.

Il m'a mis sous le nez quatre feuilles imprimées par un ordinateur sur papier photo. On voyait la trame d'un tissu couleur paille taché ici et là par un glacis rosâtre. Elle était tellement agrandie qu'on en distinguait chaque fibre.

– De quoi s'agit-il ? ai-je demandé en réprimant un bâillement.

Lents hochements de tête :

– Ils ne savent pas. Il y en avait une quarantaine répartie dans deux chemises, toutes plus ou moins semblables. J'ai dit à Caron d'imprimer ces quatre-là pour te montrer un échantillon.

– Aucune idée ?

Cette fois, ils ont haussé les épaules. Alain a fait le porte-parole du groupe :

– Ce sont probablement les agrandissements de la toile d'un tableau, comment veux-tu qu'on sache ?

– J'ai déjà vu des photos semblables, est intervenue Maëlis.

– Où ?

– Dans un atelier de restauration.

Silence. Beltramo et De Medici se pointaient à nouveau.

– Saunière et Guibert, qu'est-ce qu'ils disent de ça ?

– Guibert dit que, s'il avait le tissu, il pourrait faire des analyses, avec les photos il ne peut que hasarder des hypothèses. En tout cas, ils les a passées à la section Fibres et tissus.

J'ai rassemblé les quatre photos et je les lui ai rendues :

– Prends, Aurélien, et allez à la Scientifique. Essayez de recueillir des informations.

Cofferatti et Rogliatti sont partis.

Alain a bâillé :

– Les contrats de l'atelier prouvent simplement que la fondation s'occupe de financer des projets culturels à travers le monde. Pour l'instant, nous ne pouvons pas démontrer qu'ils sont au courant des trafics de Gustave et compagnie.

– Peut-être que quelqu'un utilise la fondation pour escroquer les commettants, a hasardé Maëlis. Il n'est pas exclu qu'ils aient une taupe à l'intérieur. Que savons-nous de son président ?

J'ai pris une des pages Internet que Leila avait imprimée pour moi.

– Marquis Guidaboldo Raschera-Bettelmatt di Roccaverano. Le dernier descendant d'une vieille famille piémontaise. Grand collectionneur et philanthrope, il a créé la Fondation Raschera-Bettelmatt pour gérer l'immense collection d'art religieux de la famille et pour financer des projets artistiques de grande importance. Immensément riche, extraordinairement cultivé, etc., etc.

J'ai posé la feuille :

– Dans son dernier mail, Martine parlait d'un marquis. C'est Gustave qui s'est toujours occupé des contrats avec la fondation sur lesquels travaillait Art-en-Images, ai-je réfléchi. Nous savons que sa femme et lui étaient impliqués. Si nous réussissons à établir une relation entre la mort de Martine et ce fantomatique marquis, peut-être que la police de Turin nous tendra la main.

– Ce n'est pas rien, a mugi Alain en s'étirant avec un grognement, si nous leur racontons le peu que nous savons, les collègues de Turin éclateront de rire. Ils ne se mettront certainement pas à enquêter sur un personnage du calibre de Raschera-Bettelmatt.

– Servandoni a raison, a soutenu Maëlis, nous devons arriver à Calogero Vastedda. Si l'hypothèse de Martine est vraie, alors tout dépend de lui. Ils feront tout leur possible pour nous empêcher de le trouver.

– Ce n'est qu'une question de temps. Les Brocs sont eux aussi en train de le rechercher et ils réussiront tôt ou tard à découvrir où il se cache.

– Si Leila a raison, a grommelé Alain, il n'est pas dit que les Brocs veuillent partager leurs histoires de famille avec nous.

Tout à coup, une immense lassitude s'est abattue sur mes épaules. Au cours de la journée, j'avais parcouru la ville en long, en large et en travers et maintenant la fatigue se faisait ressentir. Peut-être j'avais vraiment vieilli. Quelques années auparavant, j'aurais pu travailler une semaine d'affilée sans sourciller, en ne dormant même que deux heures par nuit.

On a frappé à la porte. Je me suis levé pour aller ouvrir. C'était un des plantons de service à l'entrée qui m'a remis une enveloppe blanche :

– C'est pour vous, commissaire, a-t-il dit en se frottant le nez du dos de la main, elle a été livrée par une espèce de matrone noire. Elle est propre, nous l'avons passée au détecteur.

– Je te remercie Hector, je l'attendais.

Il m'a fait une sorte de salut militaire et a tourné les talons. La porte refermée, je suis allé à ma table, j'ai ouvert l'enveloppe et j'en ai sorti un petit tas de feuillets. Olivia Amoako avait photocopié toutes les cartes des membres du club, divisées selon le sexe, puis elle les avait enveloppées dans une feuille sur laquelle elle avait écrit à la main une courte liste : cinquante femmes, soixante-six hommes et quatorze travestis.

– Qu'est-ce que c'est ? a demandé Coccioni en s'appuyant au dossier de sa chaise.

Alain a fini sa cigarette et l'a éteinte dans un cendrier en verre. D'un geste lent du bras, Deslandes a dispersé la fumée d'un air incommodé.

– La liste des membres de ce club, les *Liaisons Dangereuses*. Ce sont tous des noms et adresses bidons.

– Et qu'est-ce que tu vas en faire ?

– Je ne le sais pas encore, quelques vérifications croisées. Cette femme a peut-être fréquenté d'autres boîtes semblables en utilisant le même pseudo.

J'ai posé l'enveloppe de Mme Amoako sur la table, puis j'ai enfilé ma veste. J'ai ouvert la porte :

– Je rentre chez moi, les gars, j'en ai plein les couilles de cette journée.

J'ai croisé le regard de Deslandes :

– Vous avez besoin que je vous raccompagne, lieutenant ?

Elle a secoué la tête sans détacher ses yeux des miens :

– Je vous remercie, commissaire, j'ai ma voiture.

Sur le quai l'air était frais, il m'a ébouriffé les cheveux et a fait voltiger ma cravate. Je me suis promené jusqu'à ma « Karmann Ghia » en essayant de mettre de l'ordre dans le bordel que j'avais en tête. J'avais la sensation de tourner dans un de ces labyrinthes où tous les murs sont identiques, sans avoir la moindre idée où se trouvait la sortie.

Dehors, les gens et les voitures se mouvaient dans la douce lumière de cette fin d'après-midi, silhouettes floues ondoyant dans un liquide huileux. Le gazouillement de mon portable m'a fait sursauter.

– Ça va ? a demandé la voix d'Alain.

– Tout va bien, vieux, j'ai besoin de rester un peu seul.

– Tu veux venir dîner chez nous ? Karima serait heureuse de…

– Je te remercie, Alain, j'ai besoin d'une bonne nuit de sommeil. À demain matin.

– Je peux faire quelque chose pour toi ?

– Prends soin de *la* mannequin.

Il a ricané :

– Elle est ennuyeuse comme la pluie, elle ne parle que de toi.

– C'est ça, fais-la boire, tu verras qu'elle cessera tout de suite.

– À demain.

– Bien sûr, à demain mon vieux.

J'ai posé le téléphone, puis j'ai allumé la stéréo, et les notes de *How Many More Times* m'ont brusquement secoué. *Well, they call me the Hunter, that's my name*, ai-je chantonné avec Robert Plant, *Call me the Hunter, that's my fame. Ain't no need to hide, ain't no need to run, 'cause I've got you in the sights of my gun.*

La voiture s'est mise en marche avec un grondement métallique. J'ai passé la première et je suis parti.

17

J'ai été réveillé par le coup de téléphone de Maëlis. Pour une fois, ce n'était pas par la tête du lit de Mme Kaganovitch battant contre le mur de l'étage au-dessous.

Tôt le matin, ma propriétaire recevait de fringants hommes d'affaires pour lui gonfler l'ego, et pas seulement, avant de les expédier au bureau. La quarantaine, silhouette longiligne, et un brin de chirurgie donnaient à Mme Kaganovitch la séduction de la femme élégante et expérimentée. Sa clientèle était choisie.

Je l'avais sortie de l'embarras à plusieurs reprises et cela me valait une location qui, autrement, aurait été au-dessus de mes moyens. Tout l'immeuble lui appartenait, ce qui en dit long sur l'avantage de travailler dans la position horizontale avec un ministre allongé sur soi.

– J'ai des nouvelles très intéressantes, a dit ma collègue, joyeuse.

D'après ce que je compris dans l'abrutissement du sommeil, elle me priait de passer au commissariat pour jeter un coup d'œil sur l'extrait du rapport que son ami inspecteur lui avait envoyé de Turin.

D'une voix pâteuse, je lui ai répondu que je la rejoignais dans la demi-heure suivante. Je me suis levé, j'ai pris ma douche et me suis habillé. J'ai bu un café à saveur d'égout et mangé un reste de croissant qui a surgi dans ma main dès que j'ai claqué des doigts. Puis je suis sorti.

La journée était fraîche et ensoleillée, le petit air piquant qui entrait par la vitre me souffletait agréablement le visage. Je suis sorti du Marais en longeant le boulevard du Temple, puis République, et sur le boulevard Magenta j'ai appuyé sur le champignon, on roulait merveilleusement bien. Un quart d'heure après, je me garais dans les alentours du commissariat de Steinmetz.

Deslandes est venue au-devant de moi, très élégante dans une paire de pantalons rayés en soie grise et une veste noire cintrée et décolletée, à peine gonflée par le pistolet sous l'aisselle gauche :

– Vous allez un peu mieux ce matin ? a-t-elle commencé avec un sourire qui a illuminé son visage.

– J'ai réussi à dormir quelques heures. On peut considérer ça comme une amélioration. Si, de plus, vous m'offrez un vrai café, ma journée cessera de ressembler à un roman de James Joyce.

Nous nous sommes dirigés vers sa table de travail tout en mélangeant le liquide sombre avec les baguettes en plastique habituellement mastiquées par Rolland. J'en ai bu une gorgée en parcourant les documents que Maëlis avait glissés devant moi. Il était meilleur que le mien, mais encore à des années-lumière d'un bon café.

Elle a croisé les jambes en s'appuyant au dossier. Je me suis laissé distraire par son cou-de-pied fin et bronzé qui émergeait d'une Chanel en gros-grain noir, puis je me suis plongé dans la lecture du rapport.

Attilio Beltramo et Roberto De Medici avaient été assassinés dans la nuit du 15 mai précédent, vraisemblablement entre minuit et 2 heures du matin. Après les avoir tués, les assassins avaient mis le feu à la partie de la villa XVIIe qui faisait office d'atelier de restauration. Les pompiers, appelés par les voisins, avaient trouvé les cadavres à l'intérieur lors de l'état des lieux de ce qui restait du bâtiment.

Il y avait quelques photos que j'ai regardées attentivement. La villa avait des murs couleur crème et des volets vert d'eau. Elle semblait en mauvais état mais d'une certaine importance. On voyait un bout de jardin sur lequel donnaient le mur d'enceinte et deux autres édifices servant probablement d'entrepôts. La moitié de la structure principale et la serre en maçonnerie avaient brûlé.

– Vous espériez trouver une fontaine avec des statues de poissons ?

J'ai levé les yeux, surpris qu'elle sache lire dans mes pensées. Ses doigts jouaient avec une petite broche piquée au revers de sa veste, une fine feuille de ginkgo biloba en or.

– J'y ai moi aussi pensé, a-t-elle continué avec un sourire, mais cette villa n'est malheureusement pas la bonne.

– Il est singulier qu'après les avoir tués on ait mis le feu à l'atelier, vous ne trouvez pas, lieutenant ?

– On voulait détruire quelque chose, c'est évident.

– En effet, une perquisition aurait été intéressante, dommage… Vous avez remarqué que la maison n'a pas été fouillée ? Ils ont forniqué, puis ils ont été assassinés.

– Ce qu'on voulait faire disparaître a été détruit par le feu. Sommes-nous certains que ces deux-là étaient impliqués dans cette histoire ? a-t-elle demandé en mordillant son pouce.

J'ai haussé les épaules :

– Ben, le pistolet est le même que celui utilisé pour tuer Martine et Véronique, et leur activité avait certes des parentés avec celle de nos amis.

Nous nous sommes regardés un moment puis je suis retourné au roman noir de l'été : quand on les avait trouvés, Beltramo et De Medici étaient nus, liés comme des saucissons et bâillonnés, un sur le lit et l'autre par terre. Le rapport décrivait les liens comme très compliqués et semblables à un rituel. Les quelques photos jointes ne laissaient aucune espèce de doute, cordes et nœuds rappelaient le Shibari. La police locale avait dû elle aussi y penser, d'autant plus que des signes évidents d'activité de type sadomasochiste avaient été trouvés dans la pièce. Le rapport parlait de pratiques sexuelles hors normes. Ils avaient tous les deux été tués à coups de pistolet, une balle dans le cœur et une au milieu du front.

J'ai soupiré alors que l'image de Martine tombant sur le sol devant moi me déchirait, comme un éclair dans l'obscurité de mon esprit. Le second coup, à la tête, avait été la scène la plus violente et la plus cruelle à laquelle j'avais assisté de toute ma vie.

– Qu'avez-vous l'intention de faire quand nous la trouverons ? a demandé Deslandes en m'obligeant à la regarder dans les yeux.

J'ai haussé les épaules :

– Je ne sais pas.

– Si je suis présente, je ne vous laisserai pas la tuer, je veux que vous le sachiez.

– Je le sais, lieutenant, ai-je répondu en prenant une feuille, mais d'ici là il peut arriver pas mal de choses.

Elle a pris son café pour en boire une gorgée. J'ai repris la lecture du rapport. Aucune des empreintes trouvées sur la scène du crime n'avait conduit les enquêteurs à quelque chose de concret. Étant donné la dynamique de l'homicide, les investigations s'étaient immédiatement tournées vers le milieu homosexuel dans lequel les deux étaient, pour ainsi dire, des éléments notoires. Calibre .7,62, c'était tout ce que l'on connaissait de l'arme utilisée.

Il n'était venu à l'esprit de personne que le coupable puisse être une femme et encore moins Madame Satin dont les *Italiens* n'avaient évidemment jamais entendu parler.

– Si elle a pris la peine de les éliminer, c'est qu'ils représentaient un problème, ai-je dit en posant le fax sur la table, il est évident qu'ils faisaient partie du plan, quel qu'il soit. Bien sûr, le prouver avec certitude pourrait ouvrir une collaboration intéressante avec la police italienne.

– Vous pensez qu'ils l'ont déjà fait ? Je veux dire, quelle que soit la chose qu'ils aient en tête de faire.

– Je ne crois pas. Si la couverture, ce sont les contrats de l'atelier, ils agiront le mois prochain pendant l'exécution des travaux.

– D'ici quelques jours le personnel d'Art-en-Images part pour Turin et alors nous aurons les mains liées.

– Nous aussi nous irons à Turin, ai-je affirmé en me mettant debout.

-Nous n'avons aucune autorité en Italie, nos supérieurs ne nous le permettront pas.

– Alors il ne nous reste qu'à nous magner le cul. Nous avons encore quelques jours pour mettre sur pied une histoire convaincante à raconter à Le Normand. C'est lui qui peut nous ouvrir les portes du *Bel Paese*.

Elle a ramassé toutes les feuilles et les a glissées dans une chemise. Je suis resté là à la contempler pendant qu'elle mettait rapidement de l'ordre sur sa table. Elle a senti mon regard sur elle et ses yeux ont rencontré les miens. Ses lèvres se sont étirées en un sourire patient. Elle a pris les gobelets à café et les a jetés dans la corbeille à papier.

– Autre chose, commissaire ?

– Je vous contemplais seulement. Vous êtes très séduisante.

Elle a détourné son regard en rougissant légèrement. Ses lèvres ont à nouveau souri, d'une façon douce cette fois.

– Comment se fait-il que vous parliez si bien l'italien, lieutenant ? ai-je demandé pour atténuer sa gêne.

Après l'école, j'ai demandé et obtenu une année de spécialisation à Rome, une partie du cours de formation des Nocs.

J'ai haussé les sourcils :

– Antiterrorisme et opérations spéciales, je ne pensais pas que vous étiez une femme de cape et d'épée.

Elle a ri :

– Une fois le stage actuel au commissariat terminé, j'aimerais la Sous-direction de l'Antiterrorisme. La SDAT m'a toujours fascinée, c'est tout.

– C'est à Rome que vous avez connu votre ami inspecteur ?

– Oui, c'était mon instructeur.

– Si nous allions à Turin, vous pensez qu'il serait en mesure de nous aider ?

Elle m'a regardé droit dans les yeux :

– Vous êtes en train de me demander s'il pourrait nous aider à trouver cette femme ?

– Aussi.

– Je pense que oui, Francesco est un type capable. On y va ?

Nous avons rencontré Rolland dans les escaliers. Nous nous sommes salués moins froidement que d'habitude, jouer ensemble avec des dinosaures crée des affinités. Puis nous sommes sortis à la lumière du soleil.

Nous avons marché côte à côte jusqu'à ma voiture. En attachant sa ceinture de sécurité, Deslandes a heurté avec son genou la boîte à gants qui s'est ouverte.

La petite trousse à maquillage rouge de Martine est tombée sur le tapis avec un bruit sourd en même temps qu'une enveloppe couleur ivoire. Deslandes l'a ramassée et me l'a tendue. Elle était adressée à Art-en-Images, 5, place de la République, 75010 Paris, à l'attention de M. Devaux. Le timbre de la poste italienne, oblitéré par un tampon baveux, indiquait qu'elle avait été expédiée fin avril. Côté face était imprimé en relief le logo BDM près d'un chapiteau stylisé. En détachant l'enveloppe, Martine avait rendu l'adresse illisible.

J'ai regardé ce qu'elle contenait : une série d'échantillons d'un tissu à l'aspect vieux et jauni. La plupart étaient tachés par une légère rouille. Dans l'ensemble, ils étaient quelque peu répugnants.

– De quoi s'agit-il ? ai-je lancé en faisant la grimace.

– On dirait des morceaux de toile. Je me demande pourquoi c'est Martine qui avait l'enveloppe.

Je l'ai retournée pour relire l'adresse :

– C'est ce que nous devons demander à Marius Devaux.

Martine devait l'avoir sur elle quand elle est passée me prendre quai des Orfèvres. Elle l'avait mise dans la boîte à gants en même temps que sa trousse pour ne pas avoir à les emporter à l'hôtel *Meurice*. Que pouvait-elle bien vouloir en faire ?

Mon téléphone s'est mis à gazouiller. Alain m'appelait.

– Je t'écoute.

– On a une urgence, deux cadavres dans la Seine.

– Qui ?

– Aucune idée, deux femmes. On a été appelés par des gars du XVIe qui les ont trouvées ce matin au port d'Auteuil. Ils te veulent là-bas.

– En quoi ça me regarde ?

– Bremond dit qu'un des cadavres porte sur elle un message pour toi.

Nicolas Bremond était un jeune commissaire du XVIe. Je suis resté coi, alors que Maëlis me regardait sans sourciller.

– Secoue-toi, a insisté Alain, un bateau de la Fluv nous attend ici en bas.

– Un message ? ai-je bredouillé. Quel putain de message ?

– Comment veux-tu que je sache, quand tu arriveras nous le découvrirons ensemble.

Légère palpitation :

– J'arrive.

Gyrophare fixé sur le toit, j'ai démarré sirènes déployées. Quand j'ai tourné sur le boulevard Barbès, Maëlis m'assaillait déjà de questions.

J'ai regardé l'eau verte du fleuve qui bouillonnait d'écume en s'éloignant de la poupe du bateau. Les nuages réfléchis y ondulaient comme déformés par la chaleur, pour ensuite se recomposer à nouveau un peu plus loin. Nous avons croisé deux grands bateaux-mouches qui remontaient le courant en direction du Vert Galant. J'étais en train de regarder distraitement la masse couleur rouille de la tour Eiffel devant laquelle nous passions quand Wassim m'a apporté une tasse de café fumant en souriant :

– Pour toi, commissaire.

– Merci, j'en ai vraiment besoin.

J'avais connu Wassim Bedreddine pas mal de temps auparavant, dans des circonstances qui avaient mis en péril la vie de chacun de nous deux. Sbire à la Fluviale et beau-frère de Servandoni, il aimait l'eau, et cet aspect qu'offre la ville quand elle défile au-dessus de toi comme si elle appartenait à un autre univers. « Sur le fleuve tout est plus propre », disait-il souvent. Quand je lui avais offert d'entrer dans notre équipe, il avait tout simplement refusé de laisser son travail. C'est pour cela qu'Alain l'appelait toujours lorsqu'on avait besoin d'aller en bateau sur la Seine.

– On en a encore pour dix minutes, si tu as besoin de quelque chose je suis là.

Il a rejoint Servandoni à la proue. Mon collègue fumait une de ses cigarettes pestilentielles tout en bavardant avec le flic à la barre. Le soleil commençait à taper méchamment, mais l'air du fleuve était frais et agréable.

Nous sommes passés devant la Maison de la Radio, puis le bateau s'est enfilé dans le canal entre la rive et l'île aux Cygnes. Le pilote a ralenti l'allure en laissant la longue étendue de terre à bâbord. Le pont de Grenelle dépassé, il s'est dirigé vers les deux préfabriqués flottants du port d'Auteuil.

Sur la rive, il y avait plein de flics en uniforme et en civil. Ils essaimaient sur le quai en essayant d'avoir l'air affairé. Deux plongeurs de la Fluv venaient d'entrer dans l'eau en se laissant glisser de l'étroite plate-forme sur le côté d'un des petits édifices flottants.

Voitures de patrouille, fourgonnettes et ambulances étaient garées sur le boulevard, gyrophares allumés. Au milieu de cette cohue, j'ai entrevu la silhouette du docteur Delarche qui attendait soigneusement la fin des relevés, sachant bien que ses patientes n'iraient nulle part ailleurs.

Le collègue de Wassim a réduit la vitesse au minimum, puis, alors que la proue s'enfilait entre le ponton des Glénans et l'autre édifice, il a freiné en inversant la poussée du moteur dans un bouillonnement d'écume blanchâtre. L'embarcation s'est arrêtée en biais contre une balustrade de métal gris à laquelle Wassim l'a amarrée avec une corde blanche.

Un photographe de la Scientifique était en train de prendre la scène du crime, perché sur l'une des barres maintenant les cahutes ancrées à la rive. Les cadavres avaient été abandonnés contre la berge en pierre, à demi immergés dans l'eau trouble du fleuve parmi des ordures de toutes sortes. Deux femmes nues, liées dos à dos par le cou, les coudes, la taille et les chevilles. L'une dépassait de la surface de l'eau, l'autre était presque complètement submergée.

La peau de Christiane Broustal était d'un blanc verdâtre. Des mèches blondes étaient restées collées au visage alors que le reste des cheveux ondulait autour de la tête. Ses lèvres exsangues étaient étirées en une grimace effrayée, à travers les paupières presque complètement baissées les yeux fixaient le ciel sans le voir. Les deux trous des projectiles, un dans le cœur, l'autre dans le front, étaient noirs et propres. La signature de la maudite salope.

Elle avait écrit son message pour moi sur la poitrine de Christiane avec un stylo indélébile :

« Stop Mordenti, Madame S. »

Cela mettait les choses sur un plan résolument personnel.

J'ai soupiré en me massant les paupières de la pointe des doigts. C'était peut-être un cauchemar, si pendant quelques secondes je ne regardais pas je me réveillerais dans ma chambre. Depuis plusieurs jours, je n'avais que de monstrueuses visions auxquelles je ne parvenais à échapper qu'en me levant du lit le matin. Une de plus, une de moins, quelle différence ?

Ça ressemblait à un mauvais rêve, mais tout était bien là sous mes yeux.

– *Ce marécage exhalant forte puanteur ceint la douloureuse cité où nous ne pouvons désormais entrer sans colère*... a déclamé Wassim derrière moi. C'était une de ses manies de toujours citer *La Divine Comédie*.

– Qui est-ce ? a demandé Alain.

– La directrice de l'école maternelle que Deslandes et moi avons interrogée à Bicêtre.

– Celle du week-end avec la tueuse folle ?

– Tout à fait.

Il a passé une main dans ses épais cheveux ébouriffés :

– *Cristo santo*... Et l'autre, qui est-ce ?

Le corps de la deuxième femme était maintenu sous l'eau par le poids de Christiane.

– Je ne sais pas, mon vieux.

Le photographe a fini de faire son travail. Les plongeurs se sont approchés des deux cadavres et ont commencé à les entourer de l'élingue que les flics de la Scientifique avaient fait descendre du haut de la rive. Penchés aux fenêtres des immeubles voisins, des centaines de personnes jouissaient de ce spectacle hors programme. Pas d'interruptions publicitaires, aucun entracte, tout en direct. Il ne manquait que les pop-corn.

Afin de ne pas faire racler les corps contre le mur en les remontant hors de l'eau, un des hommes-grenouilles les a éloignés en tirant sur un bout de l'élingue. En procédant de cette façon, les corps se sont tournés d'un demi-tour et je me suis retrouvé face à la jeune bondagette qui m'avait donné la becquée pour trouver Christiane Broustal.

– Oh, non, pas elle ! j'ai murmuré, stupéfait.

J'ai dû pâlir car Servandoni m'a pris par un bras :

– Eh, mon vieux, qu'est-ce qui t'arrive ?

Je me suis assis sur la tôle rouillée du pont, jambes pendantes au-dessus de l'eau avec une sensation de vertige qui m'attirait inexorablement vers l'abîme. Je n'arrivais pas à détacher mes yeux de ce corps sans vie. Elle était presque encore une enfant, *dio cristo*, je n'étais pas certain qu'elle ait atteint vingt ans. Une douleur sourde m'a traversé le cœur, le griffant comme la pointe d'une lance. Alain s'est accroupi à côté de moi. Mes yeux se sont remplis de larmes, mais, comme je suis un homme accompli, un flic dur et cynique, je les ai ravalées. Une seule a réussi à atteindre mes lèvres, impertinente et indisciplinée. Elle était salée. Je m'en suis libéré du revers de la main.

– Tu la connaissais ? m'a demandé Alain.

J'ai revu cette gamine insolente me faisant de l'œil depuis la chaise sur laquelle elle était attachée. Au téléphone, sa voix avait été joyeuse, pleine de l'insouciance effrontée que l'on a quand la vie vient à peine de commencer. Maintenant la sienne était finie, et de la pire des manières.

– Oui, elle est morte pour m'avoir parlé au téléphone.

Il a retiré un flacon de sa poche et me l'a tendu :

– Avale une gorgée, tu es blanc à faire peur.

L'alcool m'a donné une bonne claque en fixant ces images dans ma tête d'une façon indélébile. Une telle haine, je ne l'avais jamais éprouvée, je pouvais la modeler et lui donner forme. Elle semblait vivante.

– Je ne veux pas qu'une seule parole de ce satané message sorte dans les journaux. Je ne veux ni noms ni photos. Et surtout je ne veux pas que le nom de cette salope circule, n'en faisons pas une héroïne. Rends-moi le service d'en parler à Le Normand.

– Alain a mis une Gauloise entre ses lèvres et l'a allumée en grattant une allumette contre le pont. Il a soufflé un petit nuage blanc qui s'est délayé dans le soleil :

– Je m'en occupe.

Les deux cadavres ont été étendus sur la rive. Le photographe a encore pris quelques détails de l'écriture, des nœuds et des trous de projectiles. Puis elles ont été séparées. Delarche s'est approché pour les examens d'usage, m'a escorté et a fait un signe pour me dire qu'il m'appellerait plus tard.

Mon regard a croisé celui de Bremond qui se trouvait à côté du médecin.

En tant que maître de maison, l'enquête était, pour l'instant, du ressort de son commissariat. J'ai répondu au signe de salut qu'il m'a adressé, puis j'ai montré les deux femmes, puis j'ai montré Alain et moi. Je voulais qu'il soit clair que c'était notre affaire. Il a consenti sans un mot, d'un léger mouvement de la tête.

Deux flics ont isolé le périmètre avec deux paravents mobiles pour cacher les corps à la vue des curieux. Delarche a ouvert son sac et a commencé ses dégoûtantes pratiques.

– Partons, ai-je dit à Wassim.

Son collègue a mis le moteur en marche et toute la coque a tremblé. La corde d'amarrage a été larguée et le bateau a reculé en se détachant de la rive avec une forte secousse. Pendant que je me remettais debout, l'air du fleuve m'a violemment giflé le visage. Je me suis penché par-dessus bord et j'ai vomi dans l'eau, deux longs jets qui m'ont décroché l'estomac.

Alain a attendu que je me nettoie avec un mouchoir puis il m'a redonné son flacon. J'ai bu une bonne gorgée de rhum. Il est descendu, brûlant le long de ma gorge en faisant de son mieux pour me remettre d'aplomb.

Le timonier a fait un ample virage en glissant vers l'île. Nous sommes passés devant la Statue de la Liberté, puis nous avons dirigé la proue nord-est et l'embarcation a commencé à remonter tranquillement le courant.

18

– Je vous rappelle que Madame Satin a déjà tué cinq personnes. Si vous ne me dites pas immédiatement ce que vous savez, je fais écrire dans les journaux que vous avez collaboré avec nous et si ça continue comme ça avant demain soir votre cadavre flottera sur la Seine. Je me suis fait comprendre ?

L'assurance a abandonné le visage arrogant d'Olivia Amoako :

– Vous ne pouvez pas…

– Je fais ce que je veux, continuez à fermer votre gueule et vous vous en rendrez compte toute seule.

Elle a mis une longue cigarette marron entre ses lèvres épaisses et l'a allumée avec un briquet en plastique vert :

– Je suis triste de la mort de la gamine, croyez-moi.

– En effet, je vois que vous êtes ravagée. Vous savez comment elle s'appelait ?

– Ici tout le monde l'appelait « la blonde ». Comme je vous l'ai dit, je ne connais pas le vrai nom des membres du club.

– Faites attention, madame, je vous rappelle que vous risquez d'être accusée de complicité d'homicide.

Elle m'a regardé avec un air de défi. Ses sourcils orange lui donnaient l'air insolent. Elle a soufflé un nuage de fumée :

– Je n'ai tué personne, moi ; je vous ai dit qu'elle était partie après vous. Je ne sais pas ce qu'elle a fait une fois sortie d'ici ni qui elle a rencontré.

– Pour autant que nous le sachions, vous auriez pu la tuer, vous, est intervenu Alain, peut-être pour rendre service à Madame Satin.

– Vous êtes malade, pourquoi je l'aurais fait ?

– Pour de l'argent, parce que vous êtes de mèche avec ces gens, parce qu'ils vous font chanter, des raisons on peut en trouver autant qu'on veut. Vous pouvez l'avoir enlevée pour la leur livrer.

Elle est restée silencieuse à regarder sa cigarette brûler lentement.

– Ils m'ont téléphoné, a-t-elle enfin lâché, hier après-midi.

– Qu'est-ce qu'ils vous ont demandé ?

Nous nous sommes fixés un instant, puis elle a baissé le regard pour éteindre sa cigarette dans une moitié de coquille ébréchée servant de cendrier.

– Ils voulaient savoir qui était présent quand vous êtes venus ici.

– Qui vous a téléphoné ?

– C'était une femme.

– Vous la connaissiez ?

– Non.

– Ça pouvait être Madame Satin ?

Elle a haussé les épaules :

– Je n'en sais rien, je ne connais pas sa vraie voix.

– Quelles relations avez-vous avec ces gens ?

– Ils me donnent de l'argent et paient tous les frais du local.

Je l'ai scrutée dans le fond des yeux, ils étaient foncés avec la sclérotique jaunâtre vaguement injectée de sang. Saunière et ses fourrageurs étaient en train de retourner sa baraque de fond en comble. Le club était plein à craquer de policiers.

– Que voulait savoir cette femme ?

– Elle m'a demandé si la blonde avait assisté à notre entretien.

– Et vous l'avez donnée en pâture à ces bêtes féroces. *Brava*…

– Je ne pouvais pas faire autrement, a-t-elle répondu en allumant une autre cigarette. Ils ne plaisantent pas, ceux-là. Et puis je pensais qu'ils voulaient seulement lui faire peur.

– C'est ce qu'ils ont également fait, vous pouvez le parier, madame Amoako.

Martinez est entré dans le bureau :

– Commissaire, nous avons trouvé des dessins érotiques. Le capitaine Coccioni dit qu'ils pourraient vous intéresser.

Alain et moi nous sommes regardés. Olivia Amoako a allumé une autre cigarette. J'ai laissé deux flics monter la garde auprès d'elle et avec Servandoni j'ai suivi Martinez dans le dépôt.

Au milieu d'une forêt de croix de saint André, de carcans, garrots et autres objets inquiétants, les sbires de François étaient encore en train de fouiller le taudis. De toutes parts étaient accrochés chaînes, grands fouets, petits fouets, chats à neuf queues. Coccio et Flamant regardaient des papiers étalés à côté d'une petite forêt d'énormes oiseaux en caoutchouc. L'odeur était désagréable, un mélange de sale, de sueur et d'urine. Nous nous sommes approchés.

– Elles étaient dans une petite boîte, a dit Michel.

Je les ai feuilletées. Il s'agissait, pour la plupart, d'esquisses d'après nature d'hommes et de femmes liés, silhouettes entières, détails, parfois plus d'un dessin par feuille. C'était des sanguines exécutées avec une maestria qui m'a laissé pantois. Si on m'avait dit qu'elles provenaient tout droit de la Renaissance, je n'aurais pas hésité à le croire. L'artiste s'était surtout concentré sur les expressions des sujets, parfois amusées, parfois souffrantes. Même les mains et les membres entravés par les cordes avaient attiré sa curiosité. Les détails étaient souvent dessinés avec une méticulosité presque maniaque. Sur beaucoup, une signature apparaissait avec un simple P.

– Pinturicchio, a constaté Alain, et Amaoko, où les a-t-elle prises ?

– Christiane a dit que Vastedda venait souvent au club. Pendant que les autres pratiquaient, lui passait son temps à dessiner.

Il y avait aussi quelques paysages parmi les feuillets, un jardin avec des magnolias fermé par une haute haie de buis. Dans le fond, une espèce de kiosque vert en assez mauvais état. Ces paysages étaient signés CV.

– Vous avez une idée de l'endroit ? ai-je demandé à mon entourage.

Mouvements de têtes. Alain m'a même pris le dessin des mains pour mieux le regarder, mais son examen hautement professionnel n'a donné qu'un résultat négatif. Nous sommes retournés auprès d'Olivia Amoako.

– Comment avez-vous eu ces dessins ?

Elle les a feuilletés d'un air ennuyé :

– Un des membres me les a offerts.

– Vous les avez eus de lui en personne ?

– Oui, c'est un vieux qui vient ici de temps en temps pour dessiner. Un type un peu excentrique qui passe son temps à faire le portrait des gens pendant qu'ils pratiquent le bondage.

– Vous avez une idée de qui est cet homme ?

– J'imagine que c'est une sorte d'artiste.

– Quand l'avez-vous vu pour la dernière fois ?

– Le soir du stage de Madame Satin.

Elle a posé les feuilles sur la table et s'est massé le visage de la pointe des doigts. Elle commençait peut-être à réaliser qu'elle était dans le pétrin, elle soupira en se tassant sur sa chaise :

– Écoutez, moi je ne fréquente pas ces gens, je ne sais même pas qui ils sont.

Je prends l'argent pour payer les frais et garder mon club ouvert, c'est tout.

– Et Madame Satin ?

– Je l'ai vue ce soir-là pour la première fois.

Alain a tiré de sa poche une instantanée, une photo de groupe du personnel d'Art-en-Images. Ils y étaient tous : Chappaz,

Devaux, Gustave, Martine, Lalanne et tous les autres. Il l'a tendue à Olivia en se penchant vers elle.

– Madame Amoako, dites-nous qui de ces personnes fréquentent votre club.

Elle l'a regardée quelques secondes puis a montré Gustave :

– Lui, je le vois souvent, il vient toujours avec une femme brune.

– Observez-les attentivement. Vous voyez quelqu'un d'autre que vous connaissez ?

– Ce type aussi est venu quelquefois, a-t-elle grogné en indiquant Devaux, mais je ne me rappelle pas qu'il pratiquait, je crois qu'il devait seulement rencontrer quelqu'un. Les autres, je ne pense pas les avoir jamais vus.

Alain semblait assez mécontent :

– C'est tout ? Personne d'autre ?

La femme a secoué la tête en continuant de fixer la photo :

– Attendez… – elle a hésité – elle était coiffée autrement, mais elle aussi est venue ici deux ou trois fois, a-t-elle dit en indiquant Martine.

– Qu'est-ce que vous racontez ? ai-je éclaté.

– Je vous dis que je connais cette femme, a-t-elle insisté, elle est venue deux ou trois fois le mois passé. Elle a fait semblant de chercher un ami mais en même temps elle posait un tas de questions.

– Quel genre de questions ? a demandé Alain.

Elle a fait un geste vague en arquant ses faux sourcils orange :

– Elle voulait savoir ce qu'on faisait ici, qui y venait, qui son ami rencontrait, ce genre de choses. Je pense qu'elle aussi voulait le faire mais qu'elle n'avait pas le courage.

Nous sommes restés silencieux. Alain m'a regardé d'un air irrité puis son regard est retourné à la photo qu'Olivia Amoako avait dans les mains.

– Vous n'avez jamais vu cette femme ? a-t-il demandé en indiquant Gabrielle Lalanne.

– Non, elle, je ne l'ai vraiment jamais vue.

– Nous l'avons regardée, déçus. Elle ne nous dirait rien d'autre, elle avait trop peur. Je l'ai compris à l'expression décidée avec laquelle elle a rendu la photo à Servandoni.

– Emmenez-la au poste et faites-la surveiller, ai-je ordonné aux deux flics, elle ne doit rencontrer personne.

Ils l'ont empaquetée et ont disparu. Alain a allumé une cigarette et l'a fumée un instant en fixant la photo qu'il avait en main.

– Je te l'avais dit, mon vieux, Martine enquêtait.

– En effet, une brebis au milieu des loups, qui sait ce qu'elle avait en tête.

J'ai appelé Metzger, lui ai demandé d'embarquer Deslandes et de passer me prendre au club. J'avais le cafard, cette histoire de Martine posant des questions dans cet endroit merdique ne me revenait vraiment pas. Peut-être filait-elle Gustave, elle avait peut-être compris que la manie du bondage était l'adhésif qui liait le groupe. Elle avait peut-être même compris qui était Madame Satin.

– Et maintenant ? a demandé Alain.

– Moi, je fais un saut à Art-en-Images avec l'enveloppe que nous avons trouvée dans ma voiture. Toi, prends les dessins et montre-les à un spécialiste du département documents. On se revoit plus tard.

En sortant à l'air libre, j'ai poussé un profond soupir tandis que le sang faisait battre mes tempes.

Les coups d'œil de deux employés ont distraitement suivi nos pas jusqu'à la porte du bureau de Lalanne. Gabrielle était en train de téléphoner, ton sec et voix basse, elle ne s'est même pas aperçue de notre présence. Appuyé contre le chambranle de la porte, j'ai attendu qu'elle la boucle.

– Non, disait-elle, quand c'est trop c'est trop, ne me raconte pas d'histoires… Non, je ne le crois pas… Non, tu… non, tu m'as dit… Laisse-moi parler, tu as dit qu'il ne serait rien arrivé, que tu l'aurais laissée… Si, tu as dit qu'elle ne savait rien… Tu as dit exactement cela, pauvre con… Non… arrête de dire des idioties… justement… et, au contraire maintenant, c'est le bordel complet… Oui, le bordel complet.

Elle a soupiré pendant que son interlocuteur disait quelque chose. Puis elle m'a découvert, s'est redressée l'air extrêmement contrarié, et a poursuivi sèchement :

– Écoute, maintenant je n'ai pas le temps de parler, je t'appelle demain matin… Non, je ne veux pas… Je t'ai dit que je t'appelais demain matin, salut.

– Elle a posé le combiné en me fixant avec animosité. Elle semblait avoir été surprise en pleine crise sentimentale, à moins qu'il ne s'agisse d'autre chose.

– Nous devons parler à Chappaz et Devaux, j'ai annoncé sans attendre qu'elle me demande ce que je voulais.

– Il n'y a que M. Devaux, a-t-elle répondu en reprenant un brin de couleur et son air ennuyé :

– Chappaz est en déplacement jusqu'à demain.

– Devaux ira très bien, annoncez-nous, s'il vous plaît.

Elle a repris le téléphone en main en appuyant sur un bouton rouge :

– Il y a les messieurs de la police, ils voudraient vous parler.

Devaux a dû répondre que la chose le transportait de joie car Lalanne a raccroché en se tournant vers nous :

– Il vous attend.

Elle n'a même pas fait mine de nous accompagner. Elle a ouvert une chemise et s'est mise à affranchir le courrier de l'atelier. Deslandes et moi nous sommes dirigés vers le bureau de Marius Devaux. Il nous a interceptés dans le couloir pour nous conduire vers l'habituelle salle de réunion. Une paire de poignées de main est tout ce à quoi nous avons eu droit. Quand on expédie au créateur la moitié de ta boîte, tu as envie de tout sauf d'inutiles chichis.

Nous nous sommes assis aux trois coins. Pour rompre la glace, je lui ai mis sous le nez l'enveloppe avec les bouts de tissu :

– Pouvez-vous me dire pourquoi c'est Martine qui avait ça ?

Il l'a retournée dans ses mains soignées, a vérifié le contenu et l'adresse puis m'a regardé, surpris :

– Je n'en ai pas la moindre idée. Ce que je sais, c'est que nous l'avons cherchée partout.

– Elle se trouvait avec d'autres effets personnels de Martine. Nous nous demandions comment il se faisait qu'elle ait parmi ses affaires une enveloppe adressée à vous, monsieur Devaux.

Il a haussé les épaules de son costume coûteux mais peu élégant en continuant d'inspecter le contenu.

– C'est Gabrielle qui s'occupe de la correspondance. Chacun de nous a une boîte dans laquelle est glissé le courrier trié par elle. Martine et moi avons… avions presque le même nom, il est déjà arrivé que Gabrielle mette mes lettres dans la boîte de Martine et *vice versa*. C'est probablement ce qui s'est passé.

Ça ne faisait pas un pli, ils avaient réponse à tout là-dedans. Presque pour tout.

– Vous pouvez me dire ce que sont ces bouts de tissu ?

– Des échantillons.

– Vous pourriez être plus précis ? a demandé Maëlis.

– Eh bien, il nous arrive parfois de devoir situer dans le temps certaines photos, de sculptures antiques par exemple. Dans ce cas, nous utilisons en général des tissus vieillis avec lesquels nous créons un décor. Dans le cas de publications prestigieuses, cela augmente beaucoup l'agrément de l'image.

Il a vu que nous étions perplexes, il s'est alors levé pour aller prendre un gros volume dans la bibliothèque qui occupait le mur entier près de la porte. Il l'a ouvert et l'a posé devant nous. Des photos de christs et de madones remplissaient la page. Le photographe avait placé les sculptures au milieu d'un drapé fluide et sophistiqué. J'ai distraitement feuilleté quelques pages avant de le refermer. Devaux est retourné s'asseoir et a croisé les doigts devant lui avec l'air d'un proviseur qui reçoit deux étudiants bornés.

– Il y a un logo sur l'enveloppe, vous savez de quoi il s'agit ?

– J'imagine que c'est un fournisseur, je ne les connais pas personnellement.

– Vraiment ? Les noms de Beltramo et De Medici ne vous disent rien, monsieur Devaux ?

Il a fait une grimace :

– Ce sont des restaurateurs italiens avec lesquels nous ne travaillons plus.

– Cela, je veux bien le croire, ils ont tous les deux été éliminés à coups de pistolet.

Si la chose lui déchirait le cœur, il ne l'a pas laissé voir.

– Je me rappelle, un règlement de comptes entre homosexuels, si je ne me trompe pas.

– Pourtant cette enveloppe vient de chez eux. BDM sont leurs initiales, ne croyez-vous pas ?

– Nous attendions ces échantillons avec impatience, comme ils n'arrivaient pas nous les avons accusés de négligence et il y a deux mois nous avons cessé tout rapport avec leur atelier. Je ne pouvais pas imaginer que c'était Martine qui avait l'enveloppe, elle n'en a jamais touché mot.

Froid et fuyant comme un serpent.

– Qui vous a envoyé ce matériel ? ai-je demandé d'un air peu convaincu.

– La Fondation Raschera-Bettelmatt. Dans quelques jours, nous allons faire un travail très important pour l'archevêché de Turin, ce sont les échantillons du matériel que nous avons commandé sur place.

– Qui est votre interlocuteur à la fondation ?

– La dottoressa Franciska Szathmary, la directrice. C'est une importante spécialiste d'art sur bois des XIIIe et XIVe siècles.

J'ai pris dans ma poche mon bloc-notes et mon vieux stylo Sheaffer.

– Comment diable est-ce que ça s'écrit ?

Il a épelé.

– Elle est hongroise. Je peux faire autre chose pour vous ?

J'ai écrit le nom de la femme, la directrice, puis j'ai rentré plume et carnet.

Maëlis s'est éclairci la gorge :

– J'imagine que vous connaissez le marquis Raschera-Bettelmatt.

– Depuis des années, c'est l'un de nos principaux clients, un homme de grande culture et un collectionneur très raffiné.

Son calme à toute épreuve me mettait les nerfs à vifs, mais moi, j'avais une petite torpille à lui expédier dans le derrière. J'ai pris dans ma poche la photo de Pinturicchio et l'ai posée sur la table.

– Connaissez-vous aussi cet homme ?

Il l'a regardée attentivement alors que son expression relaxe volait en éclats. Deslandes nous a observés en silence, bras croisés et visage privé d'expression.

– Je dirais qu'il s'agit de Calogero Vastedda, a-t-il admis d'une voix mal assurée, si je ne me trompe pas il devrait être en prison.

– Il en est sorti depuis longtemps, monsieur Devaux, et depuis il est introuvable. L'avez-vous, par hasard, rencontré récemment ?

– Vous plaisantez ? Cet homme est un délinquant.

– Vous seriez surpris si je vous disais que cet individu fréquentait Gustave Deshayes ?

– Cela me surprendrait, certainement.

– Que pensez-vous qu'il ait voulu obtenir de lui ?

– Je ne sais pas, mais, étant donné le genre de commandes que nous avons en cours, cette relation me déconcerte quelque peu. En admettant que ce que vous me dites soit vrai.

– Je peux mettre ma main au feu. Quel devait être le rôle de Deshayes dans ces travaux ?

– Photographier les œuvres de Mantegna.

– D'après les contrats, il résulte que c'est Martine qui devait s'en occuper.

Il a fait un geste vague :

– Deshayes en aurait eu la direction.

– Maintenant, qui les photographiera ?

– Nous cherchons un remplaçant qui soit à la hauteur. Si nous ne le trouvons pas, je les prendrai moi-même.

J'avais du mal à comprendre jusqu'à quel point Devaux et son associé étaient impliqués dans cette vilaine histoire. Comme propriétaire de la baraque, ils devaient l'être de quelque façon, il semblait étrange que tout ce mouvement puisse se faire sous leur nez sans qu'ils s'en rendent compte. Malheureusement, dès que l'on disait un mot de trop, une troupe d'avocats surgissait, l'écume à la bouche, prêts à te faire dévorer par le préfet en personne.

– Je n'ai pas l'impression que l'apparition de Vastedda vous préoccupe outre mesure.

– C'est votre problème, commissaire. Revoir ce délinquant dans le circuit ne me fait pas plaisir, mais qu'est-ce que je peux y faire ?

– Après l'avoir rencontré, Gustave et sa femme ont été assassinés. Il est évident que votre employé n'était pas un petit saint.

Il a fait une grimace embêtée :

– La chose m'a, en effet, énormément surpris. Mais leur homicide a un mobile d'origine indubitablement sexuelle. Leurs perversions n'ont rien à voir avec cet atelier et encore moins avec un faussaire comme Vastedda.

– L'homicide de Martine n'avait rien de sexuel, monsieur Devaux. Aussi bien elle que Deshayes ont été tués par la même personne et avec la même arme.

Il est resté silencieux. Ne pouvant pas lui arracher les ongles avec une pince, nous nous sommes levés. J'ai repris la photo et retiré d'entre ses doigts l'enveloppe avec ces répugnants morceaux de tissu.

– Ces échantillons me sont utiles, a-t-il protesté en faisant la tronche, vous ne pouvez pas les prendre.

– Désolé, ce sont les pièces d'une enquête pour meurtre.

Nous l'avons laissé méditer sur son futur peu joyeux et avons parcouru le couloir en sens inverse jusqu'au bureau de la secrétaire.

Gabrielle Lalanne n'était pas assise à sa place et l'ordinateur était éteint. Un type en jeans et tricot rayé faisait des photocopies.

– Vous savez où est madame Lalanne ?

Il m'a dévisagé à travers une paire de lunettes épaisses comme les hublots d'un bathyscaphe :

– Elle vient de sortir. Vous avez besoin de quelque chose ?

J'avais besoin d'un tas de choses, pour dire la vérité, de m'éclaircir les idées, de me calmer, d'une leçon de yoga, d'un massage thérapeutique, un café, quelques petits bonbons, un demi-million d'euros, une douzaine d'heures de vrai sommeil et peut-être d'un match entre les draps avec ma troublante collègue. Par contre, mon téléphone s'est mis à sonner.

– Excusez-moi un moment, ai-je dit à mon scaphandrier.

C'était Delarche :

– Tu as cinq minutes ?

Je les avais. Je me suis approché de la fenêtre donnant sur la place. Près du jardin de l'autre côté du boulevard, un type était appuyé à la portière d'une « Classe B » bleu métallisé garée en double file. Bras croisés et l'air d'attendre quelqu'un. Dans une caverne de Cro-Magnon, l'implantation de ses cheveux l'aurait fait passer pour un intellectuel, elle partait directement des sourcils.

– Je voulais te parler de ces deux femmes, commissaire.

– Elles ont été tuées, docteur, qu'est-ce qu'il y a d'autre à dire ?

– Par exemple, que la plus mûre des deux, Christiane Broustal, est morte au moins deux heures avant l'autre. Et que la gosse, qui s'appelle... – bruit de papiers feuilletés – qui s'appelle Bécassine Degas...

– Comment as-tu su ?

– Su quoi ?

– Son nom, docteur, comment tu l'a su ?

– Par ses empreintes digitales, commissaire, comment diable veux-tu que je l'aie su ? Elle avait de petits précédents, larcins, un peu de prostitution, les choses habituelles.

– Bon, continue.

– Avant d'être tuée, la gamine a été violée à plusieurs reprises et battue.

– Violée ? ai-je dit d'une voix incolore.

– Plutôt brutalement, je dirais, avant de tirer sur elle on lui a fait passer un sale quart d'heure.

Je suis resté silencieux, aussi parce que Gabrielle Lalanne sortait par la porte cochère deux étages plus bas. C'est elle que l'homme des cavernes attendait, il s'est redressé et lui a fait signe. Lalanne l'a vu et avec un geste d'ennui s'est éloignée dans la direction opposée. L'homme a traversé la rue en évitant quelques voitures et l'a rejointe sur le trottoir. Ils ont discuté puis sont retournés vers la Mercedes.

– Tu m'écoutes ? a demandé Delarche fâché.

– Je t'écoute, excuse-moi. Quoi d'autre ?

– De Clock a déjà examiné les balles, elles sont sorties du même pistolet qui a tué Martine.

– Je le supposais.

Lalanne et son ami discutaient près de l'auto. Bien qu'il essaie d'être conciliant, elle paraissait assez irritée. À deux reprises, elle a tâché de le quitter mais il a réussi à la retenir grâce à son charme paléolithique. Et sans avoir besoin d'utiliser la massue.

– Une dernière chose, a dit le docteur impatienté par mes silences, la petite serrait entre les doigts d'une main un paquet de cigarettes en boule, tabac algérien. Ses assassins ne s'en sont pas rendu compte. Malgré son séjour dans l'eau, il est encore lisible. Je t'envoie un SMS avec la photo jointe.

– Je te remercie, docteur, s'il y a du nouveau fais-moi savoir.

– Volontiers, commissaire, a-t-il soupiré, il est toujours agréable de parler à un mur.

J'ai interrompu la communication tandis que le type ouvrait la portière et que Gabrielle Lalanne s'installait sur le siège du passager. L'homme des cavernes a contourné la voiture et s'est assis au volant, puis la Mercedes a démarré et s'est mêlée à la circulation de la place.

Je l'ai suivie du regard pendant qu'elle se perdait dans le lointain puis j'ai continué encore un peu à laisser mon regard errer sur la place, les gens, les nuages et les oiseaux. Je sentais la tension agrippée à mes épaules et ses ongles plantés dans ma chair. Elle allait de pair avec ma frustration.

Le téléphone que j'avais en mains a fait bling bling. Le SMS de Delarche arrivait, j'ai actionné un bouton et sur l'écran est apparue la photo d'un paquet de cigarettes marque Rym tout froissé mais encore entier. Je crois que mon cœur s'est arrêté quelques secondes.

Les cigarettes que fumait Gabrielle Lalanne. À un moment ou à un autre, elle s'était elle aussi trouvée sur la scène du crime.

Bien que se sachant perdue, la petite avait compris que des cigarettes aussi particulières pouvaient mettre la police sur une bonne piste. Elle avait probablement pris le paquet sans se faire remarquer.

– Que se passe-t-il ?

Deslandes s'était approchée de moi.

– La blonde l'avait à la main, ai-je dit en lui montrant l'écran du téléphone.

– Merde… a-t-elle dit, ce qui n'était vraiment pas dans ses habitudes.

– Où habite Lalanne ? ai-je grondé en m'adressant au scaphandrier.

Il s'est raidi en me fixant à travers les fonds de bouteille qu'il avait sur le nez :

– Rue César-Franck, au 14, a-t-il balbutié.

J'ai saisi Maëlis par un bras et nous sommes sortis de la pièce. Au même moment, un groupe de jeunes vociférant entrait dans le bureau. Ils parlaient fort et riaient, en transportant trépieds, valises en métal, éclairages et toutes sortes de gadgets pour photo.

Jouant des coudes, nous avons atteint la porte d'entrée et dévalé l'escalier.

19

Le 14, rue César-Franck s'abritait derrière une porte vitrée en métal noir à l'angle de la rue. Nous avons roulé au pas le long de la rue Bellart et nous sommes arrêtés au croisement. L'immeuble des années trente, gris et anonyme mais assez plaisant, se dressait sur six étages au-dessus de nos têtes.

La Classe B était garée en biais un demi-pâté de maisons plus loin. Sans dire un mot, nous avons enfilé nos brassards orange portant l'inscription POLICE.

– Metzger et moi nous montons, ai-je annoncé à Deslandes ; vous, appelez la brigade et dites à Servandoni de nous rejoindre avec quelques-uns des nôtres.

– Mais, vraiment…, a protesté la belle.

– Faites ce que je vous dis. Si tout est calme là-haut, je vous renvoie Constance. Arrêtez toute personne sortant par cette porte et restez sur vos gardes.

Elle a fait la moue sans rien dire. *Cazzo*, j'étais encore le chef, tout de même !

Constance et moi sommes descendus de voiture, nous avons traversé la rue et nous sommes arrêtés devant la porte. Elle était fermée. Pas grand monde aux alentours, le quartier semblait tranquille. À travers la vitre, j'ai repéré le bouton d'ouverture à déclic. J'ai pris mon pistolet et, d'un coup sec de la crosse, j'ai fait voler en éclats une longue lame en verre. Je n'ai même pas fait tellement de bruit. En poussant au maximum l'épaule enfilée par la fente, j'ai réussi à atteindre le bouton de la pointe du doigt. Ça a fait clack-brzzzt. Nous sommes entrés et, pour garder le battant ouvert, nous l'avons bloqué en coinçant un bris de verre entre la partie inférieure et le sol.

Le hall, qui empestait le chou bouilli et la friture rance, menait à un vaste escalier de bois clair. Pas d'ascenseur et, pour chaque étage, deux rampes de marches avec un palier intermédiaire. J'avais déjà mon .45 à la main et j'ai chargé une balle dans le canon. Metzger, toujours réglo avec le protocole, a extrait son Sig-Sauer d'ordonnance et a ôté la sécurité. Aucune émotion, aucune hésitation : on aurait dit qu'elle allait faire des courses.

Ne sachant pas à quel étage habitait Gabrielle, nous sommes montés à pied. Au cinquième, Constance s'est arrêtée une seconde pour reprendre son souffle. La choucroute est bonne, mais dans certaines circonstances elle n'aide pas. Au sixième, deux portes seulement, l'une entrouverte. La plaque en laiton nous a informés que Lalanne habitait justement là.

J'ai appuyé l'oreille contre le battant. Un murmure indistinct, puis une voix au-dessus des autres :

– Bougez-vous, il faut filer. Nous n'avons pas tout l'aprèsmidi devant nous.

Celui-ci semblait plus proche. J'ai échangé un signe d'intelligence avec Metzger puis j'ai ouvert la porte en grand et suis entré suivi de ma collègue.

– Police ! ai-je hurlé en pointant mon pistolet.

L'homme des cavernes se trouvait au bout du couloir, à une dizaine de mètres de l'entrée. Au lieu de se mettre à trembler comme une feuille, il a pointé son canon à barillet et s'est mis à tirer. Plâtre et gravats giclaient de toutes parts.

Constance et moi avons répondu au feu séance tenante en le couvrant de plomb. Il a lâché sa canardière et s'est affaissé, arrosant de sang le carrelage en marbre et les murs. De quelque part

Gabrielle Lalanne a crié. Une espèce de hululement hystérique qui s'est éteint dans le son incomparable d'une paire de claques bien envoyées.

Les tirs continuaient de résonner dans mes oreilles. Quand je vois ces films où dix personnes se mettent à tirer toutes ensemble dans une pièce et tout de suite après les héros se parlent comme si de rien n'était, j'ai envie de rire. Dans un lieu fermé, c'est déjà bien si une demi-douzaine de coups ne te provoquent pas des lésions permanentes aux oreilles. En tout cas, pendant une demi-heure au moins tu ne te sens plus comme avant.

Metz et moi avons avancé le long du couloir, penchés et circonspects comme des hommes de la brousse. D'une des pièces l'ami de Cro-Magnon a tiré deux ou trois coups qui ont bourdonné comme des frelons au-dessus de nos têtes. Nous avons couru jusqu'au mur du fond pour nous écarter de la ligne de tir et nous nous sommes mis à l'abri tout près du cadavre. Une flaque de sang brun s'élargissait, abîmant irrémédiablement le sol en marbre finement travaillé de l'entrée de chez Lalanne.

Constance s'est laissée tomber avec un gémissement. Elle était pâle comme une feuille de papier.

– Ce cochon m'a touchée, a-t-elle murmuré en indiquant l'homme des cavernes d'un geste du menton.

Je me suis approché. Elle perdait du sang sur un côté, de petites gouttes écarlates en file indienne sur le sol jusqu'à la porte d'entrée. Je l'ai aidée à s'asseoir par terre et je me suis agenouillé près d'elle.

– Eh, les flics ! a braillé le salaud depuis l'autre pièce, maintenant je sors, un seul geste et la femme est morte.

Il avait un accent étranger, slave ou quelque chose comme ça.

– Aidez-moi, a glapi Gabrielle. Bruits de claques.

– Fais voir, ai-je enjoint Constance sans perdre le couloir de vue.

J'ai écarté sa veste et soulevé la chemisette déjà imprégnée de sang. La vaillante s'est laissé manipuler sans baisser le bras

portant le pistolet. La balle était entrée et ressortie comme dans du beurre. Deux trous nets et bleus à quelques centimètres l'un de l'autre. L'embonpoint est parfois utile.

– Vous m'avez entendu ? a hurlé l'ami de Lalanne.

J'ai sorti mon mouchoir et l'ai mis contre le trou de sortie, celui qui saignait le plus.

– Courage, Metz, garde-le appuyé contre la blessure, ça n'est pas grave mais ça saigne beaucoup.

Elle a essuyé la sueur de sa lèvre supérieure du dos de la main, puis a pressé sur le mouchoir à ma place.

– J'aime bien que tu m'appelles Metz, patron, a-t-elle dit avec un sourire forcé.

– Tu me la fais pas, ma grande, je sais que tu préférerais te faire palper par Servandoni.

– Maintenant on sort, putain ! a hurlé le délinquant depuis l'autre pièce.

– On t'attend, connard, ferme ta gueule et bouge-toi.

Ils sont apparus à la porte avec circonspection, ont gagné le centre du couloir à petits pas et commencé à reculer vers l'entrée. Le méchant devait être un des sbires de Madame Satin dont avait parlé Christiane Broustal. Il était tondu comme une boule de billard et portait un costume noir sur une chemise grise sans cravate. Il tenait Lalanne par les cheveux et s'en faisait un bouclier en pointant sur son cou un revolver gros comme un canon antichar. Elle était terrorisée, les yeux écarquillés et les joues rougies par les gifles. Sa chevelure était ébouriffée, et son aplomb glacial était allé se faire frire.

Le méchant et moi nous sommes jaugés.

– Où tu penses aller ? En bas il y a la moitié de la police de Paris. Laisse la femme et pose ton pistolet.

– Il y a personne, j'ai regardé par la fenêtre. Maintenant je sors avec elle, et vous, vous restez là bien tranquilles, tu piges ? Autrement je lui fais sauter la cervelle.

– Pourquoi avez-vous tué les deux femmes ? ai-je demandé à Lalanne.

Le visage terreux, elle m'a regardé avec des yeux épouvantés :

– Ils m'ont entraînée dans cette affaire, a-t-elle pleurniché, ça ne devait pas se passer comme ça…

– Ferme ta gueule, putain, a hurlé le tondu en lui tirant violemment les cheveux. Elle a laissé échapper un hurlement de douleur. Ils étaient presque arrivés à la porte.

– Allez, Gabrielle, dites-moi le vrai nom de Madame Satin.

Elle a fait mine d'ouvrir la bouche mais le salaud l'a arrêtée :

– Tais-toi, connasse, a-t-il hurlé, et il lui a tiré dans la nuque.

La balle est sortie par le front, en emportant une bonne partie. Sang, fragments d'os et Dieu sait quoi d'autre ont giclé de toutes parts. Alors qu'elle tombait à terre, le salaud a disparu dans l'escalier en se faufilant par la porte d'entrée à la vitesse d'un rat.

Tout est arrivé en une poignée de secondes. J'ai regardé, pétrifié, le sang ruisseler de la tête de Gabrielle et inonder le carrelage comme une petite marée écarlate.

– Suis-le, a éclaté Metzger en me poussant. Je me suis remis debout et j'ai couru vers l'entrée, enjambant la large flaque sombre qui se répandait rapidement autour du cadavre Lalanne. Je me suis penché par-dessus la rampe, l'ai vu plus bas descendre les marches quatre à quatre.

Deslandes s'est comme matérialisée dans l'ombre du palier :

– Jette ton pistolet ! a-t-elle hurlé.

L'homme a tiré sans même viser. D'un mouvement félin, Maëlis a esquivé la balle puis a tendu le bras et, d'un geste élégant, a appuyé deux fois sur la détente. Deux sons secs qui ont rebondi sur les murs.

Le tondu a fait quelques pas en arrière, puis s'est soudain assis contre le mur.

Son revolver a roulé sur le carrelage avec un son métallique. Le lieutenant le plus sexy du monde s'est mis à monter lentement vers lui en continuant de le tenir en joue.

La poupée s'y connaissait, pas de doute là-dessus. Quelques portes se sont ouvertes aux étages inférieurs.

– Brigade criminelle, j'ai hurlé en me penchant par-dessus la rampe, rentrez chez vous et enfermez-vous, il y a des gens armés dans l'escalier.

Il n'a pas été nécessaire de le redire. Les portes se sont refermées et le silence est revenu.

J'ai filé au-dessous rejoindre ma collègue en face du blessé. Une rigole de sang traversait le palier et descendait les marches.

Deslandes et moi nous sommes regardés.

– Servandoni est en route, a-t-elle dit, quand j'ai entendu les premiers tirs j'ai appelé le commissariat central, les ambulances arrivent.

– Metzger est là-haut, blessée, ça ne vous dérange pas de vous occuper d'elle ? Moi, j'attends les collègues.

Elle a rengainé son pistolet et est montée au pas de course. J'ai attendu qu'elle soit entrée chez Lalanne, puis je me suis accroupi devant le fils de pute. Il m'a lancé un regard de défi chargé de fiel.

– Maintenant c'est toi qui vas me dire le nom de Madame Satin, ai-je dit à voix basse.

– Crève, flic. Tu peux même me faire rôtir à petit feu, t'obtiendras rien de moi.

En le regardant dans les yeux, j'ai compris que c'était la sacro-sainte vérité, cette ordure n'ouvrirait pas la bouche. Une fureur sourde montait à l'intérieur de moi.

– C'est toi qui as violé Bécassine Degas ?

Il a tendu vers moi un rictus goguenard :

– Elle avait un corps de petite fille, a-t-il dit sans détacher ses yeux des miens, frais et doux comme un flan. Il n'y avait pas moyen de la faire rester tranquille, cette petite salope, même attachée comme un saucisson. Elle criait chaque fois que je me la faisais, flic, elle pleurait et se tordait comme une anguille. Une réelle jouissance. Pendant que je la pompais, je lui susurrais à l'oreille qu'après nous allions la tuer. Elle était terrorisée, la trouille l'a même contractée autour de ma bite…

Une vague de colère m'a submergé, emportant le peu de scrupules qui me retenait encore. La méchanceté est toujours dans l'air, elle te tente, te flatte, se dépêche d'entrer en toi si elle trouve une fissure.

– Un champ de blé prenait racine sous la coiffe de Bécassine… ai-je chantonné entre mes dents.

– Qu'est-ce que tu dis ?

Son revolver était là sur le sol, à moins d'un mètre de nous. J'ai allongé le bras et l'ai pris par l'anse de la gâchette de façon à ne pas laisser d'empreintes, puis je lui ai planté le .45 sous le menton et j'ai poussé vers le haut :

– Debout, ordure, j'ai ricané en me redressant.

Je l'ai relevé avec moi, le laissant instable sur ses jambes. Il m'a regardé, surpris. Je me suis éloigné et j'ai monté une dizaine de marches, son revolver dans ma main gauche et mon colt dans la droite. Je l'ai observé d'en haut jouissant de son incertitude. Il se demandait ce que j'avais l'intention de faire et ça l'intriguait et l'effrayait en même temps. J'ai flairé avec plaisir l'odeur de sa peur.

– Ce sera notre petit secret, ai-je dit en lui jetant son revolver.

Il l'a attrapé au vol avec une grimace de douleur, puis l'a serré dans sa main. Du sang a dégouliné sur le sol.

– Allez, l'ami, tu peux tirer sur moi. C'est ta dernière occasion de descendre un flic.

Il a hésité quelques secondes, puis l'a pointé vers moi et a appuyé sur la gâchette. Je me suis écarté en tirant à mon tour. Je l'ai touché entre la racine du nez et la lèvre supérieure tandis que sa balle rebondissait en miaulant quelque part derrière moi. Il s'est affaissé sur le palier avec le bruissement mou d'un sac de merde. Du sang s'est remis à couler dans l'escalier.

– De la part de Bécassine, ai-je murmuré.

J'ai senti en moi les ténèbres. Elles ont pénétré à travers les pores de ma peau, sont descendues huileuses le long de ma gorge. Une sensation étrange. Elles ont traversé mon corps comme une vibration légère et se sont déchargées à travers les semelles de mes chaussures.

Les pas frénétiques de Deslandes descendant l'escalier m'ont ramené à la réalité. Elle est apparue en haut de la rampe, légèrement penchée, son pistolet pointé dans ma direction. Elle a observé la scène quelques secondes, puis s'est redressée en rengainant son arme.

– Je le croyais hors de combat, j'ai dit en ouvrant les bras ; par contre, alors que je montais pour aller vous retrouver, il a pris son pistolet et a tenté de me toucher.

– Pourquoi ne pas lui avoir retiré ? a-t-elle dit, furibonde.

Je lui ai adressé un regard inexpressif.

– Le pistolet, a-t-elle répété, pourquoi vous ne lui avez pas enlevé ce putain de pistolet ?

J'ai haussé les épaules :

– J'en sais rien, je n'y ai tout simplement pas pensé, j'étais étourdi par les tirs.

Elle m'a fixé, sourcils froncés et lèvres entrouvertes. Il était évident qu'elle ne me croyait pas, seul un imbécile m'aurait cru.

– Il aurait pu parler. Maintenant il ne nous dira plus rien, vous vous en rendez compte ?

Un son de sirènes s'est tout à coup fait entendre, se rapprochant rapidement comme une cantilène. En remontant l'escalier et en passant près d'elle, je l'ai effleurée. Son parfum m'a chatouillé les narines.

– Il ne vous aurait rien dit, même si on l'avait enterré vivant.

– Vous êtes devenu fou…, a-t-elle murmuré en secouant la tête.

– Non, lieutenant, vous vous trompez.

J'ai poursuivi lentement vers l'appartement de Lalanne, sentant ses yeux pleins de reproches plantés dans mon dos. Mon oreille droite me faisait souffrir et un sifflement pénible continuait de me scier le cerveau, d'avant en arrière et d'arrière en avant. Je me sentais vidé et épouvanté. Mon corps m'a semblé inhabituellement lourd pendant que je le traînais dans les escaliers.

Six étages plus bas, les gars du Samu ont poussé la civière de Metzger à l'arrière de l'ambulance. Deux flics ont fermé les portes, puis l'un des deux a frappé contre la carrosserie et le véhicule a démarré en trombe dans un hululement de sirènes. La lumière orange du soleil léchait les toits des immeubles en projetant de longues ombres bleues. J'ai regardé les paumes de mes mains. Elles semblaient être toujours les mêmes, elles ne pissaient pas le sang et ne tremblaient plus.

Deux officiers de l'IGPN, des affaires internes de la police, nous avaient interrogés, Deslandes et moi, pendant plus d'une demi-heure sur la fusillade. Les *bœuf-carottes*, comme on les appelle à cause de leur manie de cuisiner longtemps les gens, avaient particulièrement insisté sur le salaud mort dans les escaliers. Pour l'instant, Maëlis s'en était tenue à soutenir sa version en disant qu'au moment des échanges de coups elle se trouvait avec Metzger chez Lalanne, et qu'elle n'avait donc rien vu.

Alain s'est approché. Je me suis retourné pour affronter son homélie, il s'est au contraire limité à me scruter dans le fond des yeux. Son regard m'a fouillé en me retournant comme un gant, m'a reniflé, palpé, interrogé. Il m'a jugé et absout. L'amitié est ainsi, mailles larges et bouche indulgente :

– Tu pourrais être accusé de négligence. Ça dépend de ce que Deslandes a l'intention de faire.

J'ai regardé par-dessus ses épaules. Maëlis était en train de parler avec deux sbires en uniforme. Elle était renfrognée et irritée. Depuis notre rencontre dans l'escalier, nous n'avions plus échangé un seul mot.

– Qu'elle fasse ce qu'elle doit faire. Metz était blessée, il y avait du sang partout, l'autre a tiré dans la tête de Lalanne à deux pas de nous. J'étais quelque peu remonté et j'ai peut-être exagéré.

Alain a mis une cigarette entre ses lèvres et l'a allumée en grattant une allumette contre le rebord. Il a soufflé la fumée en regardant autour de lui. Le couloir était couvert de sang presque noir, beaucoup de sang. Marius Devaux venait de s'en aller après une visite tendue et hâtive. La mort de Gabrielle devait l'avoir profondément touché, il s'était présenté pâle et effrayé. Aucun des soupçons que j'avais sur lui ne l'empêcherait de partir le lendemain matin pour Turin, alors que je l'aurais, moi, volontiers cloué au mur.

Flamant s'est approché, tenant son bloc-notes à la main :

– La Mercedes a été volée, subtilisée il y a deux jours à Enghien.

– Je l'imaginais, ce ne sont pas des gens qui font des conneries, du genre aller se promener avec leur propre voiture. On sait déjà quelque chose sur eux ?

– Pas encore. Saunière a pris leurs empreintes. Espérons que l'examen donnera des résultats.

– Le contraire m'étonnerait, ils doivent avoir un casier long comme un film russe.

– Ils sont étrangers, ça pourrait être compliqué, a-t-il pontifié avant de retourner au travail.

Servandoni a tiré une bouffée sur sa Caporal et a soufflé deux ou trois ronds de fumée dans l'air :

– Tu ne trouves pas étrange que notre amie ait délégué le sale travail à ces deux imbéciles ?

– Elle n'est peut-être plus à Paris.

– Ça serait emmerdant.

– Nous devons aller à Turin, Alain, c'est là que tout se passera. Et c'est là qu'on la trouvera. Je ne vois pas comment convaincre Le Normand de nous laisser partir.

– Vastedda pourrait être notre billet pour l'Italie, il se peut qu'il soit parti avec elle.

Alain a continué à fumer en silence. L'ignoble femme semblait avoir fait place nette à Paris pour pouvoir s'en retourner en Italie finir le travail sans laisser de témoins.

– Regardez ce que j'ai trouvé.

Michel Coccioni est entré au salon tenant à la main une robe de taffetas vert suspendue à un cintre et un chapeau de la même couleur.

– C'est la robe que portait la fausse amie de la vieille devant l'immeuble des Dehayes, a constaté Alain.

– Gabrielle Lalanne avait ses secrets, a dit Coccio.

– Ça veut dire qu'elle connaissait plutôt bien Madame Satin. Il faut fouiller cet appartement de fond en comble.

Saunière avait amené son équipe d'élite, celle spécialisée en cachettes secrètes, passages dérobés, miroirs enchantés et pommes empoisonnées. Ils étaient déjà au travail pour démonter l'appartement morceau par morceau comme un Lego. Ce qui en termes juridiques s'appelle une perquisition et en langage commun tout foutre en l'air.

Alain, Coccio et moi avons fait le tour de l'habitation. Caron était en train d'examiner l'ordinateur de Gabrielle pendant que ses collègues passaient le reste au peigne fin. On n'avait encore rien découvert, mais je ne désespérais pas. Ces deux-là n'avaient pas eu beaucoup de temps à leur disposition et j'étais sûr qu'ils n'avaient rien emporté !

– Jean-Pierre !

La voix de Saunière m'appelait du bureau.

Nous l'avons rejoint. Meubles ouverts, papiers et documents avaient été empilés par terre. Un des gars dans sa combinaison en papier retournait le Leica M8 de Martine entre ses mains.

– Vous l'avez trouvé où ? ai-je demandé en le lui enlevant des mains.

– Dans le fond de ce tiroir, a répondu Martinez en indiquant une commode Louis-Philippe en racine de noyer.

– Il était enveloppé d'un tissu.

– C'est donc Lalanne qui l'avait. Elle l'a sûrement pris dans le bureau de Martine le soir du crime.

J'ai enclenché l'interrupteur sur *on* mais il ne s'est rien passé. Mon regard a croisé celui de Martinez.

– Il est déchargé, a-t-il dit en le reprenant, mais c'est pas un problème.

Il a tourné un truc à la base de l'appareil et en a retiré le fond. En poussant avec un doigt, il a libéré la carte mémoire et l'a retirée :

– Quelle que soit la chose qu'il contienne, on la trouvera là-dedans. Je l'envoie immédiatement au labo.

– Tu peux m'imprimer tout ce qu'il y a dans la mémoire pour demain matin ?

– Compte sur moi, commissaire.

C'était tout, nous sommes retournés dans le couloir. J'ai regardé autour de moi à la recherche de Deslandes. Elle semblait avoir disparu. J'ai demandé à un des flics qui m'a indiqué la porte d'entrée. Elle était assise sur les marches en haut des escaliers, les bras posés sur les genoux et le regard pensif. Je me suis assis à côté d'elle :

– Premier baptême du feu et premier mort. Tout ça le même jour.

Elle a soupiré sans me regarder :

– Moi, je n'ai tué personne.

– Je n'ai fait que me défendre, lieutenant, ai-je menti.

– Ne racontez pas d'histoires, a-t-elle explosé.

– Pourquoi n'avez-vous pas dit ce que vous pensiez aux bœuf-carottes ?

– Cela ne me regarde pas, a-t-elle grogné en continuant à regarder le mur en face d'elle.

Dans les escaliers, les locataires produisaient un incessant bourdonnement.

Tels des cafards attirés par l'âcre relent de la mort violente, ils étaient sortis des fissures de leurs appartements pour renifler l'odeur douceâtre du sang.

Nous sommes restés silencieux, assis sur ces marches qui me refroidissaient les fesses. Une légère senteur de nourriture montait des étages inférieurs. Je percevais sa déconvenue, ou peut-être était-ce du mépris. Il était épais, dense comme du goudron, barrière invisible qui nous éloignait l'un de l'autre.

– J'ai décidé de demander à Steinmetz de me décharger de l'enquête, a-t-elle dit de but en blanc.

– Diable ! Et pourquoi faire une chose pareille ?

– Parce que je n'apprécie pas vos méthodes.

– Ce ne sont pas mes méthodes, lieutenant, et cette situation, pour moi, n'est pas normale.

Elle a fait volte-face vers moi. Ses yeux étaient durs comme des morceaux de jade :

– Vous avez exécuté cet homme, a-t-elle murmuré entre ses dents.

J'ai soutenu son regard quelques secondes, puis je me suis remis à regarder les marches. Que je le veuille ou non, à la fin c'est elle qui avait raison, ça avait été une sorte d'exécution.

Elle s'est levée d'un coup et m'a regardé de haut en bas, les bras serrés autour du buste, le visage obscurci par l'ombre de ses pensées :

– J'ai besoin d'être seule. On se voit demain.

Elle est descendue sans hâte. Le son de ses talons cliquetant sur les marches est devenu de plus en plus faible et lointain, puis a complètement cessé.

20

Sur la photo signalétique d'Interpol, la sale gueule que j'avais refroidie dans les escaliers exhibait encore quelques cheveux sur la tête, pelage à la couleur indéfinissable qu'il avait évidemment, par la suite, décidé d'éliminer, optant pour le style boule de billard.

Rikard Ljarja était recherché par l'administration italienne pour l'assassinat d'une de ses jeunes maîtresses. Lors d'une dispute, il l'avait frappée au visage à coups de bouteilles, puis avait essayé de l'achever au couteau et, n'y parvenant pas, l'avait étouffée avec un sac en plastique sur la tête. Après l'avoir enfermée dans une valise, il l'avait jetée en bas d'un précipice et un type faisant du jogging s'était pris les pieds dedans cinq jours plus tard.

La suite du casier n'était guère mieux. Vols, viols, trafic de drogue et, à diverses reprises, plusieurs années passées dans les prisons du *Bel Paese*. Enfin, je lui avais réglé son compte. Je ne dis pas que j'en étais fier, mais il s'en fallait de peu.

L'homme des cavernes son comparse, une demi-mesure du nom de Vincent Lahondère, arrivait d'Avignon avec quelques années de correctionnelle derrière lui. Une vie d'expédients faite d'entourloupettes et de larcins, jusqu'à ce que quelqu'un lui mette une arme entre les mains. Le chant du cygne de sa minable carrière avait été de blesser ma collègue à coups de pistolet.

Avec un soupir, j'ai lancé les photos de ces gueules patibulaires sur le bureau. À la Scientifique, l'atmosphère était plus lourde que sur Uranus par une journée de basse pression. Les cerveaux travaillaient à un rythme accéléré sur le matériel trouvé chez Gabrielle Lalanne. La piste des deux crapules qui l'avaient tuée s'arrêtait inexorablement sur la table de la morgue.

Pour l'Albanais, pas de domicile connu à Paris et mes collègues n'avaient absolument rien trouvé dans la maison de Romainville où Vincent vivait avec sa mère. Au dire des flics du lieu, même sa vieille n'était pas mécontente que quelqu'un l'ait enfin retiré de la circulation une fois pour toutes.

Servandoni m'a observé à travers la fumée de sa cigarette :

– S'ils n'étaient pas tous les deux morts, quelques bonnes claques les auraient peut-être convaincus de collaborer.

– On me l'a déjà fait remarquer de différentes manières, malheureusement ces deux-là sont morts, défunts, kaput. De toute façon, je ne crois pas qu'ils en aient su long sur cette histoire, ils n'étaient que des sous-fifres envoyés chez Lalanne pour la kidnapper.

– On a maintenant un problème plus urgent à régler. Ce matin, les photographes d'Art-en-Images sont partis pour Turin conduits par Marius Devaux. J'ai l'impression qu'il n'y a plus grand-chose à faire à Paris, les jeux se déplacent au-delà de la frontière et les *Italiens* l'ont dans le baba.

À Paris, il n'était resté que Bastien Chappaz. J'étais convaincu que, à la différence de son associé, il n'était pour rien dans cette histoire. L'homicide de Gabrielle l'avait anéanti, comme si son monde parfait avait définitivement volé en éclats. Harcelé par les questions de Servandoni, il s'était pour ainsi dire recroquevillé dans son élégant costume coupé sur mesure par des mains expertes. Il ne semblait pas être le type à avoir des poignards tatoués sur la poitrine, Bastien, même si on ne peut jamais savoir ce qui se cache sous l'habit impeccable que l'on présente au monde. D'un autre côté, de la part de quelqu'un qui calcule son âge en degrés Fahrenheit, on peut s'attendre à tout…

Flamant m'a offert un café. J'en ai bu une gorgée puis j'ai posé la tasse devant moi :

– Devaux est impliqué dans l'affaire et il est probable qu'il le soit à l'insu de son associé. Mais ce n'est pas lui qui mène le jeu, ni même Madame Satin. Je pense qu'elle n'est que la femme de ménage efficace au service de la personne qui a mis tout ce cirque sur pied.

– Raschera-Bettelmatt ?

– En personne. Ce type sait qu'il est insoupçonnable, il est le seul à posséder suffisamment d'influence pour pouvoir corrompre et assez d'argent pour acheter. Devaux travaille probablement pour lui, et la salope masquée a la tâche de veiller au grain en éliminant tout ce qui pourrait enrayer le mécanisme.

– Lalanne a été la maîtresse de Devaux, nous le savons grâce au courriel trouvé sur son ordinateur.

– Et pourtant quelque chose ne colle pas. Tout cela a l'air d'une vengeance à l'intérieur du groupe.

– Une vengeance ? Qu'est-ce que tu veux dire ?

– Je ne sais pas, peut-être il y avait des divergences entre les parties, et la salope a arrangé les choses à coups de pistolet. Elle a éliminé Beltramo, De Medici, Gustave et Véronique. Martine s'est trouvée prise au piège.

– Et Gabrielle Lalanne ?

– Il est possible que Gabrielle ait été une sorte de cheval de Troie à l'intérieur d'Art-en-Images, j'ai poursuivi en regardant distraitement les dessins techniques qui se trouvaient devant moi. Elle sortait avec Devaux et tenait toute la baraque à l'œil. Il se pourrait qu'à l'exposition sur la Renaissance elle ait vu Martine photographier Vastedda, et c'est pour ça qu'elle a subtilisé le Leica. C'est pour ne pas nous le laisser qu'ils ont tué Martine.

Alain a éteint sa cigarette dans un cendrier de marbre blanc :

– C'est une belle hypothèse, meilleure encore si on connaissait la raison de la dispute.

– Peut-être qu'ils tentaient de baiser le marquis.

Assise au bureau de Guibert, Maëlis était en train, avec Coccioni, d'éplucher une série de dépliants de la Fondation Raschera-Bettelmatt pour l'Art. À part un bref signe de salut à son arrivée dans les bureaux de la Scientifique, elle ne m'avait pas adressé la parole.

Caron est entré et a posé un paquet de photographies format 20 × 30 sur la table. Maëlis et Coccio nous ont rejoints en silence. La lumière du soleil qui entrait par les fenêtres projetait des rectangles jaunes sur le carrelage du bureau de Saunière, quai de l'Horloge.

– Voici tout ce qu'il y avait dans le Leica de Martine.

Je les ai étalées sur la table devant nous, ai retiré deux de mes œuvres : une photo de la place du Tertre au coucher de soleil et une de la rayure qu'un abruti avait faite sur le flanc de ma voiture. Deux autres représentaient des groupes de personnes plus ou moins connues déambulant dans le Grand Palais en sirotant du champagne. Très probablement l'inauguration de l'exposition sur la Renaissance.

En écrémant le gratin du vernissage, il restait une demi-douzaine de photos représentant Calogero Vastedda s'entretenant avec quelques personnes. Je n'en connaissais aucune.

– Dis-moi, Caron, on peut faire des agrandissements ?

– Et comment ! s'est-il exclamé en me prenant le Leica des mains. Cet objectif est un Summilux 35/1.4 non sphérique, ce qu'on trouve de mieux sur le marché. Qu'est-ce que je dois agrandir ?

Sur les photos, Vastedda parlait en tout et pour tout à trois personnes. J'ai demandé à Caron de me faire un agrandissement de chaque visage. Je les ai regardés un à un, lentement, en me demandant ce qui m'échappait. Ma cicatrice s'est mise à me démanger, signe évident que quelque chose ne collait pas. Je l'ai massée de la pointe des doigts en regardant les dernières photos. Un homme et une femme pris de dos parcouraient une espèce d'allée arborée. À côté d'eux, on voyait le mur d'une église. Sur la dernière photo, on découvrait une partie de la façade et le toit enduit de vert-de-gris. L'homme avait des cheveux blancs et pouvait être Vastedda. Je n'avais pas la moindre idée de l'identité de l'élégante femme châtain.

Deslandes s'est approchée en me tendant une tasse de café. Sourire, zéro. Je l'ai remerciée d'un signe de tête et j'ai bu une gorgée de l'amer liquide.

– Je voulais vous montrer une chose, a-t-elle dit d'une voix rien moins qu'amicale.

Alain buvait son café et fumait, Coccio parlait au téléphone avec quelqu'un qui faisait tout ce qu'il pouvait pour l'énerver. L'atmosphère était tendue, ce matin.

Maëlis a ouvert devant moi une brochure de la Fondation Raschera-Bettelmatt pour l'Art. C'était, sur deux pages, une liste des merveilles baroques de la somptueuse villa turinoise, siège de la célèbre collection d'art religieux du marquis et de la prestigieuse fondation qui portait son nom. Une grande photographie montrait le jardin à l'italienne clôturé au fond par un petit belvédère desservi par un double escalier. Le dessin compliqué des haies s'ouvrait au centre pour laisser place à un nymphée dont l'imposant bassin était orné d'une succession de dauphins en pierre qui sautaient et se contorsionnaient dans des vagues stylisées. Au centre de la vasque, trois autres grands poissons au bec curieux formaient une fontaine au sommet de laquelle une jeune nymphe semblait jouer allègrement avec eux.

J'ai regardé Deslandes dans les yeux. Pendant un instant, j'ai eu l'impression que nos différends réciproques étaient oubliés, puis son regard s'est de nouveau durci.

– Ça pourrait être la fontaine de la photo dont parlait Christiane Broustal, ai-je précisé.

– C'est elle, sans aucun doute. Vous vous rappelez la description que Christiane a faite des personnages de la photo ?

J'ai acquiescé. Elle a tourné deux pages.

Sur le dépliant, monsieur le marquis et madame souriaient de cet air affecté que les personnes très riches ont quand elles te concèdent de goûter quelques miettes de leur monde doré. Quarante ans, mince, cheveux aile de corbeau coupé aux épaules ; même sans tenir compte de la sublime intervention de quelque éminent chirurgien esthétique, la marquise était sans aucun doute une belle femme. Son mari avait une vingtaine d'années de plus, il lui arrivait plus ou moins à la poitrine et semblait être la représentation grotesque d'un satyre habillé par Caraceni.

– Voyez-vous donc, le marquis est une des personnes avec qui Vastedda est en train de parler, ai-je grogné en montrant la photo prise par Martine à l'inauguration.

Deslandes les a observées :

– Cela prouve qu'ils se sont rencontrés, pas qu'ils se connaissaient.

Le regard d'encre de Carmilla Smântânà-Branzà a croisé le mien. Malgré le sourire étudié, la noble dame roumaine avait un air hautain et distant. Peut-être était-ce elle qui avait sucé la lymphe manquant à son nabot de mari. D'ailleurs, elle avait un nom de vampire.

J'ai pris la photo du couple près de l'église et l'ai rapprochée de l'opuscule. Couleur de cheveux identique, la femme à côté de Vastedda pouvait aussi être la marquise.

Michel a rabattu le combiné sur le téléphone avec un mouvement d'humeur. Nous nous sommes retournés pour le regarder.

– La Fondation possède effectivement un hôtel particulier rue de Lille, a-t-il déclaré en se rapprochant de la table. J'ai demandé un mandat de perquisition et…

– Eh bien, qu'est-ce qu'on attend ? l'ai-je interrompu en abandonnant les photos sur la table.

– Du calme, mon vieux, rien à faire. L'ambassade italienne est concernée, alors le juge d'instruction ne nous donnera aucun mandat.

Nous nous sommes regardés sans savoir quoi dire.

– L'ambassade italienne ? a demandé Deslandes.

– Exactement. Nous ne sommes pas en train de parler d'un représentant de spaghettis ; rien qu'en France, la Fondation brasse plusieurs millions d'euros. Aucun magistrat ne nous permettra de perquisitionner cet endroit.

– Mais c'est l'endroit où ils ont emmené Christiane Broustal, a protesté la belle, c'est peut-être là qu'ils les ont tuées, elle et l'autre malheureuse.

– Vous pouvez le prouver, lieutenant ? s'est acharné Coccio.

Elle a fait la moue. Le rustre a écarté les bras pour lui offrir toute sa compassion. Nous sommes restés silencieux, chacun ruminant ses malheurs. On n'avait pas besoin de ça, aurait dit ma grand-mère qui prenait tout avec philosophie. J'étais en train de les collectionner comme des images ; les « on n'avait pas besoin de ça », il m'en tombait au moins un par jour sur le coin de la figure, lourd comme la pierre.

Guibert est entré bruyamment dans la pièce escorté d'un de ses sous-fifres. Ils transportaient un rouleau de feuilles de la taille de ces posters que l'on achète chez les bouquinistes le long de la Seine.

– On les a trouvées dans la Mercedes des voyous. Elles étaient au fond d'une malle dans un tube en plastique.

Il les a étalées sur la table devant nous. Ça ressemblait à des agrandissements de détails d'un tableau pris avec un appareil photo capable d'une définition ahurissante. On voyait très nettement la trame de la toile et les coups de pinceau. Je les ai passées en revue, il y en avait quatre en tout, difficile de comprendre de quoi il s'agissait. Drapé d'un tissu, grimace d'une bouche, un truc étrange et ce qui semblait être un trou dans un mur. Toutes griffonnées avec un feutre indélébile, des flèches indicatives, des points entourés et quelques notes : plus blanc, moins rouge, alléger le trait, des choses de ce genre-là.

– Ça me rappelle quelque chose, ai-je dit en me pinçant une oreille, surtout ce…

J'ai observé l'énorme bouche ricanant ou pleurant ou je ne sais quoi. On entrevoyait les dents entre les lèvres, et tout autour les rides faisaient penser au visage d'une vieille femme.

– On dirait un tableau ancien, est intervenu Alain, un genre Brueghel.

– Je sais de quoi il s'agit, a marmonné Maëlis en me poussant légèrement pour que je m'écarte. Elle a ouvert la chemise verte dans laquelle le matériel de l'enquête était archivé. Elle en a extrait la carte que le père de Martine m'avait donnée et me l'a mise entre les mains.

Il ne nous a fallu que quelques secondes pour reconnaître les quatre détails. La bouche d'une belle femme à gauche, un drapé de mouchoir, une espèce de boîte en bois à droite de la tête du Christ et le trou laissé par un clou dans l'un des pieds du défunt. Le *Christ mort* de Mantegna revenait sur le devant de la scène.

– Il pourrait s'agir du tableau qu'ils veulent subtiliser, a marmonné Coccio.

– Je ne vois pas d'autre explication, a renchéri Alain ; si je devais contrefaire un tableau, je voudrais avoir des agrandissements comme ceux-là.

– C'est trop facile, suis-je intervenu, seulement un abruti aurait laissé traîner ces reproductions pour qu'on puisse les trouver.

– Ils étaient en train de partir, a précisé Maëlis en ouvrant les bras, Si nous n'étions pas arrivés, ils les auraient emportées en même temps que Gabrielle.

Alain m'a fait une grimace comme pour dire que le lieutenant le plus sexy du monde n'avait pas tort. J'ai feuilleté les photos du tableau en me perdant parmi les énormes rides et les plis démesurés. D'ici quelques jours, ils auraient commis leur coup et il n'y aurait alors plus rien à faire. Je me sentais cloué à Paris, frustré et déçu. Je pouvais appeler la *Questura* – la préfecture de police de Turin – pour leur dire que le marquis Raschera-Bettelmatt était sur le point de dérober un Mantegna ; ainsi, avant même de me passer la camisole de force, ils se seraient bidonnés.

– Selon moi, ce que nous savons est suffisant pour obtenir un beau billet vers l'Italie, a déclaré Deslandes qui semblait de nouveau sur des charbons ardents. Nous savons que chez le marquis, ici à Paris, Madame Satin a rencontré Christiane Broustal, que Marius Devaux est son complice, qu'un des faussaires les plus réputés d'Europe travaille pour eux et maintenant nous savons aussi quel tableau ils ont l'intention de voler.

– Lieutenant, vous n'avez pas l'impression de courir trop vite ? j'ai demandé d'un air las.

– Voyons commissaire, vous savez très bien que j'ai raison, vous pensez exactement la même chose.

Alain et moi nous sommes regardés.

– Il est probable que Deslandes n'ait pas tort, a-t-il dit, mais faire ingurgiter cette histoire à Le Normand ne sera pas une mince affaire. Ce billet pour l'Italie, je ne le vois pas encore dans nos poches.

– Nous avons besoin de Vastedda, mon vieux, ai-je grogné en prenant mon téléphone dans ma poche.

J'ai appelé Olivier Flamant au 36 et lui ai dit de passer chez Caron qui avait des photos pour lui et de filer à Art-en-Images voir si quelqu'un savait qui étaient les personnes rencontrées par Vastedda au Grand Palais. Devaux était parti, mais quelqu'un d'autre pouvait peut-être nous aider, et il était possible que Chappaz soit rentré.

Pendant que je terminais mon café, un gros pigeon s'est posé sur le rebord de la fenêtre et s'est mis à me fixer de son œil jaune et rond. Couleur cendre, ailes un peu plus claires et plumes autour du cou brillant de reflets chatoyants. Il semblait se moquer de moi, en particulier à sa façon de pencher sa petite tête de malheur. Il m'a presque mis mal à l'aise. J'ai fait un geste d'irritation et il s'est envolé.

– C'est quoi cet endroit ? a demandé Maëlis en me détournant de mes démêlés ornithologiques. Elle tenait à la main la photo de Vastedda et de son accompagnatrice.

– Aucune idée.

Michel lui a gentiment pris la photo des mains pour la regarder :

– Il pourrait s'agir de Saint-Pierre-de-Montmartre, a-t-il avancé sans beaucoup de conviction.

– Elle n'a pas des toits verts, l'a contredit Alain.

– C'est Notre-Dame-de-la-Paix, a dit Guibert avec assurance en regardant par-dessus l'épaule de Coccio.

– Tu en es sûr ?

– Absolument, c'est dans le jardin du cimetière de Picpus. J'habite juste derrière.

– Notre-Dame-de-la-Paix, ai-je murmuré, Martine a écrit le même nom au verso de la carte que son père m'a remise. D'après elle, Vastedda travaillait dans le coin.

– On y arrive par la rue de Picpus, a précisé Guibert.

– La rue de Picpus est plutôt longue, a ajouté Alain.

– Il existe aussi un boulevard du même nom, a précisé Michel.

Silence.

– Qu'est-ce que Gustave vous a dit avant de mourir ? a tout à coup demandé Maëlis.

Je l'ai regardée, perplexe :

– Ben, il m'a dit « madame »…

– Mais non, pas ça, l'autre chose ?

– Quelque chose comme 11, icus…

J'ai sursauté :

– Mais oui, bien sûr, il essayait de me donner une adresse, 11 Picpus !

Excitation générale. Avec un petit problème pourtant : la rue ou le boulevard ?

21

En passant près du cimetière où, selon Hugo, se trouvait le couvent dans lequel Jean Valjean s'était caché, la ligne aérienne du métro coupe le boulevard de Picpus en deux. Nous avons parcouru une bonne partie de la longue allée pour arriver à hauteur du numéro 11 en face duquel se trouvait la station Bel-Air.

Aux alentours de l'année 1575, ce boulevard n'était qu'une large bande de boue qui traversait un territoire misérable et dénudé. On fait remonter son nom ridicule à une épidémie qui s'était déclarée dans la banlieue de Paris et se manifestait par des boutons semblables à des piqûres d'insectes. La légende veut que le fléau ait été miraculeusement éradiqué grâce à l'étape d'un moine dans ce village qui prit le nom de Pique-Puce.

Rogliatti s'est garé le long du mur de la station aérienne décorée de vieilles briques. De là, on voyait un portail en métal gris grand ouvert sur le début d'une ruelle cimentée. Elle descendait légèrement en longeant un haut mur d'enceinte derrière lequel poussaient des arbres de haute futaie.

Deux métros sont passés au-dessus de nos têtes avec un bruit de ferraille, l'un partait, l'autre arrivait. À part Rogliatti pour qui tout était routine, il y avait pas mal de tensions dans l'auto.

Maëlis m'a regardé. Quelques gouttes de sueur perlaient sur sa lèvre supérieure. Malgré les fenêtres baissées, il faisait chaud à l'intérieur.

J'ai tapoté l'épaule de Rogliatti :

– Allez, mon vieux, faufile-toi par ce portail, autrement ça va être un sauna ici.

Nous avons descendu au pas cette espèce de sentier coincé entre le mur du jardin et l'arrière des immeubles donnant sur le boulevard. Notre course a pris fin devant une longue file de boxes aux portes rouillées qui délimitaient un vaste espace de terre battue couvert de mauvaises herbes.

Au-delà du toit plat, des garages puis des grands arbres, on apercevait les derniers étages des immeubles de l'allée. À gauche, un bâtiment plutôt mal en point s'élevait adossé au mur d'enceinte – un magasin ou un atelier dont le temps avait défraîchi l'ancienne beauté. Les fenêtres étaient fermées par des volets écaillés. Barricadée aussi, la porte d'entrée donnant sur une large terrasse en ciment armé à laquelle on accédait par un escalier à l'air branlant en métal rouillé et en bois.

Une femme étendait du linge sur un balcon du deuxième étage. Elle s'est interrompue pour jeter un œil distrait sur nous, puis elle a repris son travail. Le soleil dessinait sur le terrain de terre battue un grand tableau incandescent d'où jaillissait le reflet verdâtre de la végétation environnante.

Maëlis et Rogliatti sont restés près de la voiture. J'ai escaladé les marches, ai traversé la terrasse et me suis approché de la porte pour m'arrêter devant les deux battants de bois sombre et usé. Par terre, plusieurs mégots, certains récents, d'autres plus vieux jaunis par la pluie.

Une étiquette et une carte de visite, toutes deux très usées, étaient collées contre la porte. Sur la carte se détachait le logotype BDM accompagné d'un chapiteau ionique stylisé, le même que sur l'enveloppe des morceaux de lin. L'étiquette, en épais bristol couleur crème, portait les lettres délavées C. et V. écrites avec un gros pinceau marron et une certaine habileté calligraphique.

Sans doute notre ami Vastedda dont pourtant il ne semblait pas y avoir l'ombre.

J'ai essayé de pousser, mais le battant était verrouillé comme l'esprit de quelqu'un qui passe ses journées à parler de football.

– Alors ? a demandé Deslandes à haute voix.

– Vastedda vivait ici, mais comme d'habitude je dirais que nous sommes en retard.

J'ai tâché de glisser les doigts dans l'ouverture entre les battants mais sans parvenir à rien. Il fallait, pour entrer, un pied-de-biche ou un outil de ce genre.

– Ça fait quelques jours qu'on voit personne, a dit une voix qui, bien que provenant d'en haut, ne ressemblait pas tout à fait à celle du bon Dieu. J'ai levé la tête. La femme grassouillette du deuxième étage m'observait avec méfiance.

– Bonjour, madame, lui ai-je lancé en utilisant une main pour me protéger les yeux du soleil, quand avez-vous vu les propriétaires pour la dernière fois ?

Elle a fait la grimace :

– C'est pas mes oignons, j'veux pas d'ennuis, moi.

J'ai exhibé les trois couleurs, condensées pour tenir dans l'espace de ma carte mais suffisamment significatives pour pouvoir impressionner même de là-haut.

– Nous sommes de la police, madame, nous recherchons des gens. Vous pouvez peut-être nous aider.

– Il fallait le dire tout de suite, a-t-elle gloussé en s'appuyant à la rambarde. Dire que M. Calogero avait l'air tellement comme il faut. Ceux qui défilaient dans son atelier, pas trop, mais lui semblait vraiment être quelqu'un de bien.

– Vous l'avez vu récemment ?

– Il y a deux ou trois jours.

– Il habitait ici ?

– Mais non, il louait l'atelier. En général il venait le matin et quelques heures l'après-midi. De toute façon je m'intéressais pas beaucoup à ce qu'il faisait.

– C'est évident. Vous pouvez me dire depuis combien de temps il le louait ?

Elle a réfléchi en regardant le ciel :

– Quatre ou cinq ans, j'me rappelle pas exactement.

– Il était seul ?

– D'autres personnes venaient ici avec lui, deux types un peu bizarres. Parfois on les voyait plus pendant des semaines…

Elle s'est mis une main sur le côté de la bouche de façon à ce que tout Paris n'entende pas :

– Selon moi, ils étaient un peu pédés, a-t-elle chuchoté, vous savez ce que je veux dire… Mais, que ce soit clair, moi j'ai rien contre les pédés… D'ailleurs, ils étaient gentils et avec M. Calogero ils parlaient italien. Ça fait un bon moment que je les vois pas, ces deux-là.

– C'était quand la dernière fois ?

– Il y a une récompense, par hasard ?

– Non madame, ai-je répondu patiemment, nous ne sommes pas au Far West.

Maëlis et Aurélien ont souri, elle a haussé les épaules, déçue :

– Dommage. Ça fait plus ou moins deux mois que je les vois pas, ces deux-là. Mais, comme je l'ai dit, je fais pas très attention à c'qui se passe autour.

– Et Vastedda ? Je veux dire : M. Calogero ?

– Je l'ai vu il y a trois jours encore. Il est venu ici avec un camion et cinq ou six autres personnes, des gens vraiment moches. Quand je l'ai salué, ceux-là m'ont dit de m'occuper de mes affaires, ben… avec d'autres mots, vous voyez c'que je veux dire… Ils ont emporté un tas de choses, de gros paquets. M. Calogero semblait assez fâché. Il est parti le premier avec une femme ; les autres, au contraire, sont restés ici tout l'après-midi pour finir de charger le camion.

– Vous pourriez décrire la femme ? a demandé Maëlis.

Elle a de nouveau haussé les épaules :

– Qu'est-ce que vous voulez qu'je vous dise, c'était une femme, elle portait une robe à fleurs et des sandales. J'l'ai pas vu de face parce qu'elle portait un chapeau de paille. En tout cas, elle avait l'air d'une riche, même si je fais pas attention à certaines choses.

J'ai été gagné par une légère dépression, j'en avais vraiment plein les couilles de toute cette histoire. Il semblait que Vastedda aussi s'était fait la malle. Ces gens étaient malheureusement forts, j'avais la sensation d'être toujours un pas en arrière.

J'entendais Turin m'appeler de sa voix persuasive comme le faisaient les sirènes avec Ulysse. Et, comme lui, je me sentais moi aussi pieds et poings liés au mât de mon navire sans pouvoir remuer le petit doigt.

J'ai remercié la ménagère du balcon. Le spectacle était fini et elle s'est remise à étendre son linge à contrecœur.

– Prends quelque chose pour ouvrir cette porte, j'ai demandé à Rogliatti.

Pendant qu'il fouillait dans le coffre de la voiture, Maëlis a appuyé ses bras contre le toit et posé le menton sur ses mains. Son visage était assombri et son regard mécontent.

Aurélien a pris le levier du cric et m'a rejoint sur la terrasse.

– Vois si tu réussis à l'ouvrir, j'ai dit en appuyant mes fesses contre la rambarde.

Il s'est mis à travailler avec une certaine habileté et, en quelques minutes, la porte a commencé à grincer. J'ai pris mon téléphone dans la poche de ma veste pour appeler Alain.

C'est alors qu'une explosion a fait trembler tout le balcon.

Le déplacement d'air m'a expédié par-delà la rambarde à laquelle j'ai réussi à m'agripper de justesse. Je suis resté étourdi quelques secondes, jambes pendantes. L'air était plein de fumée et j'avais du mal à respirer. Avec effort je me suis hissé en essayant de m'aider de mes pieds pour me relever. J'ai enfin réussi et, enjambant la main courante, je suis retourné sur la terrasse.

La porte de l'atelier était grande ouverte et tout brûlait à l'intérieur. L'explosion avait expédié Rogliatti au sol de tout son long. Il semblait hors combat, écrasé et roussi. Un filet de sang coulait de son nez et son pantalon était en flammes. J'ai couru vers lui en enlevant ma veste et la lui ai jetée sur les jambes, mais pendant que je tâchais d'éteindre le feu elle aussi a commencé à brûler.

Une forte poussée m'a éloigné de Rogliatti. Maëlis a pointé le jet de l'extincteur et a appuyé sur le levier. Un nuage blanc a recouvert les jambes d'Aurélien et les flammes se sont éteintes.

Nous nous sommes dévisagés en haletant. Ses cheveux ébouriffés tombaient sur son visage en mèches désordonnées qu'elle a écartées de la pointe des doigts.

– Il était dans la voiture, a-t-elle expliqué avec un filet de voix.

– Merci, ai-je susurré.

Mes jambes tremblaient. Tout en continuant de soutenir l'extincteur elle m'a fait un signe de tête, puis elle a de nouveau agrippé le tuyau et s'est retournée vers les flammes qui sortaient du bâtiment.

– Je vais voir si je peux faire quelque chose.

– Mon Dieu, mon Dieu… a crié la voix de la femme du second. Accroupie là-haut sur son balcon, elle nous regardait, affolée, à travers les barres de la rambarde.

– Rentrez chez vous et appelez les pompiers, lui ai-je hurlé. Allez vite !

Elle ne se l'est pas fait répéter deux fois.

Je me suis penché sur Rogliatti et l'ai palpé çà et là, il semblait sain et sauf mais dans le monde des songes. Le claquement de l'extincteur tombant sur le ciment m'a fait sursauter. J'ai levé les yeux et Maëlis m'a regardé, surprise :

– Il a dû m'échapper, a-t-elle murmuré.

– Faites attention, c'est dangereux.

Elle l'a ramassé en l'empoignant plus fortement et a fait un pas vers la porte. Quelque chose a touché l'extincteur, le lui arrachant à nouveau des mains. Il a roulé en sifflant dans un nuage de poussière blanche et s'est arrêté contre le mur où il s'est vidé en quelques secondes. À peu près à la moitié de la bonbonne, on voyait deux déformations, l'une éraflée, l'autre concave avec le trou d'une balle au centre.

– On nous tire dessus ! j'ai hurlé en m'accroupissant à côté d'Aurélien.

J'ai regardé vers le bas des garages mais n'ai rien vu d'autre que les arbres et les immeubles plus ou moins éloignés. Quelle que soit la personne, elle utilisait une longue-vue et un silencieux.

Deux autres balles ont rebondi sur le sol en écaillant le ciment. Une s'est perdue dans l'atelier avec un bourdonnement sourd. Maëlis a couru vers moi pliée en deux, alors qu'avec un claquement métallique un cinquième coup touchait la rambarde de l'escalier à un mètre de ma tête.

– Aidez-moi, j'ai crié, prenons Rogliatti et portons-le à l'abri.

Je l'ai saisi sous les aisselles, elle l'a pris par les jambes, puis nous avons galopé vers l'escalier. La rambarde de la terrasse a été touchée plusieurs fois avec une série de claquements sonores. Miaulement de balles perdues. En descendant les marches, gêné par le poids mort de mon collègue, j'en attendais une dans la nuque. Par contre, comme nous passions à côté de la Mégane, l'énième projectile a centré le pare-brise pour ressortir par la portière du conducteur en faisant un trou gros comme une balle de tennis.

Nous avons atteint le bâtiment bas en courant et nous nous sommes cachés à l'abri des garages. Nous avons allongé Aurélien avec délicatesse sur les touffes d'herbe. Deux autres coups ont visé notre voiture, le pare-brise a déclaré forfait, volant en mille morceaux, et un nuage de vapeur s'est échappé d'un trou allongé qui s'était formé au centre du coffre.

J'ai récupéré ce qui restait de ma veste, l'ai pliée en quatre et l'ai placée sous la nuque de Rogliatti. Avec mille précautions j'ai soulevé quelques lambeaux de son pantalon, découvrant une série de brûlures qui montaient le long du mollet. J'ai juré en silence en croisant le regard de Maëlis. Son air inhabituellement dépenaillé et ses cheveux emmêlés lui donnaient l'aspect d'une guerrière traquée, elle haletait. Je restais baba devant sa beauté.

– C'est grave ? a-t-elle demandé en désignant les jambes d'Aurélien d'un geste du menton.

– Les brûlures ne sont pas très étendues, mais il faut vite l'emmener à l'hôpital, il pourrait avoir une commotion. J'ai perdu mon téléphone, vous en avez un à portée de main ?

Elle a fouillé dans ses poches et m'a passé le sien. J'ai appelé Alain, Médecins sans frontières, Emergency, Batman, Robin et les Quatre Fantastiques, puis nous nous sommes assis par terre pour attendre, dos appuyés contre la porte rouillée d'une remise. Rogliatti s'est plaint. Avec mon mouchoir, j'ai essuyé la sueur de son front et enlevé le sang de son visage. Elle m'a gentiment souri.

– L'autre jour, vous vous demandiez ce qu'on éprouve lorsqu'on vous tire dessus, ai-je dit en écartant une mèche rebelle de son front. Maintenant vous devriez le savoir…

Elle a soupiré :

– Nous avons eu de la chance… sur cette terrasse, je me suis vraiment vue morte.

– Ce n'est pas sur nous qu'ils tiraient, quelqu'un qui tire de cette façon ne nous aurait pas manqués. Ils voulaient seulement nous empêcher d'éteindre l'incendie.

– Qu'est-ce que vous dites ?

– L'amorce explosive était reliée à la porte. Quand Rogliatti l'a ouverte… Ben, vous avez vu, non ?

Ses sourcils se sont froncés :

– Alors, pourquoi n'ont-ils pas mis le feu à l'atelier quand ils sont partis avec le camion ?

– Parce qu'ils nous auraient fait découvrir cet endroit il y a trois jours. Le risque aurait été que nous ne laissions pas partir Devaux ou que nous bloquions trains et aéroports.

De ses deux mains elle a rejeté ses cheveux en arrière tout en regardant les flammes se répandre en sifflant à travers les ouvertures des fenêtres.

– Selon vous, qu'est-ce qui est en train de brûler là-dedans ?

Tout ce qu'ils n'ont pas réussi à emporter, lieutenant, nous ne le saurons probablement jamais.

– Nom d'une pipe, a-t-elle murmuré.

Nous nous sommes regardés droit dans les yeux pendant un moment. Son regard m'a capturé, m'a secoué en tous sens puis m'a remis à ma place. J'ai vu une ouverture dans sa carapace de reproches. Feu et balles semblaient nous avoir un peu rapprochés.

– On fait la paix ? ai-je proposé.

D'un mouvement lent, elle a détaché son regard du mien :

– Sachez que si vous descendez quelqu'un d'autre de cette manière je vous dénoncerai aux bœufs-carottes.

J'ai fait la moue en regardant une touffe d'herbe entre mes chaussures. « *Listening to you, I get the music* » ai-je chantonné, « *gazing at you, I get the heat…* ».

Elle s'est retournée et m'a donné un coup de poing dans l'épaule :

– Ça suffit, a-t-elle dit énervée.

Nous sommes restés silencieux – elle, essayant de s'arranger un peu ; moi, massant mon épaule. Il faisait si chaud que j'étais bien sans veste. Cette espèce de cour semblait grésiller sous la lumière du soleil, la chaleur rendait tout jaune – l'herbe, la terre, les feuilles des arbres. Même l'auto criblée de balles était jaune, elle semblait abandonnée là depuis un siècle et demi. Aux pieds du bâtiment, l'ombre était tiède et suffocante, d'une tonalité couleur brique. J'ai observé la poitrine de Rogliatti qui se soulevait régulièrement au rythme de sa respiration.

– Quand votre mari vous a-t-il quitté ? a soudain demandé ma voix.

Elle a cessé d'arranger ses cheveux et m'a regardé comme si je venais de lui demander de me montrer ses seins. Puis elle a fini d'attacher sa queue-de-cheval avant de baisser les bras d'un mouvement las.

– Il y a un peu plus d'un an, a-t-elle enfin répondu.

– Ça a été dur ?

Elle a haussé les épaules :

– Je l'ai pris comme un échec.

– C'est absurde, c'est lui qui est parti et, franchement, je n'arrive pas à comprendre pourquoi.

– Écoutez, a-t-elle soupiré, votre collègue est blessé, là par terre, je ne crois pas que ce soit le moment…

– Je ne pense pas qu'Aurélien nous écoute.

Elle a souri.

– Pourquoi ma vie vous intéresse-t-elle tant ? a-t-elle demandé en me fixant avec curiosité.

– Parce que je crois que vous avez une envie folle d'en parler.

Elle s'est mise à gribouiller par terre avec un petit bâton. Sa fragilité soudaine m'a donné une petite secousse en bas quelque part près du nombril.

– Quand il m'a quittée, a-t-elle repris en haussant les épaules, le monde s'est écroulé. Je pensais que tout fonctionnait à la perfection, notre relation, le travail, tout, tandis que ma vie était en train de partir à vau-l'eau. Le plus beau dans tout ça, c'est que je ne m'étais aperçue de rien, pas même de ses trahisons. Je l'aimais, et lui, il volait mon argent et montait mes parents contre moi. Il m'a comme anéantie, alors je me suis repliée sur moi-même.

– Vous devriez vous distraire, lieutenant, oublier. Vous êtes quelqu'un de doué, selon moi il faut bien plus qu'un fils de pute pour vous abattre.

– Si vous le dites, mais contre ce fils de pute j'ai aussi perdu le procès pour les compensations.

– Ça peut arriver à tout le monde de perdre un procès, Maëlis, cela ne veut pas dire échec.

Elle a jeté le bâtonnet par terre et a secoué la poussière de ses mains, puis elle m'a regardé avec un petit sourire, les yeux à demi fermés à cause de la lumière.

– Je pense parfois que je ne suis pas à la hauteur.

– Foutaise, c'est seulement grâce à vous que l'enquête est arrivée à ce point.

Elle m'a fixé, sarcastique :

– À ce point où, commissaire ?

– Ben… – J'ai hésité –… dans cette cour merdique, avec une voiture toute trouée et un type à demi rôti étendu par terre.

L'atelier brûlait désormais entièrement avec tous ses secrets. Dans le lointain, un susurrement tremblant est rapidement devenu une sirène.

J'ai fait quelques pas dans l'atmosphère carbonisée avec de l'eau aux chevilles, ce qui revient à dire que, en plus de la veste, j'étais aussi en train de foutre en l'air mes chaussures. L'odeur de brûlé coupait le souffle, il y avait encore pas mal de fumée dans l'énorme salle. J'avais l'impression d'évoluer dans l'une de ces grandes sculptures de Louise Nevelson, fragments de tables, morceaux d'armoires, résidus de boiserie, tout cela noir et trempé. J'ai saisi une espèce de bâton et de quelques coups j'ai ouvert une des fenêtres.

Fiat lux. Nous pouvons tous de temps en temps être Dieu.

La lumière a tout rendu plus déprimant encore. Pas la moindre épingle n'avait été épargnée, tout avait été détruit par le feu, fondu, dissout, supprimé.

– Il y a ici un tas de tubes de peinture carbonisés, a annoncé Alain qui, comme moi, était en train de dégueulasser ses chaussures.

Je l'ai rejoint. Contre le mur, une douzaine de cadres noircis ; les toiles avaient été consumées par les flammes. Une partie du toit s'était écroulée et parmi les morceaux de tuiles et les débris de bois brûlé on voyait des dizaines de tubes et de boîtes de peinture à l'huile, des restes de pinceaux de toutes dimensions et des palettes de couleur. Tout ce qui avait été en papier s'était évaporé à la chaleur.

– Regarde ce truc, on dirait une sorte de grand chevalet.

Alain s'est approché dans un léger clapotis. Il s'est accroupi pour examiner le bois carbonisé restant autour de la structure de métal noirci. On voyait encore une série de joints et de leviers. Seuls quatre grands pieds en bois soutenant l'engin avaient résisté.

– Il est énorme, a-t-il grogné en passant un doigt sur le métal de la structure. Il fait au moins quatre mètres de long, je me demande bien pourquoi ils l'ont laissé brûler.

– J'en sais rien. Peut-être qu'ils ne pouvaient pas l'emporter ou bien ils n'en avaient plus besoin.

Il m'a regardé en tripotant ses lèvres :

– À quoi peut donc servir un tel engin ?

J'ai ouvert les bras pour signifier que je n'en savais strictement rien.

– Grâce aux photos qu'on a trouvées sur l'ordinateur de Gustave, les gars de la scientifique auront peut-être quelques illuminations.

Il y a eu une série de craquements sinistres tandis que l'eau recommençait à couler du plafond. D'autres tuiles ont glissé dans la pièce et se sont abattues au sol avec une série de coups secs. J'ai pris Alain par le bras :

– Partons d'ici avant que le toit ne s'écroule sur nos têtes. De toute façon, il ne reste pas grand-chose à voir.

Nous sommes sortis à la lumière du soleil. Dos appuyé contre la portière de la voiture, Maëlis bavardait avec Didier Cofferati et Michel Coccioni. Les pompiers avaient fini d'enrouler leurs lances et les chargeaient sur le camion. Dans l'ambulance partie vingt minutes plus tôt, Aurélien avait repris connaissance et les médecins du Samu lui avaient administré les premiers soins, genre onguents, cordial, perfusion, claques sur l'épaule, câlins, une cigarette, quelques chocolats et un bisou de l'infirmière.

– Il n'est pas resté grand-chose, a constaté Coccio.

– Tout a brûlé, mais il y avait des toiles, de la peinture, des pinceaux et aussi une sorte d'énorme chevalet.

– Maudites flammes, comment ça s'est passé ?

– Aurélien a forcé la porte et quand il l'a ouverte tout a sauté. Il s'en est bien tiré, il pouvait y laisser la peau.

– Et le sniper ?

J'ai haussé les épaules :

– Il est à nos trousses depuis le début, il est évident qu'il tenait à l'œil cet endroit aussi.

– Les collègues du XIIe cherchent à localiser l'endroit d'où il a tiré, a ajouté Didier tirant de sa poche une enveloppe pour me la tendre : c'est Olivier qui te les envoie.

C'était les photos des types parlant avec Vastedda prises par Martine à l'inauguration de l'exposition. Au dos, Flamant avait écrit leurs noms et qualifications. Le marquis Raschera-Bettelmatt, je le connaissais déjà ; les autres étaient Jérôme Matevossian, responsable de l'expo, et le sculpteur Abdellatif Kechiche.

– Olivier, qu'est-ce qu'il t'a dit ?

– Que Matevossian et Kechiche sont au-dessus de tout soupçon.

– Alors on est vraiment dans la merde. Il n'y a désormais plus personne à Paris. On ne peut pas entrer dans la maison de la Fondation et Vastedda nous a filé sous le nez.

– Il est très probablement déjà arrivé à Turin, a renchéri Alain en enfilant entre ses lèvres une Caporal qu'il a allumée contre le toit de la Mégane.

– Est-ce que vous avez des nouvelles de Leila, par hasard ?

– Ce matin elle avait rendez-vous aux Brocs, a répondu Didier, quand nous sommes partis elle était dans le bureau de Le Normand. D'ailleurs, je crois que tu ferais mieux de passer un coup de fil au patron.

– À propos, est intervenue Maëlis en fouillant dans sa poche, je l'ai trouvé sous l'escalier.

Elle m'a tendu mon téléphone. L'écran était cassé mais je n'ai pas eu le temps de me demander s'il fonctionnait encore, car à ce moment-là il s'est mis à sonner. Je l'ai porté à l'oreille.

– Qui est avec toi ? a rugi Le Normand.

– Servandoni, Coccioni, Cofferati et Deslandes, on est…

– Dans vingt minutes je vous veux dans mon bureau.

– En fait nous attendons que…

– Tu te laves les oreilles, le matin ? J'ai dit vingt minutes.

– D'accord, patron, nous y serons.

– C'est comme ça que tu me plais. Comment va Rogliatti ?

– Un peu brûlé mais en bonne forme. Je crois qu'il est…

– Tu me raconteras sa vie une autre fois, soyez ponctuels.

Il a raccroché. Les autres me regardaient comme des accusés en attente de la sentence.

– C'était le patron. Il nous veut tous dans son bureau.

22

– Monsieur est le commissaire divisionnaire Jérôme de Chabichou de la BRB, a dit Le Normand en présentant le dandy assis à ses côtés.

Échange de signes de tête, toussotements à travers la pièce. Le bureau du patron était plutôt embouteillé ce matin-là. Mis à part les blessés et les contusionnés, nous étions tous là et Chabichou était accompagné de deux des siens. Leila était assise près de lui et ils continuaient tous les deux à échanger de brèves phrases à voix basse.

– J'imagine que Leila Santoni vous a déjà mis au courant. Nos investigations se superposaient à l'enquête que Chabichou et ses hommes mènent depuis quelque temps. J'ai officieusement demandé au lieutenant Santoni de prendre des accords avec le directeur de la BRB et cette réunion est le résultat de son efficacité.

Leila m'a fait un clin d'œil, Chabichou a changé de position sur sa chaise en croisant les jambes. Il portait un costume de lin couleur crème coupé à la perfection. Maigre, grand, épais cheveux bruns grisonnant à peine sur les tempes malgré son âge. Le long visage était divisé en son milieu par un nez fin, légèrement busqué, plongeant un peu sur des lèvres charnues bien dessinées. Les yeux noisette étaient mobiles, intelligents, débordant de malice. Il me rappelait vaguement Georges Descrières dans l'un de ses déguisements d'Arsène Lupin. Il ne lui manquait que le canotier.

Une élégance raffinée, celle du Baron. Il a regardé dans ma direction en caressant son menton effilé marqué par une légère fossette. Il m'a souri mais je n'ai pas répondu, je me demandais d'où arriverait la torpille.

Le Normand a cédé la scène à la grande perche des Brocs qui s'est levée pour venir se placer devant nous, le regard soucieux et deux doigts tripotant sa lèvre inférieure avec insistance. De toute évidence, il réfléchissait.

– Mon équipe travaille sur Guidobaldo Raschera-Bettelmatt depuis presque deux ans, a-t-il commencé de but en blanc. Pendant tout ce temps, nous ne sommes pas parvenus à grand-chose. Le marquis est un personnage influent, il a des relations et des amitiés haut placées, et sa fondation a une réputation internationale.

– Comment êtes-vous arrivés au marquis ? a demandé Alain.

– Nous avons eu les premiers soupçons en enquêtant sur différents vols d'art commis ici en France. Dans certains cas, les peintures originales avaient été substituées par des faux parfaits. Il est possible qu'il ait fallu des années pour que les conservateurs des musées s'en aperçoivent.

– De quel genre de tableau s'agit-il ? ai-je demandé.

– En majorité d'art religieux. XVe et XVIe. Les substitutions pourraient avoir eu lieu quand les œuvres étaient restaurées, nous ne savons donc pas combien de temps cette histoire a duré. C'est plus tard que nous sommes arrivés aux associés d'Art-en-Images, grâce à une de mes intuitions sur Calogero Vastedda. Malheureusement, nous n'avons pas eu l'occasion de l'interroger, étant donné qu'il a disparu avant que nous ne puissions le faire.

– Et Chapaz et Devaux ? j'ai grogné, ceux-là étaient à votre disposition, pourquoi est-ce que vous ne les avez pas interrogés, eux ?

Il m'a regardé sourcils froncés, tête légèrement inclinée sur le côté. Ses hommes le surnommaient « le Crabe » à cause de sa façon de marcher dans la rue, tout de travers pour regarder les vitrines.

– Nous savons que Chappaz n'y est pour rien et nous n'avons pas de preuves contre Devaux. Aucun juge ne nous permettrait de le mettre sous pressoir. Une grande partie de l'activité du studio se fait à l'étranger et il n'est pas facile de coordonner les enquêtes avec la police d'autres pays. Ceci et la très bonne réputation d'Art-en-Images nous ont empêchés de transformer des suspicions en certitudes. De plus, ils ont, depuis quelque temps, suspendu toute activité criminelle. Nous soupçonnons Vastedda d'avoir eu besoin de temps pour préparer quelque chose de très gros.

– Nous pensons que le Mantegna est peut être le prochain objectif, est intervenu Alain, mais il se peut que ce soit une tentative pour nous mener sur la mauvaise piste.

– C'est probable, mais nous avons peu de certitudes sur cela aussi. Bien sûr, si Lalanne avait réussi à partir, elle aurait emporté ces photos. Il n'est pas exclu qu'ils tentent une substitution à l'exposition pour nous éloigner de leur véritable objectif.

– La police italienne est au courant ?

– Cela aurait été une complication, nous avons préféré travailler seuls. Quand le studio Chappaz-Devaux a éveillé notre curiosité, deux de mes hommes se sont rendus à Turin. C'est comme ça que nous avons chopé Beltramo et De Medici. Notre impression est qu'on les a éliminés parce qu'ils tentaient de faire un coup pour leur compte. De toute façon, ils sont morts avant de parler.

– Ce ne sont pas les seuls, ai-je rétorqué, tranchant.

Chabichou a soupiré. Tout à coup, il m'a semblé vieux, fatigué et désenchanté. Ses sourcils se sont froncés en formant un pli de mécontentement.

– Martine travaillait pour moi, a-t-il marmonné.

Ses paroles se sont répandues dans la pièce comme du plomb fondu, lourdes et inattendues. Je me suis levé brusquement.

– Qu'est-ce que vous avez dit ?

– C'est de ma faute s'ils l'ont tuée.

– Qui était Martine, une espèce de flic ? ai-je rugi.

– Non, elle voulait m'aider et elle a réussi à me convaincre. Ça s'est fait par hasard, elle connaissait Gustave Deshayes, alors…

– C'était seulement une photographe, *cristo santo*, j'ai crié au visage du joli cœur. Vous l'avez envoyé à la boucherie, *brutto figlio di puttana*[1].

J'étais hors de moi. Alain m'a pris par le bras et m'a tiré en arrière avant que je ne lui flanque des coups. Le Normand a surgi de son fauteuil, son visage habituellement granitique défait par la colère :

– Assieds-toi sur cette satanée chaise ou je te sors de l'enquête, a-t-il braillé.

Nous étions tous debout, une semi-émeute ou quelque chose comme ça. Les deux sous-fifres du vieux se sont rangés à côté de leur chef l'air menaçant. Le silence a rempli la pièce comme un liquide suffocant pendant que je me rasseyais à ma place sans détacher mes yeux de ceux de Chabichou. Chacun de son côté, les autres ont fait de même.

Le Crabe s'est approché, l'air affligé :

– Martine était ma nièce, commissaire, je ne me pardonnerai jamais ce qui est arrivé.

Je l'ai regardé, stupéfait. Voilà pourquoi il était aux funérailles. Sa perte, infiniment plus grande que la mienne, a fait retomber ma colère me tassant sur ma chaise, sombre et distant :

– Pourquoi est-ce qu'elle n'a pas voulu me parler ? ai-je grogné.

– Nous lui avions demandé de ne pas le faire. Quand vous vous êtes… Eh bien, quand vous vous êtes mis ensemble nous avons craint qu'une ingérence de votre part ne fasse voler en

1. « Sale fils de pute ».

éclats des mois d'enquête. D'ailleurs, comme c'était prévisible, la présence subite d'un policier dans la vie de Martine a mis Devaux et compagnie sur leurs gardes.

– À ce moment-là vous auriez dû la retirer du studio, pourquoi ne l'avez-vous pas fait ?

Il a passé une main dans ses cheveux.

– J'ai tenté, croyez-moi, mais Martine était du genre têtue. Elle disait être sur une bonne piste et ne voulait pas renoncer. Deux de mes hommes la suivaient jour et nuit, mais comme ce maudit soir elle devait sortir avec vous elle m'avait demandé qu'ils ne soient pas là. Une fatalité.

Nous nous sommes dévisagés avec attention. Aucune accusation dans son regard, aucune réprobation, seulement une tristesse identique à celle que j'éprouvais au souvenir de Martine.

– Elle était certaine de trouver les preuves du lien existant entre le studio, Vastedda et Rascherra-Bettelmatt. Au début, nous avons pensé vous stopper, et puis, à un certain moment, votre enquête a commencé à secouer lourdement ces gens, alors nous avons décidé de vous suivre pour voir ce qui arriverait.

– Lequel de vous deux conduisait la Citroën bleue ? ai-je demandé en scrutant les flics des Brocs.

L'un d'eux, un grassouillet qui faisait tout son possible pour ressembler à un intellectuel, a regardé la pointe de ses chaussures en daim clair. Il voulait être aussi dandy que son chef, mais il lui ressemblait comme un thon à un dauphin.

– Je l'ai dit des milliers de fois à Desbiolles de ne pas utiliser cette voiture ridicule, est intervenu le Crabe.

– C'était toujours vous à Bicêtre ? a demandé Maëlis en éclaircissant la voix.

Chabichou a pris un visage surpris en regardant ses écuyers l'air interrogatif, l'un d'abord, puis l'autre. Hochement négatif des têtes.

– Ces gens nous faisaient suivre, ai-je dit pour répondre à sa curiosité. L'un d'eux nous a glissé entre les doigts quand

Deslandes et moi sommes allés à Bicêtre pour interroger Christiane Broustal.

Je me suis levé et j'ai gagné la fenêtre. J'en avais plein les bottes d'être là à écouter des histoires qui me disaient que tout allait passer dans les mains des Brocs. Au-delà des vitres, au-delà des fourgons bleus de la gendarmerie, j'ai regardé la horde des touristes, les autos, le ciel, les immeubles et les pigeons. L'habituelle Paris, qui cette fois s'était bien foutue de moi.

Puis Chabichou a encore parlé :

– Le lieutenant Deslandes et vous irez à Turin.

Je me suis retourné, cachant mal ma surprise.

– Ces derniers jours, Leila Santoni a eu une série d'entretiens téléphoniques avec l'inspecteur Francesco Cat Berro de la *Questura* de Turin. Si je ne me trompe pas, lieutenant, vous le connaissez bien.

Maëlis a fait un signe d'acquiescement. Elle était encore plus surprise que moi.

– Cat Berro vous attend pour vous aider. Il le fera de façon semi-officieuse. Le préfet de police de Turin a été mis au courant de l'opération par Le Normand. Vu l'aspect délicat de l'affaire, ils se réservent le pouvoir de décider la position à prendre au cours de l'enquête.

– Qu'est-ce que nous devons faire à Turin ? ai-je demandé en échangeant un clin d'œil avec Le Normand.

– Trouver Calogero Vastedda, a répondu le Crabe. Il nous sert pour arriver à Rascherra-Bettelmatt. Vastedda est l'as caché dans sa manche, le seul qui puisse savoir ce qui est en jeu.

– Et Madame Satin ?

– Elle sera votre vrai problème, elle fera tout son possible pour protéger le marquis. À Turin, elle a déjà tué mon capitaine qui gardait les contacts avec Beltramo et De Medici. Elle l'a fait disparaître.

– Avez-vous une idée de l'identité de cette femme ?

– Nous avons pensé à Mme Smântânà-Brânzà, la femme du marquis, mais ce n'est qu'une hypothèse. Aucune des personnes avec lesquelles nous avons eu l'occasion de parler n'a jamais vu son visage.

– Calogero Vastedda sait probablement qui elle est, a suggéré Alain.

– Je suppose que oui, lui et le marquis se connaissent depuis longtemps. C'est pour cela qu'il est important de le trouver et de le ramener à Paris. Mis sous presse, il pourrait nous révéler un tas de choses intéressantes.

– Je ne crois pas que la police italienne nous permettra de le faire, ai-je dit, sceptique.

Chabichou s'est approché de moi :

– Vous n'aurez pas à demander la permission, commissaire, vous le ferez et c'est tout.

– Qu'avez-vous à me dire de madame…

J'ai sorti mon carnet et, le feuilletant :

– … de madame Szathmàry ?

– Madame Szathmàry est la directrice de la Fondation. Nous n'avons aucune raison de croire qu'elle est impliquée. C'est elle qui nous a indiqué Beltramo et De Medici. Ces deux-là étaient disposés à parler, malheureusement ils n'en ont pas eu le temps.

– Vous croyez qu'elle peut nous aider ?

Le Crabe s'est plissé une joue, l'air perplexe :

– Je ne sais pas, il s'agit tout de même d'une employée du marquis. Vous en jugerez si vous avez l'occasion de lui parler.

La réunion semblait être parvenue à son terme. Chabichou et ses hommes nous ont salués avant de quitter la pièce. Le Normand a donné à Alain et aux autres membres de l'équipe ses dernières instructions sur la façon de coordonner notre travail à Turin. Puis Maëlis est partie faire sa valise. Rendez-vous Gare de Lyon au train de 13 h 50, nous disposions de deux petites heures avant le départ.

– Accompagne-moi prendre un expresso, m'a demandé Le Normand en me faisant signe de le suivre.

Il s'est dirigé vers la porte et je l'ai suivi après avoir échangé un clin d'œil énigmatique avec mes collègues. Nous sommes sortis du 36 et avons traversé le pont Saint-Michel. Il m'a accompagné dans un bistrot aux rideaux rouges qui donnait sur le quai.

Nous nous sommes arrêtés au comptoir où trois médecins du Samu de l'Hôtel-Dieu s'efforçaient d'assécher à grandes lampées une bouteille de muscadet tout en vantant leurs prouesses amoureuses. Le patron de la gargote, un Noir plus noir que la conscience d'un fraudeur fiscal, les écoutait, captivé, un fin filet de bave coulant de sa lèvre inférieure.

– Deux cafés, s'il vous plaît, a commandé le patron.

Après avoir bataillé quelques minutes avec sa Faema, le barman a posé devant nous deux tasses pleines d'un liquide aqueux, puis il est retourné écouter le cantique des cantiques.

– Maintenant je voudrais que tu rembobines le film de ta vie, a dit Le Normand. Regarde-le bien et prends conscience du point où tu es arrivé. Tu en as fait du chemin depuis Villejuif jusqu'au quai des Orfèvres, fiston, je ne voudrais pas être obligé de te réexpédier d'où tu es venu. Tu réussis à lire entre les lignes ?

– Je pense que oui, patron, si je ne me trompe pas je vois un bâton de dynamite enfilé entre mes fesses.

– Si tu regardes mieux, tu verras que l'allumette pour allumer la mèche, c'est moi qui l'ai en main. La moindre connerie en Italie et je te renvoie direct patrouiller dans Villejuif.

– Comme toujours, tes concepts sont très clairs, ai-je mugi en tournant mon café.

– Ton père n'était pas un beau mec intellectuel comme toi, a-t-il dit en posant une main sur mon épaule ; il connaissait son affaire, le vieux Mordenti. Je suis sûr qu'il t'a filé quelques chromosomes, c'est pour ça que je sais que tu feras ce qu'il y a à faire. Et protège les arrières de cette beauté que tu emmènes avec toi.

– Ne t'en fais pas, je te la ramènerai entière.

– Ce n'est pas pour elle que je m'inquiète, mais pour ce qui te trotte dans la tête.

Nous nous sommes regardés en sirotant la lavasse que là-dedans ils s'obstinaient à appeler café. Il n'y avait pas grand-chose d'autre à dire, le sermon était fini et je l'appréciais comme tous ceux qu'il me faisait. Mon bloc de granit préféré utilisait ce système pour me communiquer son affection.

Nous sommes sortis sur le quai Saint-Michel. Il faisait chaud et le directeur a passé un mouchoir immaculé sur son front pour en éponger la sueur. Le Normand détestait abandonner son nid, le plein air lui donnait l'impression d'être plus exposé et vulnérable. Sans l'antique air martial de son bureau, il perdait une partie de son autorité.

J'ai levé un bras et une Volkswagen « Phaeton » vert métallisé s'est matérialisée à côté de moi. Le chauffeur du taxi a baissé la vitre et nous a dévisagés. Le patron m'a serré la main :

– Ramène-moi cette maudite femme, mais fais en sorte qu'elle puisse entrer dans mon bureau en marchant sur ses deux jambes, je me suis fait comprendre ?

– À la perfection.

– Là-bas tu seras seul, fiston, si tu te mets dans le pétrin je ne pourrai pas t'aider.

– Je regarderai où je mets les pieds, patron.

– Alors, merde !

Il m'a tenu la portière ouverte pendant que je m'installais sur le siège, puis il l'a claquée en déclenchant la fermeture. Parfum de neuf et sièges en cuir souple couleur crème, exactement le luxe dont j'avais besoin pour me remonter le moral. J'ai donné mon adresse au *nuvolari*[1] et nous sommes partis.

---

1. *Tazio Nuvolari* : coureur italien champion de courses de motos et d'automobiles dans les années 1920 et 1930.

23

Un léger parfum de menthe et de cyclamen m'a chatouillé les narines. Goût de fraîcheur, douceur et propreté.

– Lecture intéressante ? ai-je demandé en bâillant.

– Selon Chabichou, Vastedda est de mèche avec le marquis depuis plus de vingt ans.

À côté de moi, Deslandes parcourait les rapports que le Crabe et ses gars avaient partagés avec nous. Elle avait, pour le voyage, choisi un élégant chemisier blanc, une veste en daim noire, des jeans et de fines sandales en cuir marron foncé. Son séduisant profil se dessinait sur fond d'une campagne française défilant, rapide et lointaine, au-delà des fenêtres du TGV.

« *I am the passenger* », ai-je chantonné, « *and I ride, and I ride…* »

Maëlis a changé de position en s'étirant :

– Vingt ans, c'est une belle association, vous ne trouvez pas ?

– Le Louvre n'a donc été qu'un incident de parcours.

Elle m'a observé, préoccupée :

– Vastedda s'est déclaré coupable, laissant le marquis en dehors du coup.

– Et l'autre a réussi à le faire sortir pour bonne conduite. Calogero doit en savoir long sur son noble ami.

– Il nous en parlera lui-même une fois que nous l'aurons arrêté, a-t-elle bâillé.

– Vous pensez qu'on le prendra ? Nous n'y sommes pas parvenus à Paris, pourquoi donc devrions-nous réussir à Turin ?

– Parce qu'à Turin il ne s'attend pas à être découvert, a-t-elle poursuivi avec un petit sourire.

– Vous croyez vraiment qu'ils ne savent pas que nous arrivons ?

– J'en suis sûre.

– Carrément… Et qu'est-ce qui vous donne cette assurance ?

– Le fait qu'ils sont persuadés de nous avoir bien eus.

Elle a refermé le dossier et l'a glissé dans son sac.

– C'est probable, ai-je soupiré.

Ses iris clairs se sont posés sur moi :

– Ils n'ont gagné que le premier round ; si vous cessez d'y croire, alors c'est fichu d'avance.

Nous nous sommes étudiés un moment, nous soupesant mutuellement. Le diablotin était toujours perché sur mon épaule :

– Votre énergie me plaît, lieutenant, ai-je dit à voix basse, et j'apprécie votre parfum.

Elle a plissé les yeux et son visage s'est adouci. Elle allait dire quelque chose, mais ce casse-pieds de contrôleur est passé pour vérifier les billets. Quand il a enfin tourné les talons, Maëlis regardait par la fenêtre.

Dans le lointain, un énorme château, plein de tours et ceint de murailles. Les collines se succédaient comme les vagues d'un océan vert décoré de-ci de-là par des groupes d'arbres à tronc fin. Hêtres, chênes, peupliers et bosquets de charmes défilaient le long de la voie ferrée, cachant des villages isolés aux toits d'ardoise pentus.

J'ai pris *Le Parisien* et me suis installé plus commodément. Les bombes en Irak étaient désormais reléguées dans les entrefilets latéraux pour laisser la place à une désastreuse offensive de l'OTAN en Afghanistan qui, au lieu de permettre de reprendre du terrain aux talibans, semblait vouée à l'échec devant le lent mais inexorable retour de ceux-ci. Une sorte de petit Vietnam qui exigeait sa contribution de sang, de violence et de destructions.

À la fin des fins, nous ne savons rien faire d'autre dans ce putain de monde que de nous haïr les uns les autres, et moi, même si je me prenais pour un type formidable, je n'étais pas tellement mieux.

Le train s'est arrêté quelques minutes en la gare Saint-Exupéry de Lyon. J'ai refermé mon journal tandis que le convoi se remettait silencieusement en marche. Pendant ce temps, le lieutenant le plus beau du monde s'était endormie, mains sur le ventre et tête appuyée contre mon épaule. J'ai posé ma joue sur ses cheveux parfumés en fermant les yeux pour jouir de ce contact rapproché. Puis, du côté de Saint-Alban-de-Roche, j'ai moi aussi sombré.

Une main légère me secouant l'épaule m'a extirpé du monde des rêves. J'ai ouvert les yeux en essayant de ne pas trop me troubler.

Ils étaient trois, deux hommes et une femme du genre flics. Ils portaient l'uniforme réglementaire bleu et le brassard de la douane autour du bras. La femme gardait sa main sur la crosse de la Sig Pro 9 mm qu'elle avait au côté, et à son regard j'ai compris qu'elle aurait pu, sans sourciller, me transformer en bordure de timbre-poste.

J'étais sur mon siège, débraillé, une jambe dans le couloir. Je me sentais ankylosé mais n'aurais pas changé de position pour tout l'or du monde, alors, figurez-vous, pour trois flics de frontière. Mon regard interrogatif a croisé celui du policier devant moi. Il avait la moitié de mon âge.

– Votre amie porte un pistolet, a-t-il dit en montrant Deslandes du doigt.

J'ai bâillé en me retournant pour regarder ma collègue qui dormait comme un loir, mollement installée contre moi. Le pan de sa veste en daim s'était écarté, laissant voir la crosse de nacre de son précieux .38 Spécial. J'ai de nouveau bâillé, j'avais sommeil.

– Beh ? Moi aussi, j'en ai un, ai-je marmonné.

La fliquette a grimacé. Son collègue est resté interdit :

– Vous avez le permis de port ?

– Un permis tricolore, mon vieux, nous sommes de la Crim.

Échange de clins d'œil avec les collègues :

– Vous pouvez me montrer une pièce d'identité ?

Avec mille précautions pour ne pas réveiller Maëlis et ne pas me faire illico transpercer de balles par Calamity Jane, j'ai enfilé deux doigts dans la poche interne de ma veste, en ai retiré ma carte qu'il a prise et regardée avec attention puis m'a redonnée :

– Je vous prie de m'excuser, commissaire, je ne pouvais pas savoir, a-t-il dit en se détendant visiblement. Sa collègue a retiré la main de la crosse de sa Berta.

– Vous n'avez fait que votre devoir, ai-je rétorqué, conciliant.

Il a hoché la tête deux fois comme pour confirmer que c'était exactement cela, puis il s'est éclairci la gorge :

– En tout cas, vous devriez faire plus attention. Quelqu'un de mal intentionné pouvait s'emparer de l'arme de votre collègue. Un drame arrive plus vite qu'on ne le croit.

– Ben, je ne dormais pas vraiment, la situation était sous contrôle.

– Je m'en suis rendu compte, commissaire, je n'ai dû vous secouer qu'à trois reprises.

L'insolent !

La pistolera m'a fait un clin d'œil, puis ils se sont éloignés en échangeant quelques paroles, à la recherche de quelque migrant à expulser du train. Maëlis a soupiré en changeant légèrement de position pour mieux s'installer, et sa bouche s'est retrouvée à quelques centimètres de la mienne. Elle était entrouverte, invitante, et son souffle tiède m'a attiré tel un aimant. J'ai penché la tête vers elle en rapprochant mes lèvres des siennes. Je les ai senties, en ai perçu la chaleur et le délicat parfum.

Je m'apprêtais à l'embrasser quand elle a ouvert les yeux.

Elle m'a regardé, mi-surprise mi-endormie, c'est du moins ce qu'il m'a semblé. J'ai un peu reculé en allongeant une main au-dessus de son ventre :

– On voit votre pistolet, lieutenant, ai-je dit en le couvrant du pan de sa veste.

Elle s'est redressée en arrangeant ses cheveux d'un geste nonchalant, ce qui a déclenché une agitation dans mes fondements et jusqu'au deuxième étage.

– Je suis désolée, a-t-elle murmuré en réprimant un bâillement, je ne m'étais pas rendu compte que je m'appuyais ainsi contre vous.

Elle a souri :

– J'ai dormi comme un plomb. Où sommes-nous ?

– À Modane, nous serons à Turin dans à peu près une heure et demie.

J'ai pris dans ma poche le voucher de l'hôtel remis avant le départ par Mme Dutronc du bureau des achats.

– J'espère que ce ne sera pas l'habituelle cage à rats, j'ai souhaité en parcourant les renseignements.

Deslandes me l'a gentiment ôté des mains, en a fait une boule qu'elle a jetée dans la boîte à ordures sous la tablette :

– Nous n'en avons pas besoin. Je me suis occupée moi-même de l'hôtel.

– Qu'est-ce que vous voulez dire ?

– Rassurez-vous, ça vous plaira.

– Si c'est vous qui le dites… Ça vous va, un café ?

Tandis que le train se remettait en marche, nous nous sommes levés pour aller au bar. Je gardais sur la bouche un terrible désir de ses lèvres, une sensation presque douloureuse, comme si quelqu'un m'avait tout à coup privé d'air.

Cahin-caha, nous avons débouché dans la vallée de Susa et le TGV a commencé son exténuante descente au pas vers Turin. À 20 h 10, avec presque une demi-heure de retard, il s'est enfin arrêté en gare, grinçant comme une vieille diligence. Nous avons débarqué sur un quai souterrain. Des passagers de toutes sortes tirant sacs et valises ont essaimé vers les escaliers et ascenseurs menant au-dessus. Nous avons attendu qu'ils aient tous déguerpi pour sortir à notre tour.

Il faisait encore jour, des groupes de personnes déambulaient sur le trottoir. Voitures, tram et bus passaient sans cesse, contournaient le rond-point de la place. Des taxis blancs attendaient, nous sommes montés dans une « Multipla » :

– Principi di Piemonte, a dit Maëlis au chauffeur.

La voiture s'est mêlée à la circulation en se dirigeant lentement vers le centre.

– *Accidenti*, lieutenant, on dirait un hôtel de luxe, je ne peux pas me le permettre.

– Je vous ai dit que je m'en occupais, pour moi c'est une broutille.

– Mais pas pour moi. Si Le Normand vient à savoir que je me fais entretenir comme un gigolo, il me rôtit les fesses sur une plaque électrique.

– Ne dites pas de bêtises, nous sommes à Turin pour pas mal de temps, nous avons besoin d'un endroit confortable où rassembler nos idées. Il nous faut quelque chose qui ressemble à un appartement.

– D'accord… j'ai soupiré, mais je vous rembourserai tout, jusqu'au dernier centime.

Elle a souri :

– Entendu, commissaire, vous me revaudrez ça avec votre précieux temps.

– Vous voulez dire que je devrai repeindre votre appartement ?

Elle a ri :

– Eh bien, c'est une idée, il en aurait effectivement besoin.

– Vous êtes folle !

– Le fou, c'est vous, est intervenu le chauffeur, seulement un idiot refuse ce genre d'offre.

– Comment ! Vous parlez français ?

Il a ri :

– Français, anglais et allemand, pour vous servir.

Il ne nous manquait que le polyglotte ! Nous nous sommes arrêtés à un feu rouge devant une espèce de château donnant sur un jardin. Deslandes m'a regardé, amusée.

– Mademoiselle, a poursuivi le chauffeur, si lui ne le fait pas, j'irai, moi, vous peindre l'appartement.

– Écoute, *amico*, j'ai grogné, ferme ton bec et conduis-nous à l'hôtel.

Des jeux de lumière éclairaient la façade vaguement soviet de l'hôtel, un parallélépipède dépouillé, privé de fioritures, s'élevant droit et étroit à l'assaut d'une douzaine d'étages. Seule l'entrée, ornée de grandes fenêtres rectangulaires et de petits arbres dans des pots en terre cuite, laissait sobrement transparaître le luxe que nous allions trouver à l'intérieur.

Nous nous sommes débarrassés de l'intellectuel qui nous servait de chauffeur et avons été accueillis à la réception par un concierge des plus aimables. Le hall était envahi par un groupe de Russes vautrés dans les fauteuils. Survêtements de gymnastique et cheveux taillés à zéro. Ils ont suivi Maëlis du regard jusqu'aux ascenseurs, échangeant plaisanteries et rires.

Un Noir vêtu en laquais nous a escortés plus près du bon Dieu pour nous introduire dans un appartement à peine plus sobre que la salle de bains de Saddam Hussein. On y accédait par un balcon de verre et de marbre jaune donnant sur une carte du monde grandeur nature. Continents découpés dans du cristal de différentes tonalités de vert et quelques horloges disséminées çà et là.

J'ai satisfait les muettes demandes du groom en lui flanquant un billet de dix dans la main et l'ai raccompagné à la porte. L'appartement se composait d'une vaste entrée, d'un salon et de deux chambres pas beaucoup plus grandes que mon appartement :

– Vous préférez l'aile ouest ou est ? ai-je demandé à Deslandes en regardant autour de moi.

Je me suis observé dans une sorte d'énorme miroir rond au cadre en écailles rappelant le hublot de l'astronef d'*Alien*. J'y ai vu un type à la mine défaite qui avait besoin de tapes amicales sur l'épaule, de beaucoup de câlins et de quelques heures de sommeil.

– Le luxe des hôtels est toujours un peu excessif, a constaté Maëlis en souriant, vous ne trouvez pas ?

– Eh bien, je désirais depuis longtemps dormir dans un tombeau babylonien. Vous êtes vraiment déjantée, tout ça doit coûter les yeux de la tête.

– Notre problème à Turin ce ne sera pas l'argent, commissaire. Maintenant faites une remise à neuf puis j'accepterai votre invitation à dîner.

Elle m'a fait un clin d'œil, a pris sa valise et a gagné sa chambre. J'ai traîné un peu au salon, puis j'ai ramassé mes affaires et suis entré dans l'autre chambre. Deslandes m'avait laissé la plus grande. J'ai défait mes bagages et emporté ma trousse de toilette dans la salle de bains. La moitié de l'espace était occupée par un énorme jacusi monté sur un piédestal de marbre rouge ressemblant au sarcophage de Napoléon aux Invalides.

Je me suis déshabillé, ai pris un semblant de douche et me suis changé. Maëlis a frappé à la porte de ma chambre au moment où je nouais ma cravate.

– Entrez, ai-je répondu en enfilant ma veste.

– J'ai parlé avec l'inspecteur Cat Berro, a-t-elle annoncé en s'asseyant sur l'accoudoir d'un fauteuil, il nous attend demain matin dans son bureau, il m'a donné son adresse.

– C'est quel genre, votre ami ?

Elle a haussé les épaules :

– Je crois que vous vous entendrez bien.

– On dirait que vous le connaissez plutôt bien.

Elle s'est mordu la lèvre :

– Autant que vous le sachiez, à Rome Francesco et moi avons eu une relation assez intense.

– Il n'est pas nécessaire que vous me racontiez votre vie, lieutenant.

– Je l'ai quitté parce que j'étais en plein divorce. C'est un bon policier et je l'apprécie.

Je me suis arrêté en face d'elle. Elle s'était mis, pour sortir, un léger tailleur ocre et un impalpable T-shirt en soie très décolleté. Ses longues jambes se terminaient par une paire de sandales à hauts talons. Elle était belle à s'arracher les cheveux.

– Je me fie à votre instinct, ai-je dit en avançant une main vers elle, allons-y.

Elle s'est levée en posant ses doigts fins sur les miens et m'a précédé hors de la pièce. L'ascenseur nous a ramenés à l'étage du commun des mortels, puis nous avons laissé le tombeau d'Assurbanipal pour nous mêler aux gens de la rue.

Un dîner léger sans félicitations ni désapprobations du jury, quelques pas dans la rue centrale pour regarder les vitrines puis une liqueur à l'élégant bar de l'hôtel. On avait presque l'impression d'être en vacances.

Il était 10 heures passées quand nous sommes remontés dans notre appartement pyrotechnique. Nous avons brièvement discuté le programme du lendemain, puis Deslandes a décidé de se retirer en bâillant. J'ai flâné en pantalon de pyjama, me couchant et me relevant continuellement. Pas moyen de dormir, ma vive intelligence l'a compris au vol, alors je me suis installé dans un fauteuil et j'ai allumé l'énorme télévision.

On passait un dessin animé genre *Cars* de Pixar, les aventures, voyez-vous donc, d'une « Karmann Ghia » bleu ciel paranoïaque et hypocondriaque et de ses amies à quatre roues. Comme c'est ma voiture, j'ai regardé pendant un quart d'heure et puis ça m'a cassé les pieds.

J'ai changé pour un journal télé qui était encore pire, alors j'ai fini par éteindre et me suis mis à lire un livre conseillé par Alain. Les aventures stupéfiantes d'un duc du XIIIe siècle n'existant que dans les rêves d'un type actuel et qui, du haut de sa tour, assiste à la désagrégation de l'histoire et en traverse les époques sur la croupe de ses chevaux bavards. À la faible lueur de la lampe, la stéréo susurrait les notes graves des *Chants juifs* joués par Tizia, quelque chose au violoncelle.

Il était aux alentours de 1 h 30 quand la porte s'est ouverte avec un léger grincement. Maëlis a passé la tête et vu que je ne dormais pas, elle est entrée. Elle est venue vers moi en masquant un bâillement de la pointe de ses doigts, cheveux ébouriffés et yeux gonflés de sommeil. Sur l'épaisse moquette, ses pieds ne faisaient aucun bruit.

– Je me suis réveillée. Je vous dérange ?

Je lui ai souri en posant le livre par terre :

– Pas du tout. Vous avez des préoccupations, ma belle ?

Elle a fait la grimace :

– J'aimerais que tout cela finisse, a-t-elle répondu en bâillant de nouveau.

– Nous sommes sur la bonne voie, je crois. Les personnages de cette comédie sont tous dehors quelque part par là.

Elle a continué à me dévisager avec une espèce de curiosité farouche dans le regard. J'ai eu l'impression qu'elle me soupesait ou qu'elle se demandait ce qu'elle pouvait bien faire à Turin avec moi.

– Vous non plus vous n'arrivez pas à dormir ? a-t-elle demandé de but en blanc.

– Dernièrement j'ai quelques difficultés.

Elle portait un peignoir léger de soie bleue, fermé par une ceinture nouée à la taille. Elle a écarté le rideau et regardé dehors d'un air distrait. Les courbes douces de son corps se dessinaient à travers les plis du tissu ; bien entendu, mon regard a glissé le long de son dos, s'arrêtant un instant sur la rotondité des fesses. Ses mollets étaient fins et ses pieds délicats.

– Qu'est-ce qui vous empêche de dormir, commissaire ? elle a demandé sans se retourner.

J'ai haussé les épaules :

– Tout ce que j'ai vu, lieutenant, que j'ai ressenti, ce que j'ai fait et ce que je veux faire. Il n'y a que l'embarras du choix.

Elle s'est éloignée de la fenêtre en enfilant ses mains dans les poches du peignoir et s'est arrêtée devant moi l'air sombre :

– Ah oui ? Et qu'aimeriez-vous faire ?

– Vous savez ce que je veux faire, tôt ou tard je trouverai cette femme.

– Vous n'en ferez rien.

– Oh si, lieutenant, vous pouvez le parier.

– Pourquoi ?

– Pendant que Martine était en train de mourir par terre, je lui ai juré de tuer cette salope.

Elle a secoué la tête :

– Les morts ne s'intéressent pas aux angoisses des vivants.

– Peut-être que vous avez raison.

Elle s'est accroupie devant moi, les bras posés sur mes jambes :

– C'est comme ça, commissaire.

– En effet, qui mes stupides angoisses pourraient-elles bien intéresser ?

– Moi, a-t-elle répondu à mi-voix.

Ses doigts se sont posés, légers, sur ma joue. Je me suis penché vers ce visage qui me plaisait tant et nos bouches se sont touchées. Le contact avec ses lèvres m'a fait frissonner, puis elles sont devenues douces et enveloppantes. J'ai pris

Maëlis avec délicatesse et l'ai redressée pour qu'elle s'assoie sur mes genoux. Elle s'est blottie contre moi et a posé sa tête sur mon épaule.

Ses yeux gris-vert ont brillé dans la pénombre. Je sentais sous le tissu ses seins se soulever au rythme de sa respiration. Un léger embarras demeurait entre nous.

– Tu es trop belle et trop intelligente pour moi, ai-je dit en lui caressant le front et la joue.

Elle a tourné le visage et m'a posé un léger baiser dans le cou. Son délicat parfum m'a enveloppé, doux et lisse comme la soie du peignoir.

– Tu apprécies les femmes idiotes ? a prononcé sa bouche humide glissant sur ma peau.

– Et tu es trop riche…

– Eh bien, c'est un avantage, non ?

– Qu'est-ce que tu cherches, lieutenant, ai-je demandé avec un filet de voix et un léger battement de cœur.

– Un homme gentil qui s'occupe de moi pendant quelques heures.

Je lui ai caressé la nuque, laissant ma main courir le long de son cou fin. Elle a baissé les paupières avec un soupir.

– Dans le train j'avais envie de t'embrasser.

– Je sais.

Je l'ai regardée, surpris :

– Je pensais que tu dormais.

Elle a penché la tête en me fixant dans les yeux :

– Pourquoi tu ne l'as pas fait ?

J'ai hésité.

– Je ne sais pas…

– Pour Martine ?

– Oui, peut-être.

Elle a effleuré mes lèvres de la pointe de ses doigts. Sa respiration chatouillait ma peau.

– Je ne veux pas te rendre malheureux, a-t-elle susurré.

– Alors ne le fais pas, lieutenant, rends-moi heureux.

Nous nous sommes de nouveau embrassés, cette fois elle a poussé la pointe de sa langue entre mes lèvres pour rencontrer la mienne. Notre baiser est devenu plus profond, nos respirations plus rapides. Son corps a bougé sous la soie, tiède contre la paume de mes mains. Cela était si excitant, inattendu. Quelque chose, là en bas, a commencé à réagir en poussant contre son dos.

Elle a détaché sa bouche de la mienne en riant, puis m'a de nouveau embrassé.

Je ne me rappelle pas bien comment nous sommes arrivés sur le lit, mais à un certain moment nous étions nus entre les draps et son corps ferme s'agitait contre le mien. Nous l'avons fait avec fureur deux fois, sans que nos bouches ne se séparent, sauf le temps de reprendre haleine. Je sentais son souffle entre mes lèvres endolories, ses gémissements dans mes oreilles et son parfum mêlé à sa sueur dans mes narines. L'érotisme raffiné dont elle était imprégnée m'a arraché aux ténèbres qui m'enveloppaient et m'a fait renaître comme aurait fait l'air injecté sous pression dans un Zodiac à moitié dégonflé.

Le désir a formé autour de nous un univers doux, chargé d'électricité et de passion, dans lequel nous nous sommes laissés tomber en planant dans un entrelacs de délicieuses sensations.

Tard dans la nuit, la tendresse a pris le dessus, nous accompagnant lentement vers le sommeil. Ses baisers se sont adoucis, sa bouche est devenue délicate et caressante. Entre mes bras, la respiration de Maëlis s'est faite régulière. Je me suis endormi tandis que le plafond se mêlait à l'obscurité dans un silence seulement entrecoupé par quelques klaxons lointains.

24

La vaste pièce était éclairée par deux fenêtres donnant sur le mur de briques crasseuses du bâtiment de l'autre côté de la rue. Densément peuplée, elle sentait le moisi.

Une femme dans la trentaine, maghrébine ou méridionale, était assise derrière un des trois bureaux, occupée à feuilleter une pile de documents dactylographiés entassés dans des chemises antédiluviennes. Elle était encore revêtue de son pyjama ou peut-être d'un survêtement de gymnastique rose et elle portait sur la tête une coiffure conique compliquée formée par un enchevêtrement de petites tresses. On aurait dit le réacteur d'une fusée monté à l'envers.

Elle n'a pas daigné nous accorder le moindre regard, alors nous nous sommes arrêtés devant le deuxième bureau, celui entre les deux fenêtres. Un flic en civil à la peau grise y était affalé, maigre à faire peur et l'air tout autre qu'amical. Sur la table devant lui, un pistolet automatique démonté sur un numéro ouvert de *La Stampa*[1]. Il était en train de le nettoyer avec le reste du journal dont il faisait des cylindres tordus qu'il enfilait dans le canon et retirait pleins de cambouis noir. Ses doigts avaient la même couleur.

Il a levé les yeux vers moi, me dévisageant de travers pour me faire comprendre à quel point je dérangeais son travail hautement professionnel.

---

1. Journal quotidien de Turin.

– *Desidera*[1] ? a-t-il éructé.

– *Dobbiamo vedere l'ispettore Cat Berro*[2], ai-je répondu dans mon meilleur italien.

Il a tourné les yeux vers Maëlis avec nonchalance et son regard s'est brusquement illuminé. Il l'a radiographiée, lui a fait une résonance magnétique et une coloscopie approfondie, puis l'a déshabillée, l'a mise à plat ventre sur le dessus de sa table et se l'est baisée tranquillement. Tout cela en l'espace d'un simple regard.

Je me suis éclairci la gorge. Il est revenu vers moi à contrecœur, ses pupilles restant collées au corps mince de ma collègue, puis, avec un clac, elles sont retournées à leur place.

Près du troisième bureau, un jeune couple se tenait debout face à un policier qui, d'après la quantité d'ornements sur son uniforme, pouvait être un général à la retraite aussi bien que le portier du *Ritz*. La femme portait dans ses bras un blondinet de moins de deux ans.

J'ai fixé mon antagoniste :

– *Cat Berro*, ai-je de nouveau dit, *capisce quello che dico o le faccio un disegno*[3] ?

– *Non è ancora arrivato*, a grogné le grincheux en indiquant d'un signe de tête la porte fermée d'un bureau. *Non dovrebbe tardare*, a-t-il conclu en regardant la montre au bracelet rouge qu'il portait au poignet. *Potete accomodarvi*[4].

Il a désigné deux chaises de bois clair en mauvais état. Le reste de la pièce ne ressemblait pas non plus au Palais d'Hiver. La dernière fois qu'on lui avait donné un coup de peinture, Mussolini faisait encore ses ridicules gestes du menton du haut de son balcon.

---

1. « Vous désirez ? »
2. « Nous devons voir l'inspecteur Cat Berro. »
3. « Cat Berro..., vous comprenez ce que je dis ou je vous fais un dessin ? »
4. « Il n'est pas encore arrivé... Il ne devrait pas tarder... Installez-vous. »

Nous avons pris place et il est retourné à l'astiquage de son pistolet.

J'ai regardé Maëlis qui m'a répondu par un sourire. Nous nous étions réveillés de bonne humeur. Elle s'était tout de suite éclipsée dans sa chambre pour prendre une douche et s'arranger un peu. Après cette nuit de cavalcades effrénées, un léger embarras flottait de nouveau entre nous, presque comme si nous avions commis quelque chose de pas vraiment autorisé par l'étiquette.

Toutefois, en descendant dans l'ascenseur, avant de nous remettre dans la peau de policiers intègres, la belle m'avait encore embrassé avec passion. Un rapide petit déjeuner au bar et le portier nous avait indiqué la direction du commissariat de l'inspecteur Cat Berro.

Le type en uniforme a fini de contrôler les papiers du couple, puis il a repassé les feuilles du dos de la main. Une forêt de tampons jaunes et bordeaux étaient suspendus au bord de la table devant lui. Sans même les regarder, il a commencé à les prendre un à un pour les oindre d'encre et les appliquer d'un coup sec sur les feuilles. On aurait dit un automate.

Lançant un petit cri d'excitation, l'enfant s'est détaché du cou de sa mère en tendant sa menotte vers ces objets colorés.

Le flic a interrompu les opérations en levant vers eux un regard glacial qui les a pétrifiés sur place. La mère a pâli en serrant l'enfant sur sa poitrine tandis que le père les emmenait en sécurité à un demi-mètre de la table. L'automate a repris son travail.

La femme au réacteur sur la tête, probablement une employée civile, nous a proposé un café, offre que nous avons gentiment déclinée, lui permettant de retourner à sa paperasse.

Le temps est passé, laissant les minutes couler au sol et former sous nous un paradoxe temporel. Mais ça n'a pas duré. Annoncé par des gueulantes dans le couloir, l'inspecteur Cat Berro a fait son entrée et s'est arrêté devant la table du flic au pistolet démonté.

– *Livolsi, porca di una puttana*, a-t-il proféré avec une pointe d'irritation dans la voix, *ti avverto, se continui a fare quelle tue telefonate di merda ti faccio sbattere fuori da questo ufficio*[1].

L'autre a soufflé, en napolitain :

– *France', non mi scassare fuori la minchia, non ho fatto nessuna telefonata*[2].

– *Ieri quei due non si sono presentati, qualcuno li ha avvertiti e secondo me sei stato tu. Prima o poi ti becco sul fatto, it rangio mi la pipa ch'a tira*[3].

– *Ma che telefonata, la cazzata l'avete fatta voi a farvi vedere là davanti*[4].

– *Ma vatlu a pie'ntal cul, Livolsi*[5], a répondu Cat Berro en piémontais, un vilain geste à l'appui, puis il nous a vus et son irritation s'est évanouie comme par enchantement.

Maëlis et lui se sont embrassés avec moult démonstrations. Dans la pièce, tout le monde s'est arrêté pour nous regarder. Cat Berro s'en est rendu compte et nous a accompagnés dans son bureau en refermant la porte derrière lui.

La pièce était dépouillée, peinte en blanc. Deux fenêtres donnant sur une cour, un bureau années soixante, quelques chaises et une série de reproductions en couleur des couvertures de la *Domenica del Corriere*. Au mur derrière le bureau, une dizaine de calendriers de la police avec cordons, glands et tout le reste.

---

1. « Livolsi, putain ! Je t'avertis, si tu continues à passer tes coups de fils de merde, je te fais expulser de ce bureau. »
2. « François, ne me casse pas les couilles, je n'ai passé aucun coup de fil. »
3. « Hier ces deux-là ne se sont pas présentés, quelqu'un les a prévenus et selon moi c'est toi. Tôt ou tard, je te choperai sur le fait, je vais t'arranger comme il faut. »
4. « Mais quel coup de fil ! La connerie, c'est vous qui l'avez faite en vous montrant là-devant. »
5. « Va te faire foutre, Livolsi. »

Un ordinateur éteint ramassait la poussière sur une petite table entre les deux fenêtres.

– Présente-moi ton ami, a-t-il demandé à Maëlis.

– Jean-Pierre Mordenti, ai-je dit en lui serrant la main.

L'ami avait quelques centimètres de moins que moi, un physique sec et sportif, le visage franc et un large front. Les yeux noirs, qu'il gardait toujours plissés comme s'il y avait trop de lumière, lui donnaient un air amical mais de suspicion. Ses cheveux souples, presque noirs, étaient coiffés en arrière et séparés par une raie parfaite.

– Je constate qu'on travaille en accord parfait ici, ai-je dit me référant à la prise de bec précédente.

– *Livolsi… a l'è un pelacurdin*, on dit en piémontais, c'est un abruti, il a déjà fait foirer d'autres opérations.

Nous nous sommes assis autour de la table, lui à sa place, nous en face. Nous avons échangé quelques bêtises pour réchauffer l'atmosphère, puis j'ai sorti la photo de Calogero Vastedda.

– C'est le type que nous recherchons. Si nous le chopons, nous prenons une belle longueur d'avance.

Il a pris la photo, l'a regardée attentivement :

– Et comment nous faisons pour le trouver ?

– Nous pensons qu'il est à Turin.

– Ah beh, nous voilà bien, nous sommes une petite ville…

J'ai soupiré :

– Je dois trouver cet homme, amico, et vite.

– Ta collègue de Paris a parlé de Raschera-Bettelmatt. Vous êtes sûr qu'il est impliqué dans cette histoire ?

– Si nous prenons Vastedda, c'est lui qui te le dira.

– Tu n'as pas répondu à ma question, a-t-il poursuivi avec un sourire patient.

– C'est lui qui manie les ficelles. Il se sert de sa fondation pour voler, corrompre et faire assassiner.

Il a repris la photo de Vastedda en la regardant avec un air de doute, puis il a déplacé son regard vers moi :

– J'imagine que vous savez de qui il s'agit… a-t-il grogné en hochant la tête. Le marquis est un personnage influent, et pas seulement ici. Mes supérieurs ne vous permettront pas des accusations basées sur de simples indices.

– Nous nous en rendons parfaitement compte, est intervenue Maëlis. Nous savons que nous devons avancer avec des semelles de plomb, mais il faut que tu nous aides. Nous ne pouvons pas arriver directement à lui, mais nous pouvons lui tourner autour.

– Vous devez en faire, de la route, pour réussir à tourner autour du marquis, *carina*, et toujours en montée.

– Alors glissons-lui une peau de banane sous les pieds pour lui faire faire une belle culbute, ai-je ajouté.

Cat Berro m'a regardé sourcils froncés, puis, en les haussant et en me pointant du doigt, il s'est retourné vers ma collègue :

– Dis-moi un peu : qu'est-ce qui lui prend, à ton ami ?

Deslandes a soupiré :

– Sa petite amie a été tuée sous ses yeux, par la femme que nous recherchons et qui, pensons-nous, est la tueuse personnelle de Raschera-Bettelmatt.

– La tueuse de Rascherra-Bettelmatt ? Vous ne liriez pas trop de bandes dessinées, vous deux ?

Il semblait vraiment surpris. Je ne savais pas ce que Leila et Chabichou lui avaient exactement raconté, à lui et à ses supérieurs, mais le moment semblait venu de résumer les épisodes précédents. J'ai commencé par le soir où la salope avait tué Martine et, en passant par une demi-douzaine de personnes bousillées de sang-froid, je suis arrivé à l'après-midi où le lieutenant et moi étions partis pour Turin. J'ai parlé de cordes, de messages tatoués, de bouteilles de champagne, de fontaine avec des poissons, points, virgules et pauses à effet. Les seules choses que j'ai omises ont été mes petites aventures, une en bas des escaliers du métro, l'autre en haut des escaliers de Lalanne.

Il m'a fallu plusieurs minutes avant de réussir à la fermer. L'inspecteur fixait le dessus de sa table en jouant avec un Bic au cylindre transparent.

– C'est vrai, ai-je conclu, nous n'avons pas de preuves accablantes, mais beaucoup d'indices de poids. Ce sont des voleurs et des assassins, et nous pensons qu'ils sont en train de préparer un gros coup, je te conseille de retrousser tes manches et de passer de l'huile de coude. De toute façon, je ne rentre pas chez moi sans cette salope.

Nous sommes restés silencieux. Cat Berro me regardait, l'air méfiant et inquiet. Il a posé son Bic et repris la photo de Vastedda :

– *Cristo di un dio*, je ne voudrais pas finir ma carrière dans un village perdu de l'*Aspromonte*[1]. Si quelque chose va de travers, j'en porterai toute la responsabilité.

– Si nous faisons les choses comme il faut, il ne se passera rien, Francesco, l'a rassuré Maëlis en posant une main sur son bras. Ces gens sont persuadés de nous avoir bien eus, ils ne s'attendent pas à nous avoir encore à leurs trousses.

– Les choses comme il faut, eh ? Et qu'avez-vous en tête ?

– Divisons-nous les tâches, suis-je intervenu en tirant mon carnet, vous vous occupez du faussaire, et nous, nous suivons la piste de la fondation.

– Du calme, Mordenti, qu'est-ce que tu veux dire : la piste de la fondation ? Si tu marches sur les pieds de la mauvaise personne, nous sommes tous dans la merde.

– La directrice, madame…

J'ai feuilleté mon carnet, je n'arrivais décidément pas à me rappeler ce nom.

1. Région montagneuse de la Calabre.

– Franciska Szathmary. Ben, selon un type du département trafic d'art de Paris, il se pourrait qu'elle ait envie de nous aider.

– Et qu'est-ce qu'il en sait, ce type de Paris, ce qui plairait à la Szathmary ? a-t-il rétorqué sèchement.

– Deux de ses gars ont fait un tour par ici.

Il s'est appuyé contre le dossier de sa chaise, l'air surpris :

– Sans nous en parler avant ?

Deslandes a regardé par la fenêtre, embarrassée. Notre ami ne savait décidément rien.

– Il s'est agi d'une visite informelle. D'ailleurs, l'un deux y a laissé la peau. Il a disparu, s'est volatilisé, je mettrais ma main au feu que c'est la salope qui l'a éliminé.

Cat Berro s'est levé et s'est mis à marcher nerveusement à travers la pièce. Il portait un simple T-shirt noir sous un léger costume pied-de-poule gris. Un vrai Miami-Vice :

– Et cette… cette tueuse, vous avez une idée de qui elle peut être ?

J'ai fait une grimace indécise :

– Ça pourrait même être la femme du marquis, physique et taille correspondent.

– Ah, *'nduma bin*, nous voilà bien, a-t-il soupiré, de mal en pis.

Il s'est arrêté devant la fenêtre. Il y avait dehors un beau soleil et il faisait chaud. Il faisait chaud aussi à l'intérieur, mais je ne voyais pas le moindre objet pouvant ressembler à un climatiseur.

– Eh bien, tu connais la musique, il faut parfois mettre les mains dans la merde.

Il m'a regardé, maussade :

– Ouvre tes oreilles, flic, mon chef ne mettra que deux minutes à vous coincer, toi et ton amie, et à vous réexpédier d'où vous venez. Il suffit que Raschera-Bettelmatt hausse un sourcil, je suis clair ?

– J'ai également besoin de savoir quels sont les clubs privés les plus exclusifs de la ville, ai-je poursuivi en soupirant.

Cat Berro a levé vers moi un regard perplexe, puis s'est tourné vers Maëlis :

– Les clubs quoi ?

– Ces endroits où les gens se font attacher et fouetter en toute quiétude, Francesco. Cette femme y va régulièrement, à Paris elle a même donné des cours.

– C'est une histoire de fous ! s'est-il exclamé. Je parlerai à la *buoncostume*, aux mœurs, mais si c'est tout ce que vous avez en main, *suma bin ciapà*, nous sommes bien avancés…

J'ai fait la moue. Le plus beau lieutenant du monde a elle aussi fait la moue. Ça s'annonçait mal, si les choses prenaient ce pli nous allions vite retourner bredouille à la maison. Un portable s'est mis à sonner. L'inspecteur a tiré le téléphone de sa poche et, les yeux au ciel, il a appuyé sur la touche réponse en le portant à l'oreille.

« *Ciao papà, co't veule ?* » Il s'est tourné vers la fenêtre en baissant la voix. « *No, pà, i son un poch ciapà… no, pà… no… i l'hai già ditlo ch'a m'anteresso nen soe storie… se… a son mèis ch'a va anans sta facenda… no… ma no… dime'n poch, it l'has pa pagala ?… lo sai, papà… no, as na parla gnanca… se, va bin… se… adess i dev andé, pà, i l'hai un baron ëd rôbe da fé, e… va bin, arvëdse, papà, ciao.* »

Maëlis m'a regardé, amusée :

– Il parle en piémontais avec son père.

– J'ai secoué la tête.

Cat Berro a regardé son téléphone un instant, renfrogné, puis il l'a remis dans sa poche et il est retourné à sa place.

– Voilà ce que je pense, a-t-il déclaré en croisant les doigts devant son nez. Si tu dois absolument tremper tes doigts dans la merde, mets des gants. Sarcina Staffa ne nous quittera pas des yeux et, si le marquis est vraiment impliqué dans cette histoire, il ne sera pas facile de lui mettre du sel sur la queue.

Tout à coup, notre inspecteur devenait l'homme du possible ! Il faut croire que parler avec son père rend affable.

– Et qui est Sarcina Staffa, ta fiancée ?

Il m'a regardé, l'air dégoûté et, froid :

– Le dottor Attilio Sarcina Staffa est mon patron. Il commande ce commissariat et la *Questura* l'a chargé de suivre votre cas. Ce n'est certes pas le type à apprécier la science-fiction, il exigera de nous la légalité absolue.

– C'est-à dire ? a demandé Deslandes.

– Pour commencer, si vous allez à la fondation tout le monde saura que vous êtes à Turin. J'imagine que vous y avez pensé.

J'ai haussé les épaules :

– Il n'y a pas d'autres alternatives. D'ailleurs, cela donnera une bonne secousse à ces gens, peut-être commettront-ils quelques erreurs.

Cat Berro nous a regardés peu convaincu. Nous l'avions entraîné de force dans cette histoire et je ne lui en voulais pas d'avoir des doutes. Il a pris la photo de Vastedda et s'est levé.

– Je vais faire quelques copies de cette photo, a-t-il grogné en s'éventant avec l'instantané, et j'envoie deux de mes hommes poser quelques questions.

– Le type a vieilli par rapport à la photo, il ne sera pas facile de le trouver.

Il m'a regardé comme on regarde un paysan qui débarque en ville :

– Alors, j'y mets deux Français, a-t-il répondu en me faisant un clin d'œil, puis il est sorti du bureau.

Maëlis et moi sommes restés seuls. J'ai regardé ma belle appuyée à la table et qui, d'un geste de la main, rejetait ses cheveux en arrière. Elle portait le même tailleur que la veille et, malgré une belle paire de cernes et quelques rides, elle était magnifique. J'ai allongé une main et j'ai fait courir deux doigts sur sa cuisse fuselée. Elle m'a regardé sans sourire, puis elle a pris ma main, l'a portée à sa joue et a posé son visage dans ma paume ouverte :

– Comment c'est arrivé ? a-t-elle demandé avec une petite voix.

– C'est important de le savoir ?

– J'en avais désespérément besoin, cette nuit tu m'as ressuscité.

– Tu es en train de me dire que je ne te sers plus ?

– Nous verrons…

– Tu sais, je sais faire plein d'autres choses : rapporter la baballe, frétiller de la queue, et même marcher sur deux pattes…

– Viens ici, Bobby, a-t-elle dit en se penchant vers moi.

Nous nous sommes embrassés. Ce fut bref mais cela m'a laissé un bon goût dans la bouche. Elle s'est levée et s'est dirigée vers la fenêtre :

– Ils sont dehors, quelque part par là.

– Nous n'avons qu'à y aller.

– Et qu'est-ce qu'on attend ?

– On ne peut rien faire sans la bénédiction de Cat Berro, tu as entendu ce qu'il a dit.

Elle s'est retournée, a appuyé ses fesses de compétition contre le rebord de la fenêtre et a croisé les bras :

– Depuis quand les *Italiens* jouent-ils franc-jeu ? a-t-elle dit avec une pointe d'ironie.

J'ai feint de ne pas entendre la provocation :

– Avant de tirer la corde, je dois bien situer ton ami inspecteur. En attendant, voyons ce qui se passe.

La porte s'est ouverte, il est entré :

– *Tutto a posto*[1], nous pouvons y aller.

1. « Tout est arrangé. »

25

Nous avons traversé le fleuve, contourné une espèce d'église ronde avec un fronton de colonnes devant et nous sommes montés vers la colline. Direction : la Fondation Raschera-Bettelmatt pour l'Art.

– Dis-moi, a demandé Cat Berro à Maëlis qui était assise à l'avant à côté du chauffeur, vous vous promenez le pistolet dans la poche, vous deux ?

Moi, j'étais à côté de lui sur le siège arrière de l'Alfa Romeo de service. Maëlis s'est retournée et m'a lancé un coup d'œil avant de répondre :

– Nous avons notre arme de service.

– Ça ne plaira pas à Sarcina Staffa, a grommelé le héros de la poulaille.

– Cette femme tire dans la tête des gens, suis-je intervenu. Alors, si Sarcina je-ne-sais-comment veut ma Berta, il devra faire comme le dit Charlton Heston : la retirer de ma main froide et morte.

Nous avons commencé la montée en silence.

– Mais… où tu l'as trouvé, celui-là ? a demandé Cat à son amie.

Maëlis a ri :

– C'est un des *Italiens*, tu ne peux pas comprendre.

Après un rond-point, la voiture a pris deux tournants, quelques lignes droites et nous nous sommes arrêtés devant un portail terminé en pointes de flèches derrière lequel s'élevait l'énorme villa du marquis, majestueuse et prétentieuse. Le jardin était divisé en terrasses concentriques reliées par un grand escalier grimpant à l'assaut de la colline jusqu'à un petit belvédère baroque.

Un garde assermenté en uniforme couleur poussière et chapeau de même teinte est sorti de la guérite de service pour venir au-devant de nous. Cat Berro a baissé sa vitre et montré sa carte. Nous avons demandé à parler à la directrice de la fondation. Le cerbère nous a répondu d'attendre sagement et il est rentré dans sa niche. À travers la vitre pare-balles nous l'avons vu comploter avec ses deux collègues, puis il a décroché le téléphone pour parler brièvement avec quelqu'un à l'autre bout du fil. Il avait, en revenant vers nous, un de ces sourires complaisant que t'adressent ceux de son espèce quand tu as la chance de ne pas être chassé à coups de pied.

– Vous pouvez vous garer sur la droite, a-t-il dit tandis que le portail commençait à s'ouvrir. La secrétaire de Mme Szathmàry va venir vous chercher.

Le chauffeur en uniforme, un type sec et boutonneux du nom d'Insalaco, a traversé l'étendue de graviers devant la villa et garé la 156 à côté d'autres voitures. Nous sommes descendus et avons laissé le maigriot garder le carrosse. Au-delà de la balustrade en marbre clôturant l'esplanade, on apercevait la grande fontaine aux dauphins que nous avions vue sur la photo.

Une jeune fille blonde est sortie de la villa et a descendu le vaste escalier avec assurance. Elle portait un tailleur bleu marine qui lui donnait un air bon chic bon genre et, dans les cheveux, un serre-tête en gros grain de la même couleur. Nous sommes allés au-devant d'elle et l'avons rejointe sur la dernière marche.

– Je suis Consolata Albrione, a-t-elle dit en tendant une main diaphane et délicate.

Présentations, poignées de main, comment-allez-vous, quel bon vent… etc., etc. Consolata avait de longs cheveux couleur miel et ne devait pas avoir plus de vingt-cinq ans. Passée à la centrifugeuse, habillée différemment et après un tour chez un coiffeur à la mode, elle n'aurait pas été mal du tout. Surtout si elle s'était enlevé le manche à balai que quelqu'un lui avait enfilé dans le derrière et qui la raidissait quelque peu.

– La *dottoressa* ne tardera pas, a-t-elle ajouté une fois les civilités terminées, si vous voulez bien me suivre…

Nous voulions. En effet, nous lui sommes restés collés aux fesses en montant les marches. L'intérieur de la villa était incroyablement somptueux : marbres, colonnes, meubles anciens et grands portraits d'ancêtres du marquis. Le luxe s'était ici accumulé pendant des siècles comme poussière dans une cave.

Au fond du hall d'entrée, un double escalier montait vers les appartements privés. Le siège de la fondation se trouvait au contraire dans l'aile gauche du rez-de-chaussée. Toujours aux trousses de Consolata, nous avons passé une grande porte gardée à vue par une Vierge Marie allaitante en albâtre, aussi grande que moi.

La blonde nous a garés dans un petit salon élégant sobrement décoré. De tous côtés, sculptures en bois des XVe et XVIe siècles, principalement des saints et des madones, certaines d'une beauté à vous couper le souffle. Un Christ sans croix était suspendu entre deux fenêtres sur le mur du fond, les bras ouverts et une antique souffrance sculptée sur le visage.

Pas de table, mais trois énormes fauteuils et un divan sur lequel aurait pu atterrir un jumbo-jet. Nous nous sommes dispersés dans la pièce, regardant qui ceci, qui cela.

Une grande photo de Carmilla Smântânà-Brânzà, en noir et blanc, encadrée, a attiré mon attention. La noble dame, nue sous un simple chemisier de satin noir déboutonné, était assise à une table ancienne abîmée, dans une pose vulgairement chic. Ses jambes croisées à la garçonne révélaient l'habitude de la marquise de s'épiler le pubis. Ses pieds, minces et nerveux, étaient chaussés d'inconsistantes sandales formées de deux minces lanières de cuir noir. Il y avait sur la table un vieux téléphone de bakélite noire, un cendrier plein de mégots et un gros pistolet à barillet.

Ça m'embête de l'admettre, mais la regarder attentivement a provoqué un net raidissement en moi. Dans le coin gauche en bas, la dédicace écrite avec un pinceau fin : « *For Carmilla, with my undying admiration. Helmut Newton.* »

Maëlis s'est approchée :

– Tu es en train de baver…

– Tu as vu ça ?

– Je n'aime pas.

– J'imagine.

Sa main a cherché la mienne, un contact fugace mais gentil.

À regarder les grâces impudentes de cette beauté en noir et blanc, le temps est vite passé. Franciska Szathmàry nous a rejoints, exhibant une petite robe Burberry, une veste blanche et des chaussures Varina de même teinte, avec un nœud en gros grain devant. À la différence de la marquise, elle exhalait l'envie de sexe comme une moule rayonne d'énergie.

Nous nous sommes rassemblés autour d'elle pour une session de sourires et de pressions de phalanges. Avant de nous faire entrer, elle a proposé une tournée de café. La totalité des adhésions ayant été recueillies, elle a fait signe à Consolata, qui attendait près de la porte, puis nous avons créé un contact rapproché entre nos postérieurs et le doux alcantara des fauteuils et du divan.

Nous lui avons fait des compliments sur la villa, les sculptures, le jardin et sommes convenus que la journée ne pouvait pas être plus belle. Puis le sbire italien a commencé à la lui gâcher :

– *Dottoressa* Szathmàry, je vous prie de nous excuser pour cette invasion sans préavis.

– Aucun problème, inspecteur, que puis-je faire pour vous ?

– Avant tout, permettez-moi de préciser que mes collègues parisiens, le commissaire Mordenti, de la brigade criminelle, et le lieutenant Deslandes, de la police judiciaire, sont ici à titre officieux pour collaborer avec nos forces de police.

Franciska s'est assombrie. Derrière ses verres de lunettes montés sur or, ses yeux marron nous ont dévisagés avec une pointe de curiosité mêlée d'une préoccupation latente.

– Il y a quelque temps, j'ai eu des rapports avec certains de vos collègues, a-t-elle dit en s'installant plus confortablement sur le divan ; si je ne me trompe pas, ils enquêtaient sur des vols présumés d'objets d'art survenus en Europe.

– Nous sommes au courant, *dottoressa*, l'ai-je rassurée, disons que leur enquête a été plutôt informelle.

– J'imagine, a poursuivi Cat Berro, que vous êtes au courant des… comment dire… mésaventures survenues récemment à vos fournisseurs d'Art-en-Images à Paris. Trois homicides parmi le personnel du studio, le dernier juste avant que M. Devaux ne vienne à Turin pour effectuer le travail confié par la fondation.

– Nous travaillons avec eux depuis longtemps, a dit Szathmàry qui ne semblait pas accablée par la nouvelle. Art-en-Images est réputé dans le milieu des arts, je crois qu'ils ont des dizaines de commandes dans le monde entier. Qu'est-ce qui vous fait penser que la fondation Raschera-Bettelmatt pourrait être impliquée dans ces délits ?

Elle a demandé cela très naturellement, j'ai presque perçu une pointe de curiosité dans sa voix.

– Les homicides de Paris ne sont pas les seuls à nous intéresser, madame, est intervenue Maëlis. Je suppose que vous vous rappelez Attilio Beltramo et Roberto De Medici, eux aussi étaient des fournisseurs de la fondation.

La directrice a accusé le coup. Légère pâleur, lèvres entrouvertes, augmentation de la transpiration :

– Ce fut une terrible tragédie. C'étaient d'excellents restaurateurs. En vérité, ils étaient nos fournisseurs par l'intermédiaire d'Art-en-Images, normalement sur des travaux que Chappaz et Devaux exécutaient pour notre compte.

Elle s'est interrompue en lissant sa jupe sur ses jambes :

– D'après les journaux, il m'avait semblé comprendre qu'il s'agissait d'un crime à caractère sexuel.

Consolata est entrée en apportant un élégant plateau sur lequel se trouvait un service à café en argent et quatre tasses cylindriques en porcelaine blanche et bleue. Elle l'a posé sur la petite table en verre au centre du salon, elle a versé le café, offert du lait et du sucre et distribué les tasses. Puis elle s'est retirée.

– Inspecteur, a repris Szathmàry d'un ton sec en s'adressant à Cat Berro, vous ne m'avez pas encore dit en quoi la fondation est concernée par cette histoire.

Francesco s'est tout à coup trouvé le cul sur la braise. Elle n'était que la directrice mais il suffisait qu'elle se plaigne pour être débarrassée de lui, de nous et de tout autre ennui.

– Nous pensons…, a-t-il dit en s'éclaircissant la voix, beh, nos collègues d'au-delà des Alpes pensent que quelqu'un a peut-être utilisé votre fondation pour commettre des délits.

Si on lui avait dit que l'on voyait sa culotte, elle n'aurait pas été plus surprise. Elle s'est redressée, regardant d'abord Deslandes puis moi et, pour finir, le héros de la poulaille locale.

– Quel genre de délits ?

– Trafic d'art et falsification.

– Vous vous rendez compte de ce que vous dites, inspecteur ? Cette fondation est à but non lucratif, nous finançons la connaissance et la diffusion de l'art, nous ne nous occupons pas d'activités criminelles.

– *Dottoressa*, suis-je intervenu, personne ne vous accuse de quoi que ce soit. Nous suspectons des personnes sans scrupules de vous avoir utilisés pour commettre des actes illicites d'une certaine gravité. Collaborer avec nous serait dans votre propre intérêt. Ensemble nous pourrions trouver une solution au problème, sans fanfare ni trop de publicité.

– Seriez-vous en train de me menacer ?

– Il ne vous menace pas, a dit Maëlis. Au cours de nos recherches à Paris, les traces que nous avons suivies mènent à la fondation et à des personnes qui vous fréquentent dans le travail ou en tant que connaissances.

– Je suppose que vous pouvez prouver vos affirmations.

– En partie seulement, autrement nous aurions déjà procédé à des arrestations. Il s'agit de gens très habiles, nous en sommes encore à essayer de rassembler les éléments. Nous ne sommes sûrs que d'une chose : Marius Devaux, propriétaire d'Art-en-Images, est sérieusement impliqué dans cette histoire. Nous n'avons pas pu l'interroger sur les derniers événements, car, il y a deux jours, il a quitté la France pour venir à Turin.

– De quoi est accusé Devaux ?

– Pour l'instant, il n'est que suspecté. Nous pensons qu'il a l'intention de substituer un tableau très célèbre par un faux réalisé à la perfection. Il pourrait l'avoir déjà fait par le passé.

Cela s'appelle pêcher à la dynamite, il n'y avait plus qu'à voir combien de poissons viendraient à la surface. L'étonnement de la directrice a été presque théâtral :

– Remplacer un tableau authentique par un faux ? a-t-elle demandé amusée, et où aurait-il l'intention de faire une chose pareille ?

– Nous ne le savons pas avec certitude, mais une des possibilités est qu'ils tentent de substituer un Mantegna pendant qu'ils photographieront les tableaux de l'exposition.

– Rien de moins… a murmuré notre hôtesse en secouant légèrement la tête. Qu'est-ce qui vous fait penser qu'il peut s'agir d'un Mantegna ?

– Gabrielle Lalanne, la secrétaire de Devaux, a été assassinée chez elle par des gens que nous croyons avoir été ses complices précédemment. Nous avons trouvé sur la scène du crime quelques agrandissements du Christ mort. L'excellente qualité de ces agrandissements et quelques notes sur les photos laissent supposer qu'elles ont été utilisées pour peindre un faux.

Szathmàry a froncé ses fins sourcils :

– Il n'est pas facile de falsifier une œuvre aussi connue, lieutenant, et encore plus difficile de tromper des gens compétents.

– Connaissez-vous Calogero Vastedda, madame ? ai-je demandé de but en blanc.

Bingo. Cette fois, elle n'a pas ricané :

– Oui, bien sûr, c'était un célèbre faussaire, mais quel rapport ?

– Bien, alors vous devez savoir que, s'il existe une personne en mesure de rouler ces fameux experts, c'est bien notre ami Vastedda.

– À ma connaissance, il est en prison en France.

– Il n'y est plus. Il est la figure clé de cette histoire. Après sa détention on a perdu sa trace mais nous le soupçonnons d'avoir, ces dernières années, activement collaboré avec Devaux en réalisant des coups assez éclatants. Il a fallu pas mal de temps à nos collègues pour en découvrir quelques-uns et les experts empotés ne s'étaient même pas rendu compte des substitutions.

– J'ai lu quelque chose à ce sujet, a-t-elle murmuré en se laissant aller contre le dossier du divan, à cette occasion le marquis a voulu que toute notre collection soit examinée pour vérifier que cela ne nous était pas arrivé à nous aussi.

J'ai évité de lui dire que ce fils de pute en était certainement l'instigateur. Je n'aurais réussi qu'à nous faire jeter dehors à coups de pied.

– L'hypothèse, a poursuivi Maëlis, est qu'au cours de ces dernières années ils aient remplacé des œuvres d'art d'une inestimable valeur par des faux parfaitement reproduits par Vastedda. Une fois photographiées, les copies retournaient à la place des originaux. Personne n'a jamais émis l'idée de faire la moindre vérification.

– Et les originaux ? a-t-elle demandé sceptique, où auraient-ils fini ?

J'ai haussé les épaules :

– Aucune idée, peut-être dans les caves de collectionneurs sans scrupules.

– Et pourquoi est-ce à moi que vous racontez tout cela ?

– Parce que, dans nombre de cas découverts, le commettant était votre fondation.

Silence. La directrice semblait enfin préoccupée :

– Cela me semble fou, a-t-elle dit tout à coup, mais je ne peux pas courir le risque. Je veux que vos hommes soient présents après-demain quand les tableaux seront photographiés.

– J'en parlerai à mes supérieurs, a grogné Cat Berro.

Szathmàry allait parler mais je l'ai interrompue :

– Moi, je laisserais les choses comme elles sont. Une fois le travail fini, nous faisons vérifier les tableaux, et si l'un d'eux se révèle être faux nous les coffrons tous.

Autre silence. Elle s'est mise à réfléchir en se tripotant le lobe d'une oreille. Son visage était séduisant sans être beau. La grande bouche bien dessinée mettait en valeur un menton peut-être un peu trop étroit, alors que le nez délicat à la pointe arrondie et les yeux marron aux sourcils fins lui donnaient une expression mi-décidée mi-amusée. Ses abondants cheveux à la délicate couleur ambrée étaient coupés aux épaules.

– C'est risqué, a-t-elle enfin dit, s'ils ont vraiment l'intention de substituer un tableau ils pourraient réussir à l'emporter avant qu'on ait pu les arrêter. Avez-vous une idée de la valeur d'un Mantegna ? Sans parler de la Pinacothèque de Brera qui nous a prêté le tableau et qui nous mettrait en pièces.

– Où les photos seront-elles prises ?

– Dans les salons du Pavillon de la *Promotrice*.

– Si nous les surveillons, ils ne commettront pas de vol, *dottoressa*, et nous ne pourrons pas les arrêter. Alors, tôt ou tard ils referaient leur coup dans un autre musée.

Elle m'a dévisagé en serrant les lèvres, a redressé ses lunettes en les poussant de la pointe du doigt vers la racine du nez :

– Les jeux de hasard avec les biens des autres vous amusent, commissaire ? a-t-elle demandé avec une note de froideur dans la voix.

– Pas particulièrement, madame. Disons que mettre ces gens derrière les barreaux serait dans l'intérêt général, le nôtre en tant que flics et le vôtre étant donné qu'il permettrait de libérer le monde des arts d'une bande de dangereux parasites.

Elle ne semblait pas convaincue :

– Je dois de toute façon en parler au marquis, il est le seul à pouvoir prendre une décision d'une telle importance.

Ça me cassait les pieds mais je n'y pouvais rien. J'ai feint d'être enthousiasmé par la nouvelle.

– Une dernière chose, *dottoressa*, a dit Maëlis en tirant de son sac les fameux morceaux de tissu, le contenu de cette enveloppe vous dit quelque chose ?

Szathmàry a pris l'enveloppe et en a étudié le contenu et l'adresse :

– Où l'avez-vous trouvée ? a-t-elle demandé, surprise.

– Elle était cachée chez Gabrielle Lalanne, a menti la belle. Pouvez-vous nous dire à quoi servent ces échantillons ?

Je suis resté silencieux, me demandant où mon amie voulait en venir.

– À Paris ils l'ont cherchée partout, a soupiré Franciska, Devaux en a presque fait une maladie, ils servaient pour la mise en scène, je crois. Il y avait des échanges suivis de matériel entre l'atelier Beltramo De Medici et Art-en-Images. Ils étaient leurs consultants pour les antiquités.

– Mais Lalanne a reçu cette enveloppe de la fondation, a insisté Maëlis.

– Cela arrive souvent, surtout quand nos fournisseurs résident à l'étranger. Correspondance et transport de matériel dépendent toujours de notre bureau expéditions. Je peux la garder ?

– Désolée, a répondu Maëlis en reprenant gentiment l'enveloppe, pour l'instant c'est nous qui la gardons.

La *dottoressa* Szathmàry s'est levée, signifiant ainsi que le temps mis à notre disposition avait expiré.

Cette rencontre me laissait une certaine amertume dans la bouche. Je me suis rendu compte de la difficulté à se mouvoir sur un territoire hostile sans le secours de ses propres supérieurs.

– Demain au plus tard je vous ferai savoir, a dit Szathmàry pour nous congédier, maintenant je dois vous quitter, j'ai beaucoup à faire et si je veux parler au marquis je dois le faire dans la matinée.

Une trentaine de doigts ont été pressés au rythme de dix par dix, puis Consolata Albrione nous a escortés jusqu'à l'esplanade devant la villa. Nous sommes montés en voiture et le chauffeur de Cat Berro a dirigé la proue en direction du centre-ville.

– Pourquoi tu lui as dit que l'enveloppe était chez Lalanne ? ai-je demandé à Deslandes.

Elle a haussé les épaules :

– Comme ça… j'ai eu envie de le faire et je lui ai raconté un bobard.

– Qu'est-ce que tu espères obtenir ?

– Bin… semer la zizanie. Szathmàry devra le dire au marquis et cela lui mettra la puce à l'oreille. Peut-être pensera-t-il que Lalanne et Devaux essayaient de le rouler.

Je l'ai regardée. Cat Berro aussi l'a regardée, mais il avait du mal à comprendre.

– Et d'où la sors-tu, cette enveloppe ? ai-je grogné.

Elle m'a fait un clin d'œil :

– Je me la suis fait donner par Leila avant de partir.

– Tu es en train de me dire que vous avez subtilisé des preuves ?

– Ils ne font pas comme ça, les *Italiens* ? a-t-elle siffloté avec un sourire.

26

Nous avons quitté le commissariat pour remonter une petite rue étroite à l'aspect crasseux qui débouchait sur une vaste place à la circulation intense. En son centre était planté un château médiéval massif avec quatre tours aux angles. À côté, du haut de leur monument de marbre gris, cinq ou six énormes soldats de bronze surveillaient la place, d'un air de profond ennui. Plus loin, au-delà d'une élégante grille soutenue par les statues équestres de Castor et Pollux, l'édifice blanc d'un somptueux palais clôturait la place.

Sitôt rentré au bureau, Cat Berro s'était libéré de nous. Après avoir chargé Livolsi de récupérer le dossier complet sur l'homicide Beltramo-De Medici, il nous avait salués et avait disparu dans le bureau de son supérieur direct. J'étais de très mauvaise humeur. Malgré ce qu'avait dit Chabichou, la *dottoressa* Szathmàry ne semblait pas du tout disposée à nous aider. Le renom de la fondation était sa seule préoccupation. Vastedda me paraissait encore loin, si toutefois il se trouvait bien à Turin et pas en petite tenue sur quelque plage des Bahamas.

Il faisait chaud et, devant la façade baroque accolée au château médiéval, des groupes d'enfants surveillés par leurs mères jouaient près de quatre fontaines surgissant du pavé. Nous nous sommes enfilés sous les arcades aux colonnes de marbre gris d'une large rue assez chic. Nous avons marché sans hâte en regardant les boutiques.

– Tu as en tête une idée géniale ? m'a demandé Maëlis devant une vitrine de Max Mara pleine de vêtements coûteux.

– Aucune. Je me demande où peut bien se cacher Vastedda.

– Pour autant que nous le sachions, il pourrait être l'hôte de la villa du marquis.

– Dans ce cas, Szathmàry le saurait, tu ne crois pas ?

– Elle n'est que la directrice de la fondation, je ne pense pas que tout le personnel soit au courant des agissements du marquis.

Maëlis m'a pris par le bras et nous avons continué à marcher vers l'hôtel. Le soleil dessinait de grands demi-cercles de lumière sur le marbre du trottoir, la ville était animée et agréable.

– Je ne sais pas, à Paris nous n'avons rien conclu, alors je ne vois pas pourquoi nous devrions y parvenir ici. D'ailleurs, on dirait que ton ami Cat Berro n'a pas du tout l'intention de courir le risque de se brûler. Et je ne peux pas le lui reprocher.

– Nous l'avons mis sur le gril sans beaucoup de ménagements, a justifié la belle, laisse-lui le temps d'éclaircir les choses et tu verras qu'il nous prêtera main-forte.

– Il te plaît encore ?

– Francesco ? Je te l'ai dit, je le trouve très séduisant.

– Ah.

– Serais-tu jaloux ? a-t-elle demandé avec un petit sourire.

– Seulement curieux.

– J'étais une petite débutante et lui s'est mis en quatre pour m'aider. Il a été gentil et prévenant.

– Un garçon vraiment altruiste.

– Jaloux.

Elle a ri.

Une autre place. Extrêmement élégante celle-ci, longée par de longs portiques et fermée au fond par deux grandes églises. Au centre, monté sur un gros cheval de trait, un type en armure dégainant son épée pour l'éternité avec l'air de vouloir remporter toutes les batailles à lui seul.

Nous avons pris un Punt et Mes dans un bar prétentieux avec un grand taureau de bronze qui ornait le sol devant l'entrée, puis, passant entre les deux églises nous sommes arrivés sur une place plus intime. J'avais l'étrange sensation d'être suspendu dans les limbes, je ressentais l'inutilité de ce séjour à Turin comme un poids oppressant qui me laissait sans souffle. J'étais si envahi par mes pensées que je n'ai entendu le vrombissement du scooter qu'au dernier moment.

Maëlis a lancé un cri en perdant l'équilibre. J'ai eu le temps de voir son sac lui être arraché de l'épaule par deux fils de pute portant de gros casques, sur une Vespa rouge. Avant que j'aie pu l'agripper, le lieutenant le plus beau du monde s'est fait quelques mètres à quatre pattes pour ne pas tomber.

Le type qui conduisait a accéléré en s'éloignant du trottoir, mais le moteur s'est enrayé, a perdu de sa puissance pendant deux secondes. J'ai bondi à travers la rue tandis que l'autre remettait les gaz et s'enfilait sous un passage menant hors de la place. Tout en les suivant du coin de l'œil, j'ai changé de direction pour essayer de leur barrer la route. La Vespa a ralenti pour tourner au-delà des arcades et elle est repartie en vrombissant. D'un saut, j'ai bondi sur le coffre d'une Audi grise, ai pris mon élan sur le toit et sauté.

Je les ai vus filer sous moi, alors j'ai tendu le bras et mes doigts se sont refermés sur la chemise du merdeux qui était sur le siège arrière. En tombant à terre, je l'ai extrait de sa moto. Nous avons fini les quatre fers en l'air en roulant sur l'asphalte.

La Vespa a dérapé, piqué d'une roue contre le bord du trottoir et s'est penchée sur le côté. Le type qui conduisait s'est aplati comme une descente de lit tandis que l'engin glissait pour aller finir avec un bruit sourd contre la portière d'un fourgon garé là.

Des « oh ! » d'étonnement de la part des passants. Je me suis soulevé sur les bras, sonné par le choc. Le voyou était là à côté de moi mais plus alerte. J'ai tenté de l'attraper mais il m'a repoussé d'un bon coup de pied dans la figure, puis il s'est mis à courir vers son ami qui, entre-temps, avait redressé la Vespa. Deux coups de pédale et elle s'est remise en marche. Le conducteur a attendu son complice avant de partir comme une fusée en se cabrant. Je n'ai même pas essayé de les rejoindre, ils sont arrivés au bout de la rue en un éclair et après avoir tourné ont disparu à toute allure.

Un élégant monsieur m'a aidé à me relever :

– *Accidenti*… a-t-il dit en me tendant le sac de Maëlis qu'il avait ramassé par terre, *lei è un tipo in gamba, dovrebbe fare il poliziotto*[1].

Je l'ai remercié en m'époussetant sommairement, puis, après l'avoir rassuré sur mon état de santé, je suis retourné sur la place. Deslandes m'attendait, assise sur le bord d'une fontaine au-dessus de laquelle était étendue une énorme femme nue en marbre blanc. Quelques passants lui communiquaient leur solidarité indignée.

En me voyant arriver, elle m'a souri, c'était plus que suffisant pour un héros.

*

Sitôt dans l'ascenseur, elle s'était collée contre moi avec un désir fou de commencer les ébats. Enlacés comme des serpents, nous étions tout de même parvenus à ouvrir la porte et à nous glisser dans notre coûteux nid où, avec des gestes délicats mais décidés, elle m'avait retiré ma veste qui gisait encore sur le sol avec la sienne. Puis, dans le premier fauteuil à notre portée, nous avions consommé le nouveau chapitre de notre impétueuse passion.

---

1. « Bigre, vous êtes alerte, vous devriez être policier. »

Le prétentieux salon de notre suite du *Principi di Piemonte* était inondé par la lumière dorée du soleil qui avivait les couleurs tape-à-l'œil de la décoration. J'étais assis dans le fauteuil, pantalon détaché et chemise ouverte. Maëlis se mouvait lentement à califourchon sur mes jambes, jupe relevée sur les hanches et chemisier déboutonné. Les pointes de ses seins, en se frottant contre lui, chatouillaient mon torse magistralement sculpté.

Ses mouvements se sont calmés pendant qu'elle s'abandonnait haletante sur ma poitrine. Sa bouche s'est posée sur la mienne, douce et enveloppante. Nous nous sommes embrassés en mêlant nos langues et nos souffles. Encore en elle, je jouissais de la tiédeur de son ventre qui par moments se resserrait autour de moi en excitant mon érection.

Dans toute cette histoire, le pli qu'avait pris ma relation avec elle était certainement la partie la plus intéressante. La rencontre d'une belle policière privée de sexe avec un flic né pour redresser de semblables injustices donnait des résultats, pour le moins, exaltants.

Ses lèvres humides se sont détachées des miennes pendant qu'un soupir satisfait remontait dans sa gorge. Nous sommes restés un moment silencieux en nous dévisageant sans sourire, le souffle court et les iris embués de désir. Le sexe l'avait rendue échevelée, la transformant en une sorte de déesse de la volupté.

Sans lever ses yeux des miens, elle s'est mise à balancer son buste puis, en s'appuyant des mains contre le dossier du fauteuil, elle a un peu relevé le bassin en resserrant les muscles du pubis, jetant ainsi d'autre essence sur le feu. Un léger spasme est parti du centre de ses cuisses de velours et, courant à la vitesse de la lumière, s'est déchargé dans mon cerveau.

Nous l'avons fait de nouveau, mais, cette fois, en jouissant tranquillement. C'est alors, pendant que nos mouvements s'accéléraient et que nos respirations devenaient plus rapides, que, émerveillé par l'excitation, je me suis surpris à l'admirer, perdu dans son regard.

Après, nous avons pris un bain ensemble en riant et en nous éclaboussant comme deux gamins stupides. Puis nous avons baisé encore une fois, immergés dans le liquide tiède et gargouillant. Ce fut joyeux, un dernier moment insouciant avant de nous replonger dans cette histoire absurde.

Quand nous sommes sortis du sarcophage de Napoléon, je me suis rendu compte de la pagaille que nous avions mise. De l'eau partout. Pendant que j'éteignais le jacuzzi, Maëlis s'est sauvée en riant dans sa chambre. Moi, je suis resté là, ruisselant, pataugeant et détendu. Le miroir embué m'a renvoyé mon image estompée et floue qui souriait béatement.

La sonnerie du téléphone m'a presque fait faire un bond. C'était Cat Berro.

– J'ai quelques adresses pour tes clubs.

Deslandes est revenue au salon, enveloppée dans sa robe de chambre de soie bleue. Elle s'est approchée et m'a embrassé sur la joue.

– Des nouvelles de Vastedda ? ai-je demandé en la palpant partout. Elle a collé l'oreille au combiné.

– Nous avons mis une voiture devant la *Promotrice*, même s'il est peu probable qu'il se montre là-bas. Mes gars contrôlent hôtels et pensions, mais c'est comme chercher une aiguille dans une botte de foin.

Le marquis doit avoir un tas de propriétés, ai-je hasardé, Vastedda pourrait se cacher dans l'une d'elles.

– Si nous ne le trouvons pas, il ne nous restera que l'inauguration de l'exposition dans une semaine, mais, comme ils savent que vous êtes à Turin, il n'est pas dit qu'on lui permette d'y assister.

– S'il a terminé son travail, il pourrait être retourné à Paris.

Il était également possible que la salope l'ait éliminé. Peut-être cherchions-nous un mort, nous n'aboutirions alors nulle part. Mais cette femme était encore vivante et en fin de compte c'est seulement elle que je voulais.

– Pour commencer, ai-je grogné, je proposerais de faire un saut pour parler aux propriétaires de ces clubs et j'aimerais que tu m'y accompagnes.

– Dans une demi-heure devant ton hôtel, a-t-il conclu en raccrochant.

– Je vous laisse y aller sans moi, a dit Deslandes, j'ai besoin de me détendre.

Elle s'est détachée de mes bras et s'est enfermée dans sa chambre. Je finissais de me rhabiller quand on a frappé à la porte. C'était le groom en tenue de serveur. Il portait un petit plateau en argent avec, dessus, une enveloppe de dimension moyenne à l'aspect coûteux et raffiné.

Je l'ai prise en m'excusant de ne pas avoir le moindre penny sur moi. Je l'ai raccompagné à la porte, puis j'ai ouvert l'enveloppe :

IL MARCHESE E LA MARCHESA
RASCHERA-BETTELMATT
DI ROCCAVERANO
IN CASA
ALLE ORE 21

CRAVATTA NERA

Rsvp

Suivaient date, téléphone et adresse. J'ai fixé du regard ces quelques lignes sans bien savoir qu'en penser. La porte de la chambre de Maëlis s'est entrouverte et ses yeux m'ont dévisagé.

– Tu es seul ? a-t-elle chuchoté.

J'ai fait oui et elle m'a rejoint. Elle ne portait plus qu'une petite culotte de soie couleur perle. Son corps mince m'a effleuré quand elle a pris l'invitation. Elle l'a lue rapidement et m'a lancé un regard interrogatif, sourcils froncés, lèvres en trompette et tout le reste.

– Qu'est-ce qu'ils nous veulent ?

J'ai haussé les épaules :

– Aucune idée, mais je pressens qu'ils veulent nous dissoudre dans une baignoire d'acide.

– Je n'en serais pas si sûre…

– Une invitation à dîner dans la tanière du loup, tu ne trouves pas ça excitant ?

– Tu n'as pas l'intention d'accepter ?

– Bien sûr que si. Pourquoi, qu'est-ce qui ne va pas ?

– C'est que je n'ai rien à me mettre pour une soirée élégante.

27

– *Tumminia, contela nen tan longa*[1], a dit Cat Berro en regardant une série de photos érotiques suspendues au mur du bureau, c'est un club privé ici, pour y entrer il faut être inscrit, alors sors-moi la liste des membres.

– Inspecteur, s'est lamenté le patron de la baraque, vous savez comment ça fonctionne, mon métier est basé sur la confiance. On se parle avec des surnoms.

Le *Torbido Inganno* était le quatrième club de la liste de Cat Berro, d'un niveau nettement supérieur aux trois autres visités précédemment. M. Emanuele Tumminia, dont les efforts pour sembler chic se révélaient nuls, avait ouvert son paradis, avec une entorse au règlement, dans un édifice industriel de la périphérie est de Turin. De jour déjà, l'endroit était triste, j'imaginais que de nuit il devait au bas mot foutre les jetons.

– Ne raconte pas d'histoires, l'a pressé Cat, pour être membre d'un club comme le tien il faut posséder une carte d'inscription, et sur celle-là les gens écrivent leur nom.

– Pas tous, a insisté Tumminia, certains ne l'ont même pas. Et vous pouvez être sûr que, lorsqu'ils viennent dans des endroits comme celui-ci, carte ou pas, leur vrai nom ils le laissent devant la porte.

1. « Tumminia, ne me raconte pas d'histoires. »

– Vous ne demandez pas la carte d'identité ?

– Écoutez, que je la mentionne seulement et ils tournent les talons et s'en vont, a-t-il répondu en élargissant l'énorme nœud de la cravate qu'il avait autour du cou, sur certaines choses il faut fermer les yeux.

Il portait une espèce de costume léger gris à raies qui semblait taillé par un fabricant de frigos. La chemise au col de trois doigts plus haut que la normale et une paire de chaussures en cuir naturel complétaient son élégante mise. Cheveux courts pleins de gel, dressés sur la tête.

– Allez, Tumminia, a repris l'inspecteur, sors les cartes des membres qu'on y jette un coup d'œil.

Pendant qu'il fouillait dans ses tiroirs, je me suis penché par la porte donnant sur la salle principale. Pour l'ameublement, vraiment prétentieux, l'ami devait s'être inspiré des péplums américains, ceux avec des guerriers blond platine, des actrices texanes et des épées à six lames. Tissus de couleurs sombres et velours un peu mités dévoilaient çà et là de grandes photos de personnes ficelées comme des saucissons à la merci de dominateurs au visage ridiculement cruel.

– Les voilà, a dit Tumminia en posant deux boîtes en métal sur la table.

J'ai sorti les photos des *Liaisons dangereuses* et je les ai divisées entre nous. Nous nous sommes également réparti les cartes des membres et nous nous sommes mis au travail.

Cela n'a pas été long, le club n'avait qu'une centaine de membres. Le premier à finir a été le héros de la poulaille, puis j'ai moi aussi terminé les miennes.

– Ces deux-là ont le même nom, a dit Tumminia en retirant de la pile une carte et une photocopie qu'il a jetées devant Francesco. Avec un battement de cœur je les ai saisies avant qu'il ne puisse le faire.

Le nom Reine de Soie apparaissait sur les deux cartons. La Reine de Soie. Il se mariait plutôt bien avec la Signora di Raso, Madame Satin.

– C'est elle, j'ai dit, le même nom, ici et à Paris.

– Cela pourrait être une coïncidence, a rétorqué Cat Berro.

Tumminia nous a regardés, l'air affligé.

– Ce n'est pas une coïncidence, Francesco, regarde les noms des autres membres, ils sont tous en italien.

Il a feuilleté les cartons sans être vraiment attentif, puis a fixé le patron du taudis et demandé sèchement :

– Tu as entendu parler de Madame Satin ?

– Beh, bien sûr, a répondu l'entremetteur, c'est une célébrité.

Ni plus ni moins que si nous lui avions demandé qui était Shakira.

– Tu l'as rencontrée en personne ?

– J'ai eu ce privilège. Il y a un an et demi, elle était ici pour une soirée spéciale.

– Et depuis elle n'est pas revenue ? ai-je demandé.

– Je voudrais bien, a-t-il répondu en s'appuyant au dossier, si je parvenais à la faire venir ici deux fois par an je serais riche.

– Tu n'as pas vu son visage par hasard ? ai-je continué.

– Elle est toujours masquée d'un foulard de soie noire, mais je peux vous dire qu'elle a des cheveux roux.

– Oui, bien sûr, ai-je grogné. J'en avais plein le dos d'entendre cette histoire.

– En tout cas, a ajouté Tumminia, j'ai une photo d'elle, vous voulez la voir ?

Sans attendre notre accord, il s'est levé et a décroché du mur la photo encadrée d'une femme enveloppée de vinyle de la tête aux pieds, révélant un petit coffre-fort noir. Il a rapidement tourné les trois pommeaux de la combinaison et ouvert la porte. Il y a pris un paquet de photos et il est retourné s'asseoir avec nous. Il a feuilleté les photos, en a pris une et l'a mise devant nous.

Madame Satin était prise de profil, penchée sur un type nu qu'elle attachait à une chaise. Autour, à la lumière de petits phares, assistait un public pas plus identifiable. La photo était floue, en partie surexposée, ma grand-mère l'aurait mieux réussie. Mais pour être elle c'était bien elle. La revoir m'a fait un mauvais effet.

– Cette photo est une horreur, ai-je constaté, déçu.

D'un ongle qui aurait fait pâlir une manucure, Tumminia a gratté une tache de sauce séchée sur le col de sa veste :

– Je fais les photos en cachette avec mon téléphone. Si les gardes du corps s'en apercevaient, ils me l'enfileraient où je pense.

– Précision poétique, a marmonné Cat Berro, comme ça tu photographies tes clients en cachette ?

L'homme a changé de position sur sa chaise. Ses cheveux dressés sur la tête lui donnaient l'air du parfait abruti.

– C'est un hobby. J'aime les regarder de temps en temps, qu'est-ce qu'il y a de mal ?

– Jamais entendu parler de chantage, l'ami ? a demandé l'inspecteur, glacial.

– Jamais je ne le ferais. Ce club fonctionne grâce à la discrétion, croyez-moi.

Mon collègue l'a dévisagé, peu convaincu :

– Et de cette Reine de Soie qu'est-ce que tu peux nous dire ?

Le patron de la baraque a fait une grimace d'omerta :

– Rien, qu'est-ce que vous voulez que je sache d'elle ? Il y a plus de trente femmes membres de cette boîte, je ne saurais même pas vous dire quelle tête elle a.

Il mentait, c'était évident. La probabilité que Reine de Soie et Madame Satin soient la même personne était grande mais pas au point d'en avoir la certitude absolue.

– Vous ne l'avez pas photographiée avec votre téléphone ? ai-je demandé.

Il s'est mis à passer ses photos en revue en les regardant devant et derrière. Il en a retourné une vingtaine avant d'en choisir une qu'il a fait glisser sous mon nez. La qualité était semblable à l'autre. La femme était prise de face, agenouillée et ficelée avec un système compliqué de cordes qui se croisaient sur l'abdomen en formant le dessin typique du Shibari. Une large bande de sparadrap lui fermait la bouche, couvrant le visage du nez à la pointe du menton. Le reste du visage était caché par la bande sur les yeux. Tout ce que l'on voyait était le nez et, étant donné l'habileté du photographe, il aurait pu être celui de n'importe qui.

Mais ce qui m'a donné le coup de grâce ont été les cheveux blonds, lisses et longs jusqu'aux épaules, à mille lieues des cheveux bruns de la marquise. J'ai pris la photo et l'ai retournée. Tumminia avait écrit au crayon le mot *Reine* après avoir imprimé la photo. Rien ne pouvait me laisser douter qu'il ne s'agissait pas d'elle. Un goût métallique a rempli ma bouche pour descendre, amer, dans ma gorge, j'ai eu du mal à avaler. Le patron du local restait silencieux, vaguement préoccupé.

– Je vois que tu n'es pas content, m'a dit Cat en me donnant une petit tape sur l'épaule.

– Elle est blonde, Francesco, j'espérais l'avoir trouvée et, au contraire, rien.

– Blonde, brune…, a-t-il grogné en se levant, quelle différence fait la couleur d'une obsession ?

*

L'ascenseur du *Principe di Piemonte* qui nous montait au niveau des dieux m'a semblé plus suffocant que d'habitude. La lumière froide créait des ombres étranges sur mon visage, accentuant les cernes et le pli mécontent des lèvres. Mon image renvoyée par le miroir m'a provoqué une sorte de pincement au cœur. J'avais l'impression que la partie sombre de mon âme m'infectait, comme si toute cette tension tentait de me corrompre lentement.

J'aurais dû réagir mais je n'en étais pas capable. La déception éprouvée en voyant la photo de cette femme me dévorait intérieurement, m'empêchant presque de penser.

Appuyée contre la paroi opposée, Maëlis me regardait, sourcils à peine froncés. J'ai eu envie de tout laisser tomber, de prendre mes cliques et mes claques et de m'en retourner à Paris avec elle. Martine était morte et aucune vendetta ne la ramènerait. D'ailleurs, j'avais été le premier à la trahir en acceptant de partager mes angoisses avec la ravissante et adorable femme qui se trouvait en face de moi.

Je portais les deux grands sacs en papier avec lesquels Maëlis était arrivée au commissariat après son après-midi de shopping. Je les ai changés de main en soupirant.

– Je t'ai pris un smoking, a-t-elle dit en souriant.

– Tu n'aurais pas dû. Tu dépenses trop d'argent pour moi, ça ne vaut pas la peine.

– Si, ça en vaut la peine, a-t-elle murmuré en se rapprochant de moi, il t'ira merveilleusement bien.

Sa bouche s'est posée sur la mienne. Un baiser tendre et affectueux qui m'a fait sentir combien mon inquiétude était insupportable pour elle aussi. J'ai fermé les yeux en savourant la pulpe douce de ses lèvres et la rassurante pression de son corps contre le mien.

Puis les portes de l'ascenseur se sont ouvertes avec un soupir. Nous avons parcouru le couloir en marchant lentement vers notre paradis terrestre, pour découvrir que quelqu'un l'avait transformé en enfer.

Pour la seconde fois en moins d'un mois, quelqu'un avait mis toutes mes affaires sens dessus dessous, vidé mes tiroirs et fouillé dans ma vie sans la moindre pudeur. Ma valise avait été ouverte, les divans privés de leurs coussins, le lit retourné pour regarder sous le matelas. Maëlis est restée pétrifiée sur le seuil pendant que je faisais le tour de la suite. Sa chambre et ses affaires avaient subi le même traitement.

Les images du soir où Martine avait été assassinée me sont revenues à la mémoire, me coupant la respiration. Cette fois-ci, personne ne nous attendait, ils étaient venus, avaient tout fichu en l'air et étaient repartis.

Nous nous sommes regardés :

– Qu'est-ce qu'ils cherchaient ? a-t-elle dit.

– Je n'en ai pas la moindre idée.

– Mes bijoux..., a-t-elle murmuré en s'accroupissant devant le petit meuble qui renfermait le coffre-fort.

Elle l'a ouvert en faisant la combinaison. Je me suis approché. L'étui à bijoux était à sa place ainsi que le .38 Spécial à la crosse de nacre et l'enveloppe des échantillons de tissu.

– Ce sont les bijoux que ma grand-mère m'a laissés, a-t-elle expliqué en souriant, j'aurais été très triste...

– J'appelle le directeur.

Tout l'hôtel a débarqué. La délégation conduite par le directeur est venue se prosterner, honteuse. En l'espace d'une demi-heure, nous étions dans une autre suite en comparaison de laquelle la précédente ressemblait au siège d'une association de joueurs de boules.

Un quart d'heure plus tard, Cat Berro a surgi. Nous nous sommes installés dans un salon tellement grand que pour se parler il fallait mettre les mains en cornet devant la bouche.

– On vous a pris quelque chose ? s'est-il enquis en posant son vermouth sur la petite table en verre. Il a regardé autour de lui d'un air faussement dégagé, se demandant combien pouvaient bien être payés les flics de France.

– Ils n'ont rien pris. Ça ressemble davantage à un avertissement qu'à un cambriolage, du genre « laissez tomber ».

– Tu crois que ce sont eux ?

– Mais voyons ! Le directeur me disait justement que tous les deux ou trois jours une suite était dévalisée. Qui veux-tu que ce soit, Arsène Lupin ?

– On a aussi tenté de m'arracher mon sac dans la rue. Ils essaient peut-être de nous mettre la pression.

– Je dirais qu'ils sont en train de réussir, a grogné le pandore italien.

– Nous devons trouver la façon d'égaliser le score, ai-je dit, jusqu'à présent nous n'avons pas marqué un seul point. Tu as une idée ?

Il a pris son verre et ingurgité son vermouth en une seule gorgée, puis il s'est levé de son fauteuil :

– Ce soir, j'ai reçu le dossier sur l'homicide Beltramo-De Medici. Passez demain matin au commissariat, nous y jetons un coup d'œil et nous voyons s'il nous donne des idées.

– Je te raccompagne en bas, ai-je dit en me levant à mon tour.

Maëlis s'est elle aussi levée, elle a embrassé Cat sur la joue puis a refermé la porte derrière nous.

– Mes supérieurs ne me laisseront pas éternellement à Turin, ai-je grogné pendant que l'ascenseur nous faisait descendre, nous devons épingler ces gens.

– Tu veux dire tous ou bien c'est seulement cette femme qui t'intéresse ?

– Une chose entraîne l'autre, Francesco, si nous trouvons Vastedda, le château de cartes s'écroule. Toi, tu t'octroies les honneurs et tu me laisses la salope.

– Un faux pas et nous sommes foutus tous autant que nous sommes, toi, le soussigné et ta petite amie.

Nous avons traversé le hall de l'hôtel et nous sommes arrêtés devant la porte. Beaucoup de monde dans la rue, motos, bicyclettes et voitures qui allaient et venaient.

– Tu l'as sautée ? m'a-t-il soudain demandé.

Je l'ai regardé sans changer d'expression :

– Tu parles de ma collègue ?

– Et alors ?

– Écoute, mon vieux, occupe-toi de tes affaires.

Il m'a dévisagé, pensif, puis il s'est retourné et a descendu les marches recouvertes du tapis rouge menant à la rue. Avant de monter dans sa voiture de service, il m'a encore fait un signe :

– Tu es trop vieux pour elle, Mordenti.

Je lui ai répondu par un vilain geste :

– Un homme a l'âge de la femme avec qui il est.

Il a souri puis il est monté en voiture. La *panthère*[1] s'est dégagée du trottoir, gyrophare allumé, a parcouru la courte rue devant l'hôtel avant d'être engloutie par la circulation apathique du soir.

C'est alors que mon téléphone a sonné. C'était Guibert :

– Comment se fait-il qu'on ne t'ait pas encore vu à l'hôtel Éden ? a-t-il demandé d'un ton méfiant.

– Deux étoiles ne conviennent pas à *la* mannequin, Philippe, tu sais comment sont les femmes.

– Attention aux frais, Jean-Pierre, autrement Mme Dutronc te met en croix.

– Rassure-toi, nous sommes dans une petite pension charmante. À quoi dois-je le plaisir de cet appel ?

– J'ai reçu les analyses sur deux échantillons de tissu. Pour avoir une datation précise, nous devons faire un examen plus approfondi, type carbone 14, mais je ne crois pas que ce soit nécessaire. Selon le docteur Ostermeyer, de la section fibres textiles, ces échantillons ont aux alentours de cinq cents ans.

– Cinq cents ans ?

– Au jour près.

– Et pourquoi est-ce qu'on devrait utiliser un tissu du XVIe pour situer des sculptures ?

– Soin maniaque du détail ?

1. Nom donné aux voitures d'intervention de la police.

– Non, mon vieux, je pense que cette toile servait à autre chose, par exemple à falsifier un tableau ancien.

– Genre un *Christ mort* de Mantegna.

– Peut-être. Ces échantillons sont des essais pour voir comment réagit la peinture. Que me dis-tu des agrandissements que nous avons trouvés dans l'ordinateur de Gustave ?

– Ostermayer soutient que ces fibres pourraient être encore plus anciennes, mais sans le tissu original il ne peut rien dire de certain.

Je suis resté silencieux. Ma cicatrice s'est mise à me démanger comme pour m'avertir que quelque chose nous échappait :

– O.K., Philippe. Comment vont mes gars ?

– Ils vont bien et ils te saluent. Aurélien sort demain de l'hôpital et Metzger la semaine prochaine.

– Fantastique ! Tenez-moi au courant.

– Bien sûr. Dis-moi un peu : comment s'appelle votre pension ?

– Attends… quelque chose du Piémont, un nom comme ça. Je te fais savoir, ciao Philippe.

Évidemment, cette harpie de Dutronc menait son enquête. Il ne nous manquait plus que les lamentations au sujet de l'hôtel. Je suis rentré en soupirant.

28

Avant même que les pompiers aient pu faire quelque chose de concret, l'atelier Beltramo-De Medici avait brûlé de fond en comble avec tout ce qu'il contenait. Quand ils l'avaient éteint, l'incendie commençait déjà à dévorer le reste de la villa. Les photos prises par les carabiniers le soir du meurtre ne laissaient voir qu'une série d'intérieurs détrempés et noircis, privés de tout intérêt, où l'eau ruisselant des plafonds emportait mes indices réduits en cendres.

Après une nuit agitée d'intense passion, j'avais quitté l'hôtel en même temps que *ma belle* lieutenant, résistant à la tentation de coller un cheveu sur la porte avec ma salive et d'enduire la poignée de talc comme aurait fait James Bond. Le ciel était limpide et un petit vent léger rafraîchissait l'atmosphère.

L'inspecteur parlait avec Maëlis et Consolata Albrione. La morue blonde desséchée avait été mandatée par la directrice de la fondation pour nous dire que le travail d'Art-en-Images serait fait sous l'étroite surveillance de la sûreté interne. Le marquis ne voulait pas courir de risque et cela provoquait en moi de sombres pensées qui n'amélioraient certes pas ma mauvaise humeur.

Je suis passé aux photos des cadavres, ce n'était pas un beau spectacle. Le sang sombre privé de tout reflet ressemblait à de la merde desséchée autour des corps des deux restaurateurs. En plus du coup dans le cœur et de celui au front, un autre élément reliait ce meurtre à notre enquête : une bouteille de champagne dépassait des fesses de l'un d'eux, Veuve Clicquot cette fois.

Ce détail avait été caché à la presse ; selon les carabiniers, il menait directement à une partouze entre homosexuels qui s'était terminée de la pire des façons. Ne connaissant pas l'inclination de Madame Satin pour la bouteille, ils imputaient la truculente tuerie à la jalousie et à l'usage immodéré de cocaïne retrouvée sur la scène du crime.

En bref, l'affaire avait été classée assez rapidement sous la ritournelle : deux pédales en moins sur la surface de la Terre. Moi, au contraire, je commençais à penser que dans cette histoire les deux restaurateurs avaient un poids plutôt consistant. Ils avaient probablement provoqué une vendetta transversale, autrement le crime était inexplicable. De plus, la bouteille disait torture et la salope l'utilisait quand elle voulait savoir quelque chose. Peut-être qu'au début cela avait même plu à Beltramo, mais lorsqu'ils étaient arrivés à l'étiquette j'étais sûr qu'il avait tout craché.

J'ai levé les yeux. Consolata Albrione était là devant moi, blonde et irrémédiablement parfaite. Cat Berro était à côté d'elle.

– La *dottoressa* Albrione retourne à la fondation, a-t-il annoncé en lui cédant le passage.

Elle m'a tendu sa main de poupée de porcelaine que j'ai serrée avec délicatesse pour ne pas réduire ses petits doigts en miettes.

– Mes salutations à la *dottoressa* Szathmàry, ai-je grogné.

Sourire standard :

– Merci, nous vous tiendrons au courant, commissaire.

Francesco l'a raccompagnée hors du bureau avec une certaine déférence. Nous sommes restés seuls. Maëlis s'est approchée en silence et a posé une main sur mon dos. Elle portait sa veste de daim noir sur un T-shirt de soie blanche, des jeans et une paire de chaussures de jogging. Elle m'a caressé le bas du dos :

– Tu as trouvé quelque chose ?

– Ils ont tout brûlé, mais les photos laissent penser que ces deux-là étaient plus impliqués qu'il ne paraît.

Je lui ai montré celle avec la bouteille :

– Beltramo a eu le même traitement que Gustave, il est évident que cette femme l'a torturé pour le faire parler.

– Elle a observé la photo l'air quelque peu dégoûté :

– Qu'est-ce qu'elle pouvait bien leur vouloir ? Tu ne crois pas qu'elle les a éliminés seulement à cause des gars de Chabichou ?

– C'est ce que je pensais tant que je n'avais pas vu la bouteille. Je suis maintenant certain qu'il y a autre chose.

– Genre ?

– Genre ils essayaient vraiment de rouler le marquis, peut-être en faisant un coup pour leur propre compte.

– Mais ils ne pouvaient pas le faire sans l'aide de Vastedda.

– Non, en effet, c'est pour ça que Gustave l'a engagé. Mais quelque chose est allé de travers et pour noyer le poisson ce fils de pute a donné Martine en pâture à la salope.

Vu sous cet angle, ça se tenait. Il était possible que nous soyons tombés sur un règlement de comptes à l'intérieur de la famille. Pendant que Marius Devaux travaillait avec le marquis, ses employés préparaient peut-être un coup derrière son dos.

– Pourquoi n'ont-ils pas tué Vastedda s'il était de mèche avec Gustave ?

– Ils pourraient en avoir encore besoin.

Nous avons étalé les photos sur la table. Sur la pelouse devant la villa on y voyait encore un camion de pompiers, juste à droite d'une petite construction en bois vert clair.

– Peut-être le détiennent-ils contre sa volonté quelque part par là, a suggéré Deslandes.

Mais je ne l'écoutais plus car une image soudaine avait surgi dans ma tête. J'ai farfouillé dans les photos pour chercher celles qui m'avaient frappé, puis je les ai alignées devant moi. Sur deux d'entre elles on le voyait assez bien, un beau pavillon en bois vert à demi couvert de roses grimpantes.

– Regarde, c'est le même kiosque que sur les dessins de Calogero Vastedda.

– Tu es sûr ?

– Et comment ! Il y a aussi les deux grands magnolias. Les photos sont prises d'un autre angle mais l'endroit est celui-ci, sans aucun doute.

J'ai ouvert le volumineux dossier apporté de Paris et j'ai fait défiler les dessins que Vastedda avait offerts à Mme Amoako. Il s'agissait de la même structure octogonale de bois vert délavé, posée sur une plate-forme en pierre. Elle était couverte de plantes grimpantes et avait l'air abandonné.

Maëlis m'a dévisagé en mordillant sa lèvre. Elle tenait à la main une photo et la reproduction du dessin, et sa pensée correspondait à la mienne, au moins autant que nos corps la nuit précédente.

– Tu crois que Vastedda se cache ici dans la villa de Beltramo et De Medici ?

– Ce serait un bon endroit. Qui aurait l'idée d'aller le chercher dans ces ruines ?

– Mais la villa est sous scellés, il n'y aura ni eau ni électricité.

– Peut-être, mais, plutôt que de rester là à nous ronger les ongles et à ruminer, autant y jeter un coup d'œil, tu ne crois pas ?

Elle m'a fixé en penchant légèrement la tête avec un bref sourire qui lui a étiré les lèvres. Une mèche de cheveux est tombée sur son visage et d'un geste elle l'a remise en place :

– Bien… Il suffit que tu me raccompagnes à l'hôtel à une heure décente. J'aurai besoin d'une douche et de temps pour m'habiller en vue du dîner chez le marquis, je veux être la plus belle.

– Ça ne devrait pas être très difficile. Certes plus facile que de convaincre Francesco de rassembler quelques flics pour perquisitionner cette villa.

– J'en fais mon affaire, a-t-elle dit en souriant, mais si l'idée se concluait par un coup d'épée dans l'eau j'ai bien peur qu'alors nous ayons des ennuis. Je ne crois pas que Sarcina Staffa fera des bonds de joie.

J'allais répliquer quand la porte s'est ouverte et Cat Berro est entré :

– Alors, a-t-il dit en se frottant les mains, vous avez une idée lumineuse ?

*

D'un coup d'épaule j'ai ouvert la porte que l'eau des pompiers avait fait gonfler de façon démesurée. La poussière et la cendre de l'incendie recouvraient tout. La dernière pièce au premier étage de la maison était plongée dans l'obscurité et empestait le moisi et la fumée. J'ai ouvert une des deux fenêtres et poussé les persiennes vert émeraude. La lumière du soleil a inondé un espace crasseux et désordonné, plein de livres boursouflés par l'eau mais désormais secs. Avant l'incendie, l'endroit avait dû être agréable, meubles et divans étaient maintenant sales et tachés.

La villa des restaurateurs était magnifique, mais l'entretien laissait un peu à désirer. Immergée dans la végétation de la colline, la bâtisse fin XVIIIe avait besoin d'une bonne réfection, d'un coup de peinture et des tendres attentions d'une famille pleine aux as.

– Il n'y a personne ici, a dit le policier en uniforme qui se trouvait avec moi, nous pouvons retourner en bas avec les autres.

J'ai de nouveau regardé le jardin en friche à l'air abandonné. Deux fauteuils en rotin et une table basse pourrissaient à côté d'une haie de feuilles brillantes d'un vert si sombre qu'il semblait noir. Près du pavillon, deux agents fumaient une cigarette.

Nous avons traversé la grande chambre à coucher où tout était resté tel quel depuis le soir du meurtre. Sur le parquet de bois ancien, des marques et des taches de sang noir indiquaient la position des cadavres. Là aussi, poussière et abandon. Un escalier nous a ramenés en bas.

Nous avons rejoint Cat Berro et Deslandes dans une espèce de salle à manger dont les grandes fenêtres donnaient sur le jardin. D'autres livres, sculptures, tableaux et un énorme poêle blanc en terre cuite. Sur une longue table, les restes d'un dîner pour cinq moisissaient depuis le soir où une partie des convives avait décidé de faire la peau aux maîtres de maison. Au-delà d'un passage voûté, on voyait une vaste cuisine partiellement brûlée. Puanteur de renfermé, de pourri et de nourriture avariée.

Les visages étaient graves, comme à un congrès de l'opposition, d'ailleurs il n'y avait vraiment pas de quoi rire. En dehors des mouches, des souris et des cafards, la villa était déserte. Vastedda me l'avait mis profond encore une fois, ou plutôt, à vrai dire, j'avais tout fait tout seul.

– Sarcina Staffa vient de m'appeler, a dit le flic italien d'un ton lugubre. Il veut nous voir à notre retour.

– Tu lui as dit qu'ici il n'y a personne ?

– Il a bien fallu, mon ami, il n'y a pas âme qui vive dans cet endroit dégueulasse.

J'ai fait la tronche. Maëlis a suivi un agent en uniforme qui sortait dans le jardin. Cat a déplacé une chaise, l'a époussetée avec une serviette et s'est assis en croisant les jambes.

– Avancer à tâtons ne mène nulle part, a-t-il dit en faisant joujou avec une fourchette, cet homme pourrait être n'importe où.

J'ai haussé les épaules :

– C'était quand même une bonne piste, l'endroit est abandonné et Vastedda y est déjà venu. Il l'a même dessiné.

– Bonne mais fausse. Il y a beaucoup à faire en ville, nous n'avons pas de temps à perdre. Si nous ne lui apportons pas rapidement du concret, Sarcina vous flanque dans un train et vous réexpédie à Paris.

J'ai poussé un soupir qui a dépoussiéré quelques mètres carrés du sol. Je me suis appuyé contre le rebord de la fenêtre et, regardant par-delà les ailes d'un ange en bois, j'ai observé la silhouette longiligne de *ma* lieutenant qui avançait dans l'herbe, circonspecte. Elle s'est arrêtée en penchant la tête comme pour saisir un bruit, puis elle s'est accroupie sur la pelouse. Elle semblait perplexe. Elle a allongé un bras et posé la paume de sa main sur le terrain. La poupée entendait quelque chose, j'ai abandonné Cat Berro et j'ai filé dehors.

– Qu'est-ce qu'il y a ? lui ai-je demandé en m'approchant.

Son regard était concentré :

– J'entends une espèce de bourdonnement, a-t-elle dit, on dirait qu'il vient du sous-sol.

– Quel genre de bourdonnement ?

– Comme une vibration électrique, quelque chose comme ça.

– Ça pourrait être un générateur ?

Elle a passé sa main sur l'herbe, puis elle m'a regardé en haussant les épaules :

– Peut-être, mais s'il se trouvait là-dessous on l'entendrait.

Je me suis accroupi à coté d'elle. À travers mes semelles, j'ai perçu un léger tremblement :

– C'est pas dit, si c'était un générateur silencieux, bien isolé, on ne l'entendrait même pas.

– Qu'est-ce qu'il y a sous la pelouse ? a demandé ma muse.

Duel de regards. Nous nous sommes levés pour rejoindre l'épaisse haie délimitant le jardin. Nous l'avons traversée et nous sommes retrouvés en haut d'un mur en pierre posé à même la terre. Il mesurait bien deux mètres de haut et n'avait aucune ouverture. Au pied du mur, la colline descendait raide et inégale pour s'enfiler dans un bois assez dense d'arbres et de buissons. Un peu plus loin, quelques bancs de pierre prenaient l'ombre sous les arbres. Un petit escalier menait à un jardin potager clôturé et complètement desséché.

J'ai posé la main sur le sommet du mur mais n'ai senti aucune vibration. Il était possible que ce bourdonnement vienne de loin, peut-être conduit jusqu'à nous par quelque tuyau souterrain. C'était cependant un signe d'activité. Cat Berro est arrivé vers nous en marchant sur l'herbe, mains dans les poches. Il était vêtu d'un costume sombre sur un tricot ras-de-cou :

– Nous devons rentrer, a-t-il dit en s'arrêtant devant la haie, il n'y a plus grand-chose à faire ici.

– Attends, ai-je grogné, il se pourrait qu'il y ait un générateur là-dessous.

– Allez, les gars, vous avancez dans le brouillard, nous avons fouillé tous les coins et recoins.

Maëlis et moi sommes repassés de l'autre côté de la haie pour nous arrêter à côté de lui. Cat et moi nous sommes regardés droit dans les yeux. Ce mec n'était vraiment pas mal, avec ses cheveux de *latin lover*, ses vêtements à la Don Johnson et l'étincelle de sarcasme qui illuminait ses yeux noirs. J'ai pensé qu'il avait, lui aussi, partagé la couche de Deslandes et, à ma grande surprise, j'ai ressenti une pointe de jalousie.

– Nous n'avons pas cherché partout, ai-je répondu, il manque encore le pavillon.

Il a tourné la tête pour le regarder. De l'endroit où nous nous trouvions, le cadrage était exactement le même que sur le dessin de Vastedda. Francesco a ricané :

– Je peux te le dire d'ici qu'il n'y a personne là-dedans.

– Mais il pourrait y avoir une trappe, est intervenue Maëlis.

Cat Berro a cessé de rire :

– Une trappe ? *Cazzo*…

Nous nous sommes rapprochés de la structure en bois. L'intérieur a beaucoup refroidi mes ardeurs. Il ressemblait à un débarras, il y avait vraiment de tout : instruments de jardinage, brouette, caisses en bois, vases vides empilés. Et puis des plantes à demi-mortes, des déchets de toutes sortes et quelques cageots de bulbes. Quand bien même il y aurait eu une trappe là-dessous, personne ne l'utilisait plus depuis un bon bout de temps.

L'inspecteur s'est retourné vers ses hommes en s'enfilant deux doigts dans la bouche et a poussé un long sifflement modulé :

– Gambirasi, Patacchia, enlevez ces trucs, allez, sortez tout.

Les deux paladins en uniforme se sont mis au travail avec une gueule qui en disait long sur leur ressentiment. En tout cas, ils ont fini de débarrasser le pavillon en esquintant le gazon tout autour. Le sol en pierre mesurait trois mètres de diamètre et il était d'une saleté crasse, couvert de feuilles sèches, de poussière et d'autres choses difficiles à identifier. Mais pas l'ombre d'une trappe.

Maëlis s'est accroupie dans un coin et s'est mise à gratter contre le bois humide de la structure. Je me suis approché :

– Tu as trouvé quelque chose ?

Elle s'est remise debout en tirant un câble électrique noir qui s'est détaché des agrafes avec une série de claquements secs :

– Il entre par le toit et s'enfile dans le sol. Regarde s'il y a un truc au-dessus.

Cat et moi sommes sortis. Le toit en pointe se terminait par une espèce de grosse pigne en fonte avec quatre trous noirs sur les côtés.

– Aide-moi, j'ai dit.

Il m'a fait la courte échelle pour me permettre de monter sur l'une des balustrades en bois du kiosque, puis j'ai grimpé sur le toit en m'aidant des saillies. Je me suis rapproché de la pigne en métal en m'installant de façon à ne pas tomber. J'ai mis le visage contre l'un des trous et mon œil en a rencontré un électronique :

– Ce sont des caméras.

Il y en avait quatre, légèrement orientées vers le bas, et elles surveillaient chaque côté de la structure. Ma petite amie a paru sur la pelouse ; tout en se protégeant les yeux d'une main, elle a levé le visage vers moi :

– Ils sont donc en train de nous observer.

J'allais répondre quand deux raies plus claires sur l'herbe à la base du kiosque ont attiré mon attention. D'en haut elles étaient bien visibles, marques laissées par quelque chose qui avait été traîné. Elles s'éloignaient de la base en pierre sur une longueur d'environ la moitié du diamètre de la structure. Francesco et Maëlis se trouvaient juste au milieu.

– La base de ce truc court sur des rails, ai-je lancé joyeux, il est probable qu'il cache l'entrée d'un local souterrain.

Ils m'ont regardé, sceptiques, tandis que je redescendais avec quelques mouvements athlétiques. Cat Berro a appelé quelques-uns de ses hommes et nous nous sommes mis à pousser comme des damnés, mais ce putain de kiosque n'a pas bougé d'un centimètre. Alors, après quelques tentatives encore nous avons laissé tomber.

Je me suis allongé par terre et j'ai ôté l'herbe de la base en pierre pour découvrir qu'effectivement il reposait sur un cercle en acier de deux doigts d'épaisseur :

– Il doit y avoir un système de déblocage quelque part, ai-je dit en me relevant, si nous ne le trouvons pas, faisons sauter la base à la dynamite.

Cat Berro a approuvé et la belle s'est mise à chercher des leviers cachés sur le sol du kiosque. Nous avons entendu un claquement métallique et toute la construction s'est soulevée d'un demi-centimètre puis, avec un bourdonnement, elle a commencé à se déplacer en arrière. Maëlis, qui se trouvait dans le pavillon, s'est agrippée à la rambarde de bois vert en s'éloignant de nous l'air ahuri. Nous avons été quatre ou cinq à sortir notre pistolet.

En glissant sur une double rame, la base a laissé apparaître une large ouverture en demi-lune. Avec un sursaut mécanique la structure s'est arrêtée. Je me suis avancé, sur mes gardes, le

.45 pointé vers le bas. Une échelle métallique avec deux rampes descendait vers une pièce éclairée au néon. En bas des marches, Calogero Vastedda m'a souri. Il était en manche de chemise et tenait ses mains au-dessus de la tête :

– Laissez tomber la dynamite, commissaire, je sais reconnaître ma défaite.

Assis aux quatre côtés d'une table dans le confortable salon de cette espèce de refuge antiatomique, nous sommes restés silencieux un instant. Je ne parvenais pas encore à croire que Calogero Vastedda se trouvait devant moi, même si l'ami ne semblait pas très en veine de confidences.

– Vous ne savez rien, commissaire, a-t-il dit avec un léger et doux accent sicilien, vous m'avez trouvé, c'est vrai, mais cela vous laisse exactement au point de départ.

– J'en sais plus que vous ne le pensez, ai-je répondu en jouant avec le Akdal Ghost calibre 9 que j'avais trouvé sur les étagères de la bibliothèque. Après l'avoir déchargé, je l'avais posé sur la table au milieu de nous. – Pour commencer, je sais que Gustave et vous aviez décidé de monter un petit coup pour votre compte sans le dire au marquis. Il l'a su et il a mis Madame Satin à vos trousses.

– Madame Satin ? a-t-il demandé en feignant la curiosité.

L'endroit offrait tous types de confort : livres, liqueurs, une grande télévision, une cuisine parfaitement équipée et une chambre dans laquelle je me serais volontiers enfermé avec ma collègue pour une petite demi-heure de relaxation.

– Allez, Calogero, vous avez peur, ai-je dit en brandissant l'automatique turc sous son nez, ce pistolet me le confirme. Je sais que vous connaissez bien cette femme, si je vous laissais en liberté dans Turin elle aurait tôt fait de vous faire la peau sans sourciller. Vous avez de la chance qu'on vous ait trouvé avant elle.

Il a haussé les épaules en me fixant avec un sourire. Il avait un charme fou, le salopard, c'était un de ces hommes qui restent beaux jusqu'à la tombe :

– Vous savez, je n'ai vraiment rien à vous dire, ni à vous ni à vos collègues italiens. Je ne suis même pas sûr que vous ayez en main quelque chose pour me retenir plus longtemps que les formalités d'usage, je vous prie donc de ne pas insister.

En échange d'un bourdonnement tout à fait supportable, le générateur électrique caché sous l'atelier de la villa garantissait lumière et air propre. Le gasoil n'aurait sans doute pas duré éternellement, mais les besoins de Vastedda étaient restreints et notre ami semblait plutôt fataliste.

– Allez, dites-moi qui est Madame Satin, monsieur Vastedda, c'est aussi votre intérêt que cette tueuse disparaisse de la circulation.

– Je vous ai déjà dit que je ne la connaissais pas.

Soupir d'impatience :

– J'ai une photo de vous deux ensemble, mon vieux, et un témoin vous a vu quitter l'atelier de Picpus avec elle.

Il s'est appuyé contre son dossier avec un petit rire :

– Ce n'était pas elle à Picpus, commissaire, la femme avec qui je suis parti était Gabrielle Lalanne. Ce fut la dernière faiblesse du pauvre vieux que je suis. Que voulez-vous, je suis attiré par les femmes de glace.

J'ai opté pour un silence irrité. Dans cette maudite histoire, tout se révélait différent de ce qu'il m'avait semblé. Je commençais à douter d'en venir à bout. Vastedda ne voulait pas parler et je ne pouvais pas toucher le marquis à qui il suffisait d'un haussement de sourcil pour m'écraser. Je ne savais pas qui était la salope masquée ni où elle se trouvait et, pour le moment, Devaux était hors de portée. Tous les autres étaient morts.

– Gabrielle est morte. Madame Satin l'a elle aussi fait tuer.

Son sourire s'est éteint sur ses lèvres pour laisser la place à une expression vaguement attristée. J'étais surpris qu'il puisse éprouver de tels sentiments pour cette femme. Peut-être était-il parvenu, le vieux Calogero, avec son charme de gentilhomme, à allumer une passion dans ce bloc de marbre. J'ai soudain compris que les deux tueurs avaient voulu emmener Lalanne pour l'utiliser contre lui. Il était possible que, pour l'effrayer, ils l'aient aussi obligée à assister aux assassinats de Christiane et Bécassine.

– Ils l'ont tuée pour vous atteindre.

– C'était une gentille fille, elle méritait mieux.

– Qu'avez-vous peint pour le compte du marquis, monsieur Vastedda ? a demandé Maëlis. Nous pensons que le vol du Mantegna a été organisé par Beltramo et De Medici avec votre aide et la complicité de Gustave. Alors Raschera-Bettelmatt doit avoir autre chose en tête. Et j'imagine qu'il serait heureux de mettre la main sur vous.

Calogero lui a souri :

– Enquêtez, mon enfant, a-t-il dit tristement, faites votre métier. Si vous êtes aussi douée que belle, je suis certain que vous obtiendrez ce que vous désirez.

On n'aboutissait à rien. D'autres soupirs mécontents, puis un flic en uniforme est descendu vers nous :

– Monsieur l'inspecteur, quand vous voulez nous pouvons retourner au commissariat. Les gars de la Scientifique demandent s'ils peuvent perquisitionner ces pièces.

– Merci, Patacchia, a répondu Cat Berro qui jusque-là avait écouté sans ouvrir la bouche. Dis-leur que le champ est libre, nous levons les voiles.

Nous nous sommes mis debout et sommes remontés à la surface. Tout en traversant la pelouse, le policier italien a sorti ses menottes et les a passées aux poignets de Vastedda. Nous nous sommes répartis dans les deux *panthères*, Cat et moi dans la première avec Vastedda et Patacchia, Maëlis et les trois autres policiers dans la seconde. Nous avons tous démarré, parcouru la petite allée d'accès et sommes sortis par le portail rouillé soutenu par deux piliers en plus mauvais état encore. Puis le concerto pour sirènes et gyrophares a commencé.

Nous avons continué par l'étroit et tortueux chemin rejoignant la route principale qui descendait vers la ville. La circulation a augmenté, mais, devant l'impérieux hululement des sirènes, les autos s'écartaient pour nous laisser passer.

Avec quelques manœuvres, de celles qui normalement t'expédient au cimetière, l'inspecteur a obtenu un bon bout de route libre pour appuyer sur le champignon. Nous sommes rapidement arrivés en vue d'une place triangulaire délimitée dans le bas par un boulevard menant au fleuve.

Jusque-là tout avait marché comme sur des roulettes, et soudain, le désastre.

Une grosse tout-terrain, un de ces engins noirs que se paient les sous-développés mentaux, est sortie à toute blinde d'un parking et a pris de plein fouet le museau de la 156. Si je n'avais pas eu ma ceinture, j'aurais volé par la vitre. Le choc a fait un fracas terrible et déclenché tous les airbags. Douleur lancinante à l'épaule et éclats de pare-brise partout.

Évidemment la voiture derrière nous est rentrée dans le cul sans freiner. Autre bruit de tôles se raccourcissant pendant que nous étions tous traînés sur une dizaine de mètres encore. Leur sirène s'est éteinte, la nôtre a continué de glapir, comme dans un dessin animé.

Je me suis retrouvé sur le côté, à demi-conscient. Le volant s'était énormément rapproché du torse de Cat Berro, et des plaintes parvenaient de l'arrière. En me redressant, j'ai perçu un mouvement rapide sur ma droite. Des yeux bleus m'ont fixé pardessus un foulard de soie noire. Coup au cœur. J'ai juste eu le temps d'apercevoir le roux de ses cheveux, le bleu de sa combinaison et les reflets de l'acier. Juste avant qu'elle ne pointe la mitraillette Uzi qu'elle tenait bien serrée dans ses mains.

Je me suis jeté sous le tableau de bord en couvrant ma tête de mes bras tandis qu'une série de rapides détonations explosaient en me lacérant les oreilles. Les vitres latérales ont volé en mille morceaux et une pluie d'éclats s'est abattue sur moi, se plantant dans mes cheveux et dans le col de ma chemise. Une rafale puissante qui semblait sans fin.

Puis elle a cessé.

J'ai attendu quelques secondes avant de me redresser. Notre sirène continuait de se lamenter. Francesco était blanc comme un cierge et essayait de retirer sa ceinture de sécurité.

– *Ma vatlu a piè'ntal cul*[1], a-t-il bredouillé.

J'ai détaché la mienne et me suis retourné. L'arrière de la voiture ressemblait à un accident ferroviaire. Vastedda avait plus de trous qu'un passe pour ski-lift et son cerveau était répandu sur la plage arrière. Sang et autres choses immondes répandues de toutes parts. Patacchia a bougé ses lèvres l'air terrifié. Il avait un trou de 9 mm sous la pommette droite et deux autres sur l'uniforme à hauteur du cou. Il pissait le sang comme une fontaine.

Je suis descendu de voiture et j'ai fait le tour de la tout-terrain abandonnée devant nous. La salope courait vers la place avec de longues foulées d'athlète aguerrie. Avec une série de coups de pied, Maëlis a ouvert la porte arrière de l'autre voiture et s'est glissée au-dehors. Je me suis lancé sans l'attendre à la poursuite de la satanée tueuse. La circulation s'était arrêtée et plusieurs automobilistes se dirigeaient vers les deux voitures accidentées. Certains avaient déjà leur téléphone à l'oreille.

J'ai traversé la place en courant et suis descendu vers une allée bordant un petit jardin. J'entendais derrière moi les pas rapides de Maëlis.

Nous avons traversé le boulevard et, galopant le long du trottoir, nous avons débouché sur un parking où donnait une église grise au fronton arrondi. Madame Satin avait pas mal d'avance. À côté d'elle courait un homme armé d'une mitraillette, peut-

1. « Va te faire foutre. »

être le conducteur de la tout-terrain. Ils longeaient la rive à toute vitesse.

Toujours suivi par Deslandes, j'ai enjambé les barrières, dépassé les voitures garées et suis monté au pas de course sur le terre-plein herbeux. La salope et son ami avaient rejoint une passerelle piétonne qui traversait le fleuve. Malgré des élancements à la rate, j'ai mis l'accélérateur, mais, quand j'ai atteint le pont, les deux autres étaient déjà passés de l'autre côté et traversaient la rue. Sur l'allée plantée d'arbres, les gens s'étaient arrêtés et regardaient autour d'eux, se demandant si on tournait un film.

L'homme au crâne tondu debout sur la rive, je l'ai repéré quand j'étais déjà à la moitié de la passerelle. L'antenne de la télécommande que le type avait à la main a allumé dans mon cerveau un éclair tardif, aussi parce qu'il m'a souri. Puis il a appuyé sur le bouton.

Il y a eu une explosion sèche, très forte, une douzaine de mètres devant moi. Le déplacement d'air m'a tamponné en même temps que poussière et débris. Tout s'est mis à trembler en grinçant tandis que Deslandes arrivait vers moi. Un type qui marchait là tout près a volé par-delà la rambarde et deux femmes qui venaient juste de mettre les pieds sur la passerelle ont fini de tout leur long par terre. Cris à droite et à gauche avec pointes d'hystérie collective.

L'explosion a cassé le pont en deux au niveau du point d'appui sur le pilier. Tout s'est mis à osciller dans un nuage de fumée épaisse. J'ai fait un pas en arrière, mais la passerelle désormais suspendue dans le vide s'est cassée avec fracas quelques mètres derrière moi et le tronçon brisé par l'explosion s'est écroulé dans le fleuve. N'ayant plus d'appui sous les pieds, je suis tombé sur le dos et me suis mis à glisser vers l'eau. D'un coup de reins je me suis projeté vers la rambarde et j'ai réussi à saisir une des barres.

Une myriade de petits cailloux et de fragments de ciment se sont précipités sur moi en roulant le long de cet immense toboggan. J'ai tourné la tête juste à temps pour voir Maëlis me passer sous le nez avec un petit cri en essayant de m'attraper. J'ai tendu ma main libre et l'ai saisie au vol, arrêtant ainsi sa chute. Avec une expression crispée, elle s'est agrippée à mon bras et a réussi à se traîner à côté de moi. Elle était haletante.

Grâce aux fers de l'armature, le tronçon de la travée restait suspendu au reste de la passerelle, vibrant sous la pression du courant avec un grincement sinistre. Depuis la rive, une foule nombreuse suivait notre numéro d'acrobatie, certains prenaient même des photos. Deux cents mètres en aval, un petit groupe de personnes aidait le type précipité dans le fleuve à remonter sur la rive.

Le fils de pute qui avait fait exploser la charge avait disparu avec Madame Satin et l'autre délinquant qui la suivait partout. Un certain découragement m'a gagné tandis que mon bras commençait à s'engourdir. Dans le lointain, plusieurs sirènes ; elles se sont rapprochées en augmentant d'intensité.

– Il faut grimper le long de la rambarde, ai-je conseillé à ma belle ; si cette plaque se détache du pont, on est dans la merde.

Elle a effleuré ma joue de ses lèvres :

– Aide-moi à m'agripper, j'essaie de monter.

Quelqu'un a sifflé au-dessus de nos têtes. Nous avons levé les yeux, Cat Berro était là-haut avec deux de ses gars et un beau rouleau de corde :

– Vous préférez rester seuls ou bien on vous remonte ? a-t-il crié.

*

– Vous êtes à Turin depuis deux jours seulement et on compte déjà les morts et les blessés. Sans parler des énormes dommages à la passerelle, a énuméré le *dottore* Sarcina Staffa d'une voix nasillarde.

– Remarquez que ce n'est pas nous qui l'avons fait sauter, ai-je rétorqué, c'est un miracle que nous soyons tous les deux en vie.

Le bureau du chef de Cat Berro reluisait de propreté comme si la femme de ménage venait de passer. Les murs avaient besoin d'un coup de peinture et les meubles étaient bringuebalants, mais il n'y avait pas l'ombre d'un grain de poussière. Près de la fenêtre, un énorme pot d'anthurium dont les épaisses fleurs rouges formaient une tache de couleur surprenante.

– Le *questore*[1] est hors de lui. Demain nous serons tous dans les journaux.

Avec un soupir, il a passé une main énorme dans ses rares cheveux blancs coupés en brosse qui commençaient à manquer sur le sommet du crâne, formant une espèce d'héliport arrondi pour mouches.

– C'est une ville tranquille ici, certaines personnes n'aiment pas être ennuyées et peuvent créer pas mal de problèmes.

Il m'a regardé droit dans les yeux. Son air mécontent rendait son long visage plus maigre encore et mettait en évidence la bouche charnue aux muqueuses sombres et le nez proéminent. Puis, d'un ton sec :

– Je ne sais pas quelles sont exactement les données de votre enquête. Votre collègue et vous êtes ici parce que le *dottor* Le Normand connaît notre *questore* en personne. Le problème, commissaire, est que Paris nous a caché une partie des informations, autrement nous aurions pris beaucoup plus de précautions avant de vous laisser le champ libre.

Il s'est redressé pour donner plus de poids à cette menace voilée. Il avait des poignets énormes qui sortaient des manches de sa chemise comme du dentifrice d'un tube. Je pouvais, de

1. Préfet de police.

son bracelet de montre, faire une ceinture pour mon pantalon. Il devait mesurer autour du mètre quatre-vingt-dix, épaules étroites, ventre en saillie. Un quintal de poulaille énervée.

– Je suis navré que ces problèmes assombrissent votre journée, monsieur, je ne pouvais pas imaginer que, pour nous arrêter, ces gens-là iraient jusqu'à faire sauter un pont. Je me rends compte à quel point le marquis est influent ici, mais nous sommes tous égaux devant la loi, ne croyez-vous pas ?

– Ne me faites pas la leçon, jeune homme.

– Cette femme travaille pour lui, elle a tué Calogero Vastedda sans sourciller.

– Vous pouvez le prouver ?

– Je pourrais si vous me laissiez travailler.

– Vous ferez ce que je vous dis. Je ne suis pas disposé à tolérer d'autres épisodes comme celui-ci, considérez-vous désormais comme de simples observateurs. L'enquête sera menée par ce commissariat et l'inspecteur Cat Berro en référera directement à moi.

– Vous pourriez cuisiner Marius Devaux, il est au courant de toute l'affaire.

Il a éclaté :

– Vous vous croyez à la Gestapo ? Jusqu'à preuve du contraire, Devaux exerce une profession libérale et travaille pour le marquis. Si vous tentez de l'importuner, vous m'obligerez à prendre de sérieuses mesures.

Je me suis levé pour aller à la fenêtre. La frustration qui était en moi m'empêchait même de parler. La salope avait choisi le moment idéal pour remplir de plomb mon dernier témoin avant de s'en retourner dans l'ombre qui l'avait générée. Vastedda était mort et je n'aurais pas pari sur ma vie de l'avenir du pauvre Patacchia.

Mon téléphone s'est mis à sonner dans ma poche. C'était un numéro que je ne connaissais pas, j'ai appuyé sur la touche réponse et l'ai porté à l'oreille.

– Je vous avais averti, commissaire, si vous les interrogez, je les tue.

Je suis resté là, le souffle coupé, et elle a poursuivi :

– Je regrette pour le policier, malheureusement on ne sait jamais où vont finir les balles. J'espère qu'il ne mourra pas.

– Comment avez-vous su pour Vastedda ?

– J'ai des yeux partout. Je savais que vous m'auriez conduite à lui. L'idée de la villa était bonne, je n'y avais pas pensé.

– Vous avez fait sauter un pont, *cristo santo*, d'autres innocents pouvaient mourir.

– Une miette de Semtex, a-t-elle continué d'une voix joyeuse, juste pour vous arrêter. J'étais certaine que vous m'auriez suivie.

– Pourquoi n'avez-vous pas tiré sur moi ? Au moins l'histoire aurait été close une fois pour toutes.

– Parce que vous me plaisez, Mordenti, mais si vous y tenez j'y pourvoirai à notre prochaine rencontre.

– Tu as intérêt à le faire, salope, parce que si je t'attrape je te réduis en bouillie.

– Rentrez à Paris et emmenez votre belle, autrement je serai dans l'obligation de la tuer elle aussi.

J'allais répondre mais elle a raccroché. En me retournant, j'ai croisé le regard de Maëlis. La charge d'anxiété avec laquelle elle a scruté mes yeux m'a heurté avec la violence d'un camion tirant une remorque. Tout semblait perdu, il restait le dîner chez le marquis auquel nous devions participer quelques heures plus tard. Il m'intriguait et m'inquiétait en même temps, mais peut-être allait-il faire bouger les eaux du marécage.

Avec deux doigts j'ai caressé un des longs pistils qui surgissaient des fleurs d'anthurium, long et épais, comme celui que je me prenais dans le cul en ce moment.

– Et cessez d'abîmer mes fleurs, m'a interrompu Sarcina Staffa.

29

J'étais en train de savourer un cognac absolument sublime quand la main du marquis s'est posée sur mon bras :

– Puis-je vous offrir un cigare, commissaire ?

Soudain il était là devant moi, engoncé dans un élégant smoking croisé en twill de coton. Un coup de genou normal dans les roubignolles l'aurait atteint sous le menton. Il était petit, le marquis, légèrement bossu et d'une laideur que son élégance raffinée parvenait à peine à atténuer. Ses cheveux brillantinés m'arrivaient plus ou moins à hauteur de la poitrine et sentaient le vétiver.

– Je ne fume pas, monsieur le marquis, je vous remercie, ai-je répondu avec un sourire tiède.

Le dîner dans la vaste salle à manger de la villa avait été léger mais somptueux, précédé d'un apéritif dans le jardin et d'une brève visite à la collection d'art du marquis. Après la fusillade, le plongeon du pont, l'engueulade de Sarcina Staffa et le coup de téléphone de la salope masquée, mon humeur n'était pas des meilleures. Le smoking choisi par ma belle tombait par contre à la perfection, déclenchant les œillades libidineuses de quelques grosses blondes sur le retour qui pensaient qu'argent et chirurgie pouvaient suppléer à l'impitoyable avancée des années.

– Avez-vous un autre vice, commissaire ?

– J'en ai quelques-uns, mais je ne crois pas que vos invités seraient contents de me voir à l'œuvre.

La *dottoressa* Szathmàry et Maëlis bavardaient avec deux autres dames aussi élégantes qu'elles mais moins belles. Mises toutes ensemble, elles avaient sur elles plus de bijoux et de vêtements que ce que mon salaire annuel aurait permis d'acheter. Il aurait tout au plus payé les coiffeurs.

– Votre compagne est extraordinairement belle, a dit le marquis en observant Maëlis, une femme très raffinée, je vous fais mes compliments.

– Vous devriez les faire à ses parents, c'est eux qui ont tout fait.

Il a ri, débonnaire :

– Vous avez été gentils d'accepter notre invitation.

– Une aussi étrange invitation ne pouvait être refusée, monsieur le marquis.

– Appelez-moi Guidobaldo, je vous prie. Étrange, notre invitation ? Expliquez-moi.

– Eh bien, Guidobaldo, ma collègue ressemble à une actrice, c'est vrai, mais nous ne sommes tous deux que de simples policiers français. Qu'attendez-vous de nous ?

Nous nous sommes regardés dans le blanc des yeux, c'est-à-dire du haut vers le bas pour moi, étant donné la différence de niveau. J'ai bu une gorgée de cognac. Le pot à tabac a souri :

– Que pensez-vous obtenir, Jean-Pierre ? a-t-il soudain demandé, j'espère que vous ne voyez pas d'inconvénient à ce que je vous appelle par votre prénom.

J'ai fait un geste du menton pour dire qu'il pouvait m'appeler comme il voulait :

– Je suis ici afin de poursuivre mon travail et je ne permettrai à personne de m'arrêter.

Il m'a jaugé tout en sirotant la liqueur claire qu'il tenait dans sa main :

– Cette ville a un air d'ennuyeuse tranquillité mais elle peut devenir très dangereuse, a-t-il continué sur un ton énigmatique. J'ai justement appris que, cet après-midi, vous aviez eu des problèmes.

C'était ce que dans les romans de Dumas père on nomme une menace voilée. Il souriait, mais seulement des lèvres. Son regard hautain soulignait la rapidité avec laquelle il aurait été en mesure de nous faire disparaître.

J'ai haussé les épaules.

– Ce sont les risques du métier. Ce que je ne comprends pas, c'est pourquoi Madame Satin ne nous a pas éliminés nous aussi ; qu'en pensez-vous ?

– Madame Satin ? a-t-il demandé en haussant ses épais sourcils. Un nom plutôt extravagant, de qui s'agit-il ?

– Nom extravagant mais balles bien réelles. Enfin, nous nous en sommes tirés et nous voici.

– J'en suis heureux, Jean-Pierre. J'aimerais pouvoir vous aider de quelque façon.

Il restait vague. Il pensait peut-être que j'avais un micro sur moi ou quelque chose de ce genre, mais puisqu'il m'avait invité à faire un tour dans son antre autant valait lui donner un os à ronger.

– Je veux cette femme, ai-je sèchement déclaré, tout le reste m'est égal. Si je l'attrape je m'en retourne à Paris le soir même.

Le nain est resté impassible, les lèvres étirées en un léger sourire. Il allait répliquer quand Carmilla Smântânà-Brânzà s'est approchée de nous, moulée dans une robe décolletée de satin noir qui couvrait à peine ce que j'avais pu admirer sur la photo de Helmut Newton. On aurait dit que quelqu'un l'avait trempée dans un pot de peinture brillante en la tenant par les cheveux.

– Très cher, s'est-elle adressée à son mari en me regardant, tu devrais t'occuper de tes invités. Saverio voudrait fumer et un autre aimerait goûter le porto dont tu as parlé à table. Je m'occupe du commissaire, a-t-elle conclu avec un sourire qui cachait d'imprévisibles développements.

Guidaboldo s'est éloigné à contrecœur en posant son verre d'un geste brusque sur le plateau que lui tendait un laquais.

– En plus d'être laid, il est ennuyeux comme la pluie, a dit la dame en m'entraînant vers la terrasse au fond de la salle.

Je me suis retourné pour regarder Maëlis assise au milieu d'un groupe de personnes, hommes et femmes parmi lesquels, dans sa robe très décolletée de satin argenté, elle brillait comme une perle parmi les huîtres. La marquise m'a donné une légère secousse au bras.

– Soyez rassuré, personne ne vous l'enlèvera.

Sa voix envoûtante au léger accent slave la faisait agréablement traîner sur la fin de certains mots. J'ai pensé que j'avais peut-être au bras la femme que je recherchais. Je ne devais rien faire d'autre que prendre ce cou fin entre mes mains et le serrer jusqu'à ce qu'il devienne bleu. Mais ce n'était pas le bon endroit, alors j'ai laissé tomber.

Nous sommes sortis sur la terrasse et sommes allés jusqu'à la longue balustrade en pierre donnant sur le jardin. Des pots de géraniums étaient posés sur le bord à intervalles réguliers. Au-dessous, la fontaine aux poissons était éclairée *a giorno*, tandis qu'au pied de la colline les lumières de la ville se croisaient en formant une grille régulière d'où émergeaient, comme des hologrammes, les édifices les plus importants.

Carmilla a posé sa pochette sur la balustrade, puis, posant une main sur ma nuque, elle m'a attiré à elle et m'a embrassé. Un baiser doux et insinuant qui a goûté mes lèvres et auquel j'ai répondu par courtoisie.

– J'en avais envie depuis que vous êtes arrivé, a-t-elle murmuré avec un petit sourire.

– Vous embrassez tous les hommes qui vous plaisent ? ai-je demandé alors que le petit air du soir rafraîchissait mes lèvres humidifiées par les siennes.

– Je me limite à ces fades soirées, surtout si ça en vaut la peine, a-t-elle répondu en reprenant sa pochette. Elle a passé un mouchoir sur ses lèvres puis a rapidement arrangé son maquillage.

– Quelque chose en vous m'attire, commissaire, a-t-elle déclaré en remettant son rouge à lèvres, en particulier votre façon de porter ce smoking. Vous ne ressemblez pas à un imbécile comme tous ces harengs saurs.

– Sans doute parce que je ne m'y sens pas à l'aise.

Elle a pris une cigarette fine et m'a passé un briquet en or. Je lui ai donné du feu. Elle a soufflé un petit nuage en me fixant dans les yeux. La lumière venant du jardin formait de longues ombres sur son visage. Malgré l'âge, elle était plutôt en forme. Du salon, la mélodie du « Clair de lune » de Debussy jouée au piano est parvenue jusqu'à nous. Elle en a chantonné quelques notes en regardant l'obscurité.

– Qu'êtes-vous venu faire à Turin ? a-t-elle demandé en fumant tranquillement.

– Nous enquêtons sur un crime.

– Électrisant… Un homicide ?

– Sept.

Elle a haussé un sourcil. On voyait qu'elle s'en fichait totalement, mais sept homicides finissent par impressionner n'importe qui.

– Et comment se fait-il que vous connaissiez mon mari ?

J'ai fait joujou avec le briquet en ignorant sa question.

– Parlez-moi un peu de lui.

Elle a mordillé sa lèvre en me regardant dans les yeux :

– Son seul côté séduisant est le pouvoir, et naturellement l'énorme quantité d'argent qu'il possède. Pour le reste, c'est un petit singe disgracieux.

– Vous n'êtes pas très tendre avec lui.

Elle a laissé tomber sa cigarette à moitié fumée :

– Je me suis lassée. Guidobaldo ne s'illumine que lorsqu'il entre dans une église ou quand il a entre les mains un morceau de bois de plus de cinq cents ans. En réalité, ce n'est pas moi qu'il a épousé mais sa maudite collection.

– Cependant vous ne me semblez pas anéantie.

Elle a eu un rire cristallin :

– Effectivement, mon mari se moque de ce que je fais pourvu que je n'envoie pas notre mariage en l'air. La seule chose qui lui importe est que la presse ne parle pas de moi, sauf dans les occasions officielles. Les apparences, vous comprenez ?

Était-il possible que cette pin-up âgée ne sache rien des saloperies organisées par son mari ? Être là dehors avec elle à me faire bécoter me brouillait l'esprit. Pourtant je percevais une femme déçue, délaissée par son mari, qui se démenait dans une mer de fric et tentait de ne pas se laisser emporter par une insatisfaction risquant de l'écraser.

– Le marquis est très religieux ?

Elle a fait une grimace :

– Nous sommes en train de parler de *l'Élu*. Il est convaincu d'avoir une mission divine. Tous les matins, il assiste à la messe dans la chapelle familiale, et c'est souvent le vicaire général qui vient célébrer. Mon mari pense avoir un canal privilégié avec le bon Dieu, parfois ils se parlent, vous comprenez ?

– Et vous, marquise, quels sont vos canaux privilégiés ?

– Si vous restiez à Turin suffisamment longtemps, j'aimerais en ouvrir un avec vous, a-t-elle répondu en retirant le briquet de mes mains.

– Ma collègue n'en serait pas ravie.

J'ai souri.

Elle m'a regardé en penchant la tête de côté, puis elle a haussé les épaules de manière élégante :

– En effet, je ne crois pas pouvoir rivaliser… Je pense cependant que vous trouveriez intéressant de partager une bouteille de champagne avec moi.

Un frisson m'a couru le long de l'échine. Qu'était-ce donc, une confession ? Une provocation ? Ou plus simplement une coïncidence ? Je l'ai regardée remettre son briquet dans son sac. Son sourire amer ne révélait rien.

– Il suffit de la prendre du bon côté, ai-je murmuré.

– Pardon ?

– Rien, je réfléchissais. Je pourrais peut-être revenir vous voir un de ces jours.

– Ce serait une agréable diversion. Copuler avec les notables falots de cette petite ville commence à me peser.

– Ce sont les désavantages des vies de cour.

Elle a ri :

– Vous me plaisez, Mordenti, je regretterai votre absence cette nuit.

– Je suis un flic comme un autre, marquise, en smoking nous devenons tous de beaux mecs.

– Intéressant et modeste, quelle rareté…, a-t-elle murmuré en arrangeant mon nœud papillon.

– Vous avez l'air d'être malheureuse, même si vous feignez le contraire.

Elle s'est tournée vers le jardin, un instant pensive :

– Vous trouvez ?

– Votre baiser aussi était triste. Doux mais triste.

Elle s'est retournée pour me regarder :

– Vous pensez pouvoir faire quelque chose pour mon bonheur, commissaire ? a-t-elle demandé d'un trait. Ses yeux entrouverts m'observaient avec une curiosité soudaine.

– Peut-être. Je pourrais faire exploser votre mariage.

– Ce que vous dites m'effraie, a-t-elle murmuré, une ombre d'anxiété dans la voix.

– Moi aussi.

Un frisson a secoué ses délicates épaules :

– J'ai froid, nous devrions rentrer.

Je l'ai prise par le bras avec prévenance pour retourner au salon. Le pianiste se déchaînait sur Debussy et les invités bavardaient, divisés en petits groupes, qui debout, qui confortablement installé dans un fauteuil. Parfums de cigares et de coûteuses liqueurs se mêlaient.

Une soirée vraiment absurde.

Deux matrones au cou ridé se sont emparées de Carmilla pour se faire raconter les dernières indiscrétions de la ville et je suis resté seul. Maëlis posait son verre sur un plateau en me tournant le dos. Je me suis approché en admirant son merveilleux dos que la robe de satin argenté laissait complètement découvert. Un flot de désir m'a traversé pour aller s'entortiller autour de mon intimité, plus bas dans mon pantalon. Rien à faire. Comme elle l'avait admis, la marquise ne pouvait même pas songer à rivaliser avec cette jeune fliquette belle comme un rêve.

J'ai posé ma main sur sa taille. Elle s'est retournée et m'a souri. Ses yeux étaient alors de la même couleur que sa robe et, en rencontrant les miens, ils ont scintillé. Dans ses cheveux noirs, les boucles d'oreilles en corail semblaient vivantes.

– Tu as obtenu ce que tu voulais, lieutenant, ai-je susurré en approchant mes lèvres de son oreille.

Ses sourcils se sont plissés de curiosité et, avec un sourire :

– De quoi parles-tu ?

– Tu es la plus belle, mais avec ces vieilles taupes c'est aussi facile que de tirer sur la Croix-Rouge.

Elle m'a fait une rapide caresse sur la joue :

– Tu ne semblais pas trouver la marquise si mal que ça, a-t-elle relevé en jouant avec son petit sac argenté.

Ses seins pointaient sous le tissu à côté du décolleté et, passant sous la retombée de la robe, une sandale inconsistante laissait voir un pied aux orteils fuselés. Je ne parvenais pas à décider laquelle des deux parties me plaisait davantage.

– Elle m'a simplement fait des avances, ai-je répondu en la prenant dans mes bras pour deux pas de danse sur la musique du « Clair de lune ».

Nous nous sommes arrêtés près du piano. Le maestro, un gros monsieur en frac, cheveux ondulés à la Muti, nous a souri en continuant de jouer.

Un laquais nous a interceptés, nous tendant un plateau avec deux flûtes de champagne. Nous les avons prises, le récompensant d'un aimable signe de tête.

La *dottoressa* Szathmàry s'est approchée. Elle aussi tirée à quatre épingles, austère dans une robe en voile verte fermée jusqu'au cou, un petit verre de porto à la main.

– Vous formez un couple superbe, commissaire, a-t-elle souri, il est inhabituel qu'aux dîners du marquis l'âge descende au-dessous de soixante ans, en partie à cause des amitiés et en partie...

Elle a baissé la voix avec un sourire :

– ... parce que Carmilla aime être à la première place.

– Vous aussi vous semblez être bien en deçà des soixante, *dottoressa*.

– Moi, je fais partie des meubles et la marquise ne craint pas que je puisse nuire à sa beauté.

Elle a ri. Nous avons bu en silence. Le maestro a terminé le « Clair de lune » puis, après une brève pause, a attaqué un Nocturne. Il était d'ailleurs presque minuit.

– Votre enquête avance ? a demandé Szathmàry.

– Au ralenti. Nous avons trouvé Calogero Vastedda, mais l'utilité de son arrestation a été quelque peu réduite.

– Vous l'avez trouvé ? Mais c'est fantastique ! Il ne veut pas parler ?

– C'est difficile quand on est criblé de plomb. Il a été tué cet après-midi tandis que nous l'emmenions au commissariat.

Elle semblait impressionnée :

– La fusillade et l'explosion sur la passerelle…, a-t-elle dit à voix basse, j'ai entendu aux informations hier soir, mais ils n'ont pas parlé de Vastedda.

Quelques invités nous regardaient déjà l'air de rien. Elle s'en est rendu compte et a changé d'expression en essayant de paraître plus sûre d'elle.

– J'imagine qu'aujourd'hui Art-en-Images a pris les photos des tableaux de Mantegna. Avez-vous eu des problèmes ?

– Aucun jusqu'à présent, mais nous continuons demain matin car il n'a pas été possible de terminer.

– Et le *Cristo morto* ? a demandé Maëlis.

– Devaux l'a photographié en premier. Les clichés ont été faits en ma présence, puis la sécurité a retiré le tableau.

C'était trop simple, je ne pouvais pas penser qu'un professionnel comme Vastedda n'ait pas prévu une telle éventualité.

– Vous êtes certaine de ne jamais l'avoir perdu de vue ?

– Pas un seul instant, commissaire, on l'a apporté dans le théâtre de pose et, une fois photographié, il a été remis à sa place.

Un petit animal dans ma tête me disait que quelque chose ne collait pas, Devaux se moquait amplement de nous. On ne met pas sur pied un tel projet pour ensuite se faire avoir par deux stupides agents de la sécurité interne. J'aurais voulu poursuivre la conversation, mais deux vieux milliardaires du secteur automobile se sont joints à notre groupe pour se faire raconter les aventures du couple de flics le plus beau du monde.

Une histoire en amenant une autre, nous sommes arrivés à 1 heure du matin en buvant du champagne et racontant des âneries. Puis les invités ont commencé à quitter la fête. La marquise m'a salué en passant sa main sur mes fesses tandis que Guidobaldo se limitait à nous souhaiter une bonne nuit sur le pas de la porte :

– J'ai pensé à ce que nous nous sommes dit, commissaire, m'a-t-il confié en me prenant à part ; si vous tenez à la vie et à celle de votre collègue, retournez à Paris et emmenez-la avec vous.

– Je vous trouve un peu mélodramatique, marquis. Le lieutenant Deslandes et moi sommes payés pour faire le ménage et, comme par hasard, vous et votre amie tueuse êtes exactement le genre d'ordures dont nous avons l'habitude de nous occuper.

Son visage a viré au gris :

– La femme que vous recherchez a un caractère assez difficile, a-t-il sifflé à voix basse, en général je désapprouve ses méthodes, mais quand elle s'occupera de vous je demanderai à assister.

– Je vous déconseille de vendre la peau de l'ours avant de l'avoir tué. Je sais me défendre et j'ai baisé des gens beaucoup plus dangereux que vous.

Il a secoué lentement la tête tandis qu'un petit sourire hautain étirait ses lèvres :

– Vous êtes aveuglé par la haine, mon ami, alors qu'une force surhumaine guide ma main et mon esprit. Quoi que vous fassiez, rien ne peut m'arrêter.

J'ai pensé qu'il parlait du bon Dieu. Pas mal de salauds pensent qu'il est de leur côté :

– Le Père Éternel sera heureux de vous voir, marquis. Je vous remercie pour l'intéressante soirée.

Nous nous sommes unis aux autres invités quittant la villa. J'ai attendu que le nain fasse un impeccable baisemain à Deslandes, puis nous avons descendu l'escalier et avons rejoint Mme Szathmàry qui a offert de nous raccompagner à l'hôtel.

Au cours du trajet en voiture, je n'ai parlé que par monosyllabes. Il restait peu de pions sur l'échiquier et la fin de la partie approchait. Les menaces de Raschera-Bettelmatt étaient bien réelles. Sur le moment, j'avais fait le fanfaron, mais à bien y penser il n'y avait pas de quoi se réjouir. La salope masquée était quelque part par là et son prochain objectif ne pouvait être que nous.

Il ne restait plus beaucoup de coups à jouer et chacun d'eux pouvait être fatal.

30

Assise à la table de son ami inspecteur, Maëlis se tenait la tête, l'air renfrogné. Au téléphone avec Szathmàry, Cat Berro arpentait la pièce d'avant en arrière. Il faisait frais, la pluie tombait drue et régulière avec un léger crépitement. De temps en temps, un policier en uniforme traversait la cour au pas de course puis était englouti dans le bâtiment au-dessous. Deux autres flics fumaient en bavardant sur le balcon en face. Tout était luisant et sale.

Livolsi avait fait un contrôle sur le numéro resté en mémoire dans mon téléphone après l'appel de la salope du jour précédent. Elle l'avait passé depuis une cabine publique du centre-ville. Elle avait sûrement relevé mon numéro sur le téléphone de Martine.

Je me suis assis en face de Deslandes. Elle m'a légèrement souri. Elle portait un tailleur en toile de lin écru et une ample chemise blanche en popeline de soie. La jupe laissait à découvert les jambes nues enfilées dans des chaussures de cuir marron. De très mauvaise humeur, mon amie, mais allure *first class*.

– Dans notre futur proche, je vois un train pour Paris, ai-je dit en arrangeant mon nœud de cravate.

Elle a haussé les épaules en se redressant, puis s'est gratté un genou avec un petit geste délicieux. Elle en avait elle aussi assez de toute cette histoire, de se heurter à des murs, des menaces, des cadavres et de courir de tous côtés.

Cat s'est encore permis un grognement, a acquiescé du chef deux fois, a fait *ah ah*, et puis il a dit à son interlocutrice que nous nous verrions une demi-heure plus tard. Il a alors reposé le combiné à sa place, délicatement comme s'il était en cristal.

– Ce matin, Marius Devaux n'a pas paru au travail, a-t-il annoncé pour répondre à nos regards interrogatifs.

– On l'a cherché à l'hôtel ? a demandé Maëlis.

– Il n'y est pas. Le portier dit qu'hier soir il n'est pas rentré. Ce matin, ils l'attendaient à 8 heures pour reprendre le travail, mais il n'a pas encore donné signe de vie.

– Et alors ? ai-je demandé.

– Alors les gars d'Art-en-Images sont là les mains dans les poches et la *dottoressa* Szathmàry est dans tous ses états. L'autre associé, Chapin – ou, comment diable, il s'appelle –, arrivera de Paris en avion dans l'après-midi pour essayer de comprendre ce qui se passe.

– Il s'appelle Chappaz. C'est un atelier sérieux ; si Devaux ne s'est pas présenté, c'est parce qu'il a mis les bouts. Ou alors on l'a lui aussi fait disparaître.

Francesco m'a fixé, l'air sombre :

– Si ce type a disparu, il doit y avoir une raison. On est sûrs qu'il n'a pas subtilisé le tableau ?

– Ils ont vérifié avant de le remettre à sa place, c'est du moins ce que m'a assuré la directrice. Il y avait même la sécurité interne.

– Ils ont peut-être pris la chose par-dessus la jambe justement parce qu'il y avait la sécurité. Peut-être étaient-ils sûrs que Devaux n'aurait pas pu remplacer le tableau alors qu'il l'a quand même fait.

– Appelle Szathmàry et dis-lui de ne laisser sortir personne, surtout le personnel d'Art-en-Images. Il pourrait nous aider à comprendre ce qui s'est passé hier.

Le flic italien s'est de nouveau pendu au téléphone, puis nous avons cueilli Livolsi, une autre demi-douzaine de flics et nous sommes partis dans quatre voitures de patrouille.

*

Nous avons jailli des véhicules en courant sous la pluie battante et avons monté quatre à quatre les marches menant à l'entrée du pavillon Liberty, siège de la *Società Promotrice delle Belle Arti*. En passant entre les deux colonnes corinthiennes qui soutenaient un bas-relief entouré d'une frise à motifs végétaux, faisceaux d'épis, fleurs, etc., etc., nous sommes entrés dans le hall des guichets.

Le personnel était en émoi :

– La *dottoressa* Szathmàry vous attend salle 10, a dit un gardien en tendant le bras.

À la vue du macaron de Cat Berro, deux Big Jim de la sécurité se sont écartés pour nous laisser passer. Nous avons traversé un salon immense aux murs duquel étaient suspendus une douzaine de Mantegna, certains très grands. Un type barbu et une jeune pouliche en jeans et chemises étaient en train d'étudier un paquet de photos pendant que trois jeunes en chemise blanche étaient penchés sur le verso d'un tableau qui avait été décroché et posé par terre, et ils indiquaient à tour de rôle qui un point précis de la toile, qui un autre.

La salle suivante, beaucoup plus petite, contenait trois tableaux. Une paroi était vide. Franciska nous attendait sur le seuil entre les deux pièces.

Elle était tendue comme une corde de violon :

– C'est presque certainement un faux, a-t-elle dit avant même que je puisse ouvrir la bouche, le professeur Dalmasso est en train de l'examiner avec ses assistants, mais certains détails au dos du tableau ne correspondent pas aux photos de l'original.

– Qu'est-ce que ça signifie ?

– Que celui qui l'a falsifié ne connaissait pas les conditions actuelles du tableau.

Je me suis passé une main dans les cheveux pour ôter quelques gouttes de pluie :

– Hier soir, vous m'avez dit que vous ne l'aviez jamais perdu de vue, *dottoressa*.

Elle a eu un mouvement d'humeur :

– Il y avait la sécurité, commissaire, et personne ne pouvait entrer dans cette salle. Le tableau n'a jamais quitté le chevalet.

Le personnel d'Art-en-Images était réparti dans la salle suivante parmi des trépieds plus ou moins énormes, des phares au quartz, de grands appareils photographiques et des bancs optiques à plaque montés sur support. Il s'agissait d'une dizaine de personnes, filles et garçons, qui portaient tous des gants de coton blanc.

Nous nous sommes approchés :

– Qui commande ici ? ai-je demandé dans ma langue d'adoption.

– Je suis Jeanne Tanguy, a répondu une femme corpulente en T-shirt jaune et pantalon de toile bleu. Aux pieds, une paire de Birkenstock.

Elle se trouvait à côté d'un chevalet monumental sur lequel était posé un saint Sébastien à l'air idiot, attaché à la colonne d'une ruine. Il ressemblait à une pelote d'épingles avec des flèches plantées de toutes parts. Le tableau mesurait plus de deux mètres et demi de haut et avec son épais cadre Empire de bois doré il devait peser une tonne.

– Dites-moi, Jeanne, quand avez-vous parlé à Devaux pour la dernière fois ?

– Hier en fin d'après-midi avant de quitter le chantier.

– De quel chantier parlez-vous ?

Elle a fait un geste circulaire du bras indiquant ce qui se trouvait autour de nous :

– C'est ce que nous appelons un chantier, le lieu de travail.

– O.K. Vous êtes tous partis ensemble ?

– Non, Marius est resté ici avec Thomas pour couvrir les appareils photo et remettre les objectifs à leur place. Hier a été une dure journée, alors Marius nous a laissé partir en disant qu'il s'en occupait.

– Qui d'entre vous est Thomas ? ai-je demandé aux virtuoses du négatif.

– Lui non plus n'est pas revenu, a dit Jeanne, et il manque aussi une fourgonnette.

Je suis resté sans voix. Ces deux-là avaient chargé le *Cristo* sur le fourgon et roulé toute la nuit ; à cette heure, ils étaient déjà en vue du pôle Nord.

– *Che diavolo sta dicendo*[1] *?* a demandé Cat Berro en me prenant par le bras. Il était évident qu'il ne parlait pas bien le français.

Je lui ai fait un résumé de l'épisode.

– *Possiamo far ricercare il furgone, abbiamo una descrizione*[2] *?* a-t-il enchaîné.

J'ai retourné la question à Jeanne.

– C'est une fourgonnette comme celles qui sont dehors.

Notre collègue italien a appelé deux de ses assistants puis nous avons tous gagné le couloir sur lequel s'ouvrait une grande porte pour le chargement et le déchargement des marchandises. Un agent de surveillance a soulevé le rideau de fer. Garés en épi près d'un gros camion, deux Peugeot « Boxer » jaunes portant le logo d'Art-en-Images sur le côté. Cat a mis ses hommes au courant pour qu'ils lancent un avis de recherche et donnent l'alerte aux frontières. Évidemment, personne ne connaissait le numéro de la plaque d'immatriculation.

Nous sommes rentrés. Maëlis était en train d'essayer de déplacer de grands panneaux de polystyrène qui encombraient le

1. « Mais qu'est-ce qu'elle dit ? »
2. « Nous pouvons faire rechercher la fourgonnette, nous avons une description ? »

couloir. Il y avait de tout là-dedans : palettes de chariots élévateurs en bois appuyés contre le mur, rouleaux de vieille moquette et un tas d'autres ordures.

– Qu'est-ce que tu cherches ?

– Il y a une odeur qui ne me plaît pas, a-t-elle répondu en jetant par terre deux palettes de bois pourri. Aide-moi à déplacer ces boîtes.

Assistés de Francesco, nous avons dégagé un gros rouleau de moquette, en avons soulevé un bout et avons trouvé Thomas. Le cadavre avait été jeté là et recouvert à la va-vite de deux morceaux de carton. La tête était un amas de gélatine sombre. Pour la lui fracasser, Devaux avait utilisé le lourd trépied en métal qui se trouvait à côté du cadavre. L'odeur de sang était maintenant pénétrante.

– Tu as le nez fin, ai-je dit à ma belle.

– Où a-t-il pu fuir ?

– Il pourrait être n'importe où, il a eu toute la nuit pour conduire. Il n'est sûrement plus en Italie.

Nous avons éloigné tout le monde de la scène du crime pendant que Cat Berro battait le rappel de l'armée, de l'aviation, de la marine, des rangers de l'espace et de la Scientifique. Pendant une demi-heure, pagaille monstre devant la *Promotrice*. Puis le médecin légiste est remonté en voiture et s'en est allé.

– Dans une semaine nous avons l'inauguration, a bêlé Szathmàry, je me demande comment tout cela va finir. Sans parler de la Pinacothèque de Brera qui va nous intenter un procès.

– Vous avez fait la même erreur que nous, *dottoressa*, vous avez sous-évalué ces gens.

Elle s'est retournée pour regarder les croque-morts qui emportaient la caisse en aluminium contenant ce qui restait de Thomas.

– Pourquoi a-t-il tué ce garçon ?

– C'était un témoin gênant. Ce que je n'arrive pas à comprendre, c'est comment ils ont fait pour substituer le tableau.

En admettant qu'ils aient réussi à rester seuls avec le tableau, ils ne peuvent avoir mis que quelques secondes.

– Je ne sais pas quoi dire…, a-t-elle bafouillé en essayant de retrouver son aplomb. Un impardonnable pli à son tailleur couleur crème et une mèche de cheveux rebelle montraient à quel point elle était perturbée.

Le ciel avait cessé de déverser son eau sur nos têtes, mais les nuages bas en promettaient d'autre. Descendant d'une « Thesis » bleu foncé avec gyrophare, Sarcina Staffa s'est lui aussi joint à la fête. Il a poussé sa masse vers nous, bras pendant le long des flancs et échine courbée vers l'avant. Il avait la même légèreté que l'incroyable Hulk.

Le costume gris qu'il portait semblait trop large par endroits et trop étroit à d'autres. Il a salué la directrice avec amabilité et nous un peu plus brusquement.

– L'inspecteur Cat Berro m'a dit que le tableau avait été volé.

– Devaux s'est fait aider par l'un de ses collaborateurs puis il l'a tué et il est parti avec le Mantegna, ai-je précisé.

– Comment ont-ils fait ?

– Avec le cadre il mesurait un peu plus d'un mètre de large, a glapi Szathmàry.

– *Dottoressa*, je voulais dire…

– Nous ne savons pas encore, votre Scientifique y travaille, suis-je intervenu.

– Vous auriez dû me parler de cette histoire, a-t-il grogné.

– Je ne suis qu'un observateur, vous vous rappelez ?

– Ne faites pas le malin, commissaire, je ne mettrais pas longtemps à vous renvoyer à Paris.

– J'en avais parlé à la *dottoressa*, ici, mais Raschera-Bettelmatt a voulu faire à son idée.

Une cigarette s'est matérialisée entre ses doigts, il l'a portée à ses lèvres et l'a allumée avec un Bic orange. En deux longues bouffées, il en a consumé la moitié :

– Quel rapport avec le marquis ?

– Je ne le sais pas encore, je ne parviens pas à avoir en mains les éléments suffisants pour formuler une accusation. Vastedda nous aurait aidés, mais ils l'ont tué.

Deux autres bouffées et adieu la cigarette. Il l'a jetée dans une flaque d'un geste irrité :

– Qu'est-ce que vous me cachez, commissaire ?

– Le Mantegna, c'est pour faire diversion, *dottor* Sarcina ; le gros coup, ils vont le faire ailleurs.

– C'est-à-dire ?

– Comme je vous l'ai dit, je suis sûr d'avoir toutes les pièces du casse-tête mais je n'arrive pas à les mettre en place.

Il a soufflé, l'air mécontent. C'était la pure et simple vérité, au cours de cet absurde voyage j'avais recueilli une quantité énorme d'éléments. La solution devait se trouver quelque part dans ma tête, mais je n'arrivais pas à l'apercevoir parce qu'elle restait cachée parmi ces mille fragments que je ne parvenais pas à rassembler.

Cat Berro a paru sur le pas de la porte accompagné par Livolsi. Ils se sont parlé brièvement puis il est venu vers nous tandis que l'autre rejoignait les voitures stationnées devant le pavillon.

Cat a serré la main de Sarcina Staffa, puis il a pris son souffle :

– Venez voir, parce que si je vous le dis vous ne me croirez pas.

Nous avons retraversé le salon du musée à la queue leu leu. Le professeur Dalmasso et la jeune pouliche parlaient avec deux policiers de l'équipe scientifique. Les assistants étaient attentifs à empaqueter le faux tableau en le manipulant comme si c'était une bombe.

Salle 10, une nuée de flics était en train de cuisiner le personnel d'Art-en-Images. Pendant ce temps, sur la scène du crime, l'*Unità Analisi Crimine Violento*[1] de la police était encore au travail dans leurs combinaisons et leurs babouches jetables. Trois d'entre eux, en civil, trafiquaient autour d'un chevalet trapu en

1. « Unité d'analyse crime violent ».

bois et métal. Ils portaient des plastrons bleus avec l'inscription POLIZIA SCIENTIFICA dans le dos.

Le chevalet était massif avec des supports très épais montés sur de petites roues. Le plan d'appui avait un mètre de large et un peu plus de hauteur.

– Puledda, a demandé l'inspecteur, fais-leur voir un peu comment il fonctionne.

L'interpellé a tourné l'engin vers nous pendant que ses collègues s'écartaient pour lui faire de la place. Puis il a brièvement bricolé sous le plan d'appui et, d'une poussée, il a tout fait tourner de cent quatre-vingt degrés. Il a fallu une seconde tout au plus et sans faire aucun bruit.

Il a joui de notre étonnement, un instant, puis a montré une charnière cachée par les supports :

– C'est monté sur roulements à billes, une toile très élastique couvre la partie postérieure pour cacher ce qu'il y a dessous. Quand le plan tourne, la toile se tend pour ensuite reprendre sa forme originelle.

– C'est fou, a soufflé Szathmàry.

– Celui qui l'a inventé s'y connaissait, a dit Puledda. J'imagine que, lorsqu'ils ont apporté le chevalet dans la pièce, le faux tableau était déjà monté à l'envers sur la partie postérieure. Ils ont fixé l'original devant pour le photographier et à la première occasion ils ont renversé le plan d'appui. Je pense qu'ils n'ont pas eu besoin de plus de deux secondes.

L'imagination dépasse toujours la réalité, ma grand-mère me le disait tout le temps. Devaux devait être diablement doué. Il avait réussi à charger le tableau sur la fourgonnette, il avait tué Thomas, avait caché son cadavre et avait filé sans se faire prendre par la sécurité qui avait même refermé la porte derrière lui en faisant ciao ciao de la main.

– Pourquoi donc aucun des surveillants n'est-il resté avec Devaux pendant qu'il installait le matériel ? ai-je demandé, furieux.

La directrice a ouvert les bras en bêlant :

– Il n'y avait aucune raison, tous les tableaux étaient à leur place et les employés étaient en train de fermer les salles.

– Ils n'ont pas remarqué que l'assistant avait disparu ? est intervenue Maëlis.

– Que voulez-vous que je vous dise, ils auront pensé qu'il était parti avec lui.

J'aurais pu taper des pieds et me donner en spectacle dans une crise d'hystérie dans les règles… qu'est-ce que ça aurait changé ? Absolument rien. N'importe qui, une fois les tableaux mis en sécurité, aurait baissé la garde. Ainsi, Devaux avait lui aussi pris le maquis et il serait difficile à attraper vu qu'il pouvait se trouver dans n'importe quel coin d'Europe. Il avait certainement abandonné la fourgonnette pour se mouvoir avec un moyen plus discret.

– Il serait peut-être opportun d'engager le *Nucleo Tutela Patrimonio* des carabiniers, a dit Sarcina Staffa.

Cat Berro a acquiescé. Après cette dernière perle, le boss a salué tout le monde et s'en est retourné à sa voiture avec la lenteur d'un gros golem.

La directrice a elle aussi levé les voiles. Elle devait probablement s'entretenir avec le marquis pour lui dire des choses qu'il savait déjà à la perfection. Ce fils de pute gagnait magnifiquement, mais il restait le gros coup et avec celui-là je pouvais tenter d'égaliser le score.

– Venez avec moi, a dit l'inspecteur en prenant ma petite amie par le bras, je vous emmène manger un morceau dans un endroit que je connais.

Entre-temps, il s'était remis à pleuvoir, un crachin froid, presque une vapeur qui pénétrait les os. Au-delà des arbres, la longue avenue menant vers le centre était bondée de véhicules aux vitres embuées qui avançaient au pas comme de grands insectes à la carapace luisante de pluie.

31

– La *Questura* a décidé de passer l'enquête à la direction anticrimes, a annoncé Sarcina Staffa en s'enfilant une Merit entre les lèvres, elle s'occupera d'enquêter sur les deux homicides et collaborera en même temps avec les carabiniers et les douanes pour suivre le vol du Mantegna.

Dès les premières heures, la matinée avait mal commencé et, pour le reste de la journée, la tendance était à l'aggravation. Après avoir arrosé un après-midi d'ennuyeux relevés à la *Promotrice*, la pluie du jour précédent avait cessé au cours de la nuit et la température était remontée.

Cat Berro s'est agité sur sa chaise, je me suis penché vers la table :

– Je vous avais demandé de cuisiner Devaux, mais vous n'avez pas voulu m'écouter.

Sarcina est devenu rouge comme un piment :

– Comment vous permettez-vous ? Si vous m'aviez donné des preuves, je l'aurais…

– Nous avons toutes les preuves que vous voulez à Paris – agrandissements, notes, empreintes –, il suffisait d'un minimum de collaboration.

– Notre priorité est de récupérer le tableau, commissaire, en cas de besoin nous demanderons à vos collègues de nous faire part de leurs informations.

En deux bouffées, il a désintégré sa énième cigarette dont il a écrasé le mégot dans un cendrier débordant.

– Nos informations, comme vous dites, est intervenue Maëlis, pourraient nous aider à comprendre ce que ces gens ont en tête. Ça n'est pas leur *modus operandi* habituel.

– Et quel serait ce *modus operandi* ? a poursuivi le boss, l'air ennuyé.

– Leur système consiste à substituer à l'œuvre qui les intéresse un faux parfait, à l'insu des commettants. En général, ils le font en cachette, sans tuer qui que ce soit et sans disparaître dans la nature. L'opération ne fonctionne que si personne ne s'en aperçoit.

– Cette fois-ci, ça a mal tourné, lieutenant. Quant au faussaire, s'il s'agit vraiment de Vastedda, sa mort devrait définitivement clore l'activité de ce groupe fantomatique.

– Vous êtes libre de le croire, ai-je grogné, mais les indices que nous avons recueillis sont clairs, Devaux et compagnie travaillent pour le marquis. Le fait qu'ils aient tué Vastedda prouve seulement qu'ils n'en ont plus besoin. Votre devoir serait d'enquêter dans ce sens, *dottore*.

– L'homicide est advenu ici chez nous, commissaire, a éclaté l'homme hors proportions ; par conséquent, c'est la *Questura* de Turin qui s'en occupera comme bon lui semblera.

Il s'est levé, l'air combatif :

– Mes supérieurs décideront de la façon d'opérer. Quant au marquis, il me semble que dans ce vol il ne représente que la partie lésée.

– Laissez-nous au moins participer à l'enquête, a insisté Maëlis.

– Lieutenant, si vous voulez vous prendre le bec avec les avocats du marquis, vous le ferez à Paris et sous la responsabilité de vos supérieurs. Pour moi, la question est close, maintenant si vous voulez bien m'excuser j'ai beaucoup à faire.

C'était évident, le *dottore* Attilio Sarcina Staffa n'avait aucune intention de se mettre à dos les personnalités de la ville. La passion pour les moulins à vent ne faisait pas partie de ses hobbies. Nous nous sommes levés et avons quitté le bureau en bon ordre pour confluer, humiliés, dans celui de Cat Berro. Nous nous sommes assis autour de sa table en nous regardant comme des chiens battus.

– Écoute, Francesco, parmi les choses qu'ils n'ont pas réussi à faire disparaître il y a les plans de deux chevalets différents. J'imagine que l'un des deux est celui dont ils se sont servis pour remplacer le Mantegna, l'autre servira pour quelque chose de beaucoup plus gros.

– C'est-à-dire ?

– Je ne sais pas, *accidenti*. Cette histoire de Devaux ne me revient pas. Ils avaient le tableau et personne ne s'était rendu compte de la substitution, il n'y avait pas de raison de disparaître de cette façon ni de tuer Thomas à la *Promotrice*. Si Devaux s'était présenté au travail, personne ne se serait aperçu de rien.

– Tu n'as pas tort, a-t-il convenu, il pouvait emmener ce type et le tuer quelque part ailleurs. À moins qu'il n'ait roulé ses complices, dans ce cas il lui aura réglé son compte pour ne pas l'avoir sur le dos. Mais ça nous mène où ?

– Je ne sais pas, sans Devaux tout devient plus difficile. La seule chose à faire est de rester aux trousses du marquis et de voir ce qui se passe, mais pour cela nous avons besoin de ton aide.

Cat Berro s'est levé quelque peu inquiet :

– Ehi, du calme, mon ami. Tu as entendu mon chef, la question est close.

Il est allé vers la fenêtre. Dehors, ciel bleu taché par-ci par-là de nuages gris et effilochés :

– Demain matin, je vous accompagne au train et vous vous en retournez à Paris, ce sont les ordres de Sarcina Staffa.

– Tu ne me mettras dans aucun train *del cazzo*. Puisque mon travail est terminé, j'irai me promener comme simple touriste.

Il s'est retourné pour me regarder :

– Dans ce cas, vous me donnerez vos pistolets. Je vous les rendrai quand vos vacances seront terminées.

– Je ne te donne rien du tout. Il y a là, dehors, une connasse impatiente de me coller une balle dans la tête.

Nous nous sommes regardés un instant en chiens de faïence, quelque chose comme voyons qui l'a le plus long, ces choses que deux hommes peuvent faire quand ils ont des visées sur la même femme. Maëlis s'est approchée de lui :

– Francesco, si tu ne nous aides pas, ce voyage n'aura servi à rien et, surtout, ces gens s'en sortiront en toute impunité.

Cat Berro s'est éloigné de la fenêtre :

– Si je n'exécute pas les ordres du patron, je joue mon poste. Vous n'avez pas le moindre appui et plus de témoins.

Ça ne faisait pas un pli, la sacro-sainte vérité gravée en gros caractères sur la pierre tombale de notre échec. J'allais répliquer quand mon téléphone s'est mis à sonner :

– Je suis Marius Devaux, a dit la voix de Devaux.

Décidément tout le monde connaissait mon numéro de portable. J'ai mis un moment à me remettre de ma surprise.

– Où êtes-vous ?

Deslandes et l'inspecteur ont fait volte-face pour me regarder.

– Plus près que vous ne le pensez, commissaire, a-t-il ricané.

J'ai eu l'impression qu'il avait levé le coude.

– Qu'attendez-vous de moi, Devaux ?

– Une chose à la fois. Vous m'avez déjà procuré suffisamment d'ennuis. Maintenant vous allez faire ce que je vous dis.

– De quoi parlez-vous donc ?

– Qu'est-ce qui vous a pris de dire à cette conne de Szathmàry que vous aviez trouvé l'enveloppe d'échantillons chez Lalanne ? a-t-il bafouillé en colère.

Il semblait à bout, l'ami, comme si quelqu'un lui avait allumé le feu sous le derrière.

– La *dottoressa* Szathmàry est impliquée dans cette histoire ?

Il a eu un rire d'alcoolique :

– Ne soyez pas ridicule, cette espèce de petite dame... mais elle a la langue bien pendue et ne la contrôle jamais. C'est de votre faute si Beltramo et De Medici ont été tués.

– Vous avez le tableau ?

– Ils ont même tué Gabrielle. Vous nous avez rendu un fier service, ils sont maintenant convaincus que nous voulions les rouler.

– Je me trompe ou c'est la sacro-sainte vérité ?

– Ne faites pas le malin, Mordenti. À cause de vous, j'ai dû disparaître. Vous m'avez mis dans le pétrin et maintenant vous allez m'aider à en sortir.

– Et pourquoi est-ce que nous devrions vous aider ?

Il est resté silencieux. Je percevais sa respiration à l'autre bout du fil, rapide, inquiète ; je pouvais presque sentir l'odeur de l'alcool. Mes collègues m'interrogeaient du regard.

– Alors ? Pourquoi je devrais vous aider, maudit fils de pute ?

– Parce que, s'ils me prennent, ils me tuent, a-t-il pleurniché.

– Quelle perte ! Quand ils vous tireront dessus, rappelez-vous Martine.

Autre silence, environ trente secondes.

– Vous êtes encore là ? ai-je demandé.

Il s'est éclairci la voix :

– Écoutez, commissaire, j'ai peur, s'ils me trouvent, pour moi c'est la fin. Mais, si vous me garantissez l'immunité, je vous livre les personnes que vous recherchez.

– Voyez-vous ça, et je vous procure un million de dollars aussi ? Pour qui vous nous prenez, pour l'Armée du Salut ?

– Je ne suis pas disposé à négocier. Ma liberté en échange de cette femme, je sais à quel point vous aimeriez mettre la main sur elle.

– Je pourrais me contenter de vous rompre les os, Devaux, qu'est-ce que vous en dites ?

– Si vous n'acceptez pas ma proposition, vous n'aurez rien.

– Je vous ai demandé si vous aviez le tableau.

– Oui, je l'ai.

– Je le veux aussi, avec des preuves certaines qui épinglent le marquis. Et naturellement vous me livrerez Madame Satin.

Il a soupiré, puis j'ai entendu qu'il buvait. Quand il a parlé, sa voix était pâteuse :

– D'accord, mais je veux votre parole que je ne serai pas arrêté.

Ignoble limace. J'avais une telle envie de tuer la salope que je le lui ai promis, parole de boy scout et tout le reste, j'ai baissé la culotte :

– Vous avez ma parole, a dit ma voix.

– Soyez ce soir à 8 heures à la villa Beltramo De Medici. Tous les deux, seuls.

– La villa est sous scellés, on ne vous l'a pas dit ?

– Encore mieux, a-t-il grommelé, comme ça personne ne viendra nous déranger. Je vous aurai à l'œil, si je vois un policier dans les alentours je ne me montre pas.

– Ce n'est pas un jeu, Devaux, vous risquez gros.

Il a encore bu, il a même dû se salir :

– Ça me regarde, commissaire. Venez seuls, vous, votre amie et personne d'autre, autrement l'histoire finit là.

Il a raccroché. Je suis resté plusieurs secondes le téléphone à l'oreille avant de le remettre dans ma poche. Cat Berro faisait dans son froc. La conversation avait eu lieu en français, il n'avait donc rien pigé.

– Qu'est-ce que tu es en train de comploter ?

Je lui ai résumé la situation… au fur et à mesure que j'allais de l'avant son visage s'assombrissait. Évidemment, j'ai gardé pour moi deux ou trois petites choses et cela ne lui a pas plu :

– Tu es fou, tu ne feras rien de tout ça. Tu ne peux pas te promener dans ma ville en faisant le cow-boy.

– C'est une occasion que je ne peux pas laisser échapper. Si je laisse Devaux disparaître encore une fois, tout sera perdu.

– Comment peux-tu faire confiance à ce type ? Il a déjà entubé ses amis et maintenant il va vous baiser vous aussi.

Il s'est retourné vers Maëlis :

– Dis-le lui toi aussi, *cristo santo*, c'est une folie.

La belle lui a posé une main sur le bras :

– Francesco, c'est un risque que nous devons courir. Cette histoire est en train de devenir trop longue et fatigante, nous devons la conclure d'une manière ou d'une autre.

Il l'a regardée un instant, incrédule, puis il s'est éloigné d'un mouvement brusque. Il tirait une gueule à remporter le Guinness des records et il ne parvenait pas à garder ses mains immobiles. Ses doigts remuaient sans arrêt :

– Où devez-vous le rencontrer ?

– Tu n'as qu'un seul moyen de le découvrir ; autrement, essaie avec la boule de cristal.

– Tu dérailles si tu penses que je vais vous accompagner. Parlons-en d'abord à Sarcina Staffa.

– Celui-là, je ne lui adresse plus la parole.

– C'est moi qui lui parlerai, je peux le convaincre d'utiliser une équipe des Nocs. Nous pouvons prendre ce type et récupérer le tableau.

– Si tu parles avec Sarcina, je n'ouvre pas la bouche. Plutôt aller seul au rendez-vous.

Surpris, Cat a regardé ma collègue :

– Mais tu l'entends, lui ? Maëlis, tu as écouté la conversation, toi aussi tu sais où il veut vous rencontrer, dis-le moi, s'il te plaît.

Elle a appuyé ses fesses sur le dessus de la table en soupirant :

– Lui, c'est mon collègue, Francesco, essaie de comprendre. Toi et moi nous sommes plus que des amis, je sais que tu m'aimes bien et que tu ne me laisseras pas en plan. Nous avons besoin de ton aide, maintenant plus que jamais, je t'en prie…

– Mais qu'est-ce que j'ai fait de mal ? a grommelé le héros de la poulaille en se passant une main dans les cheveux. Si je vous suis et que quelque chose va de travers, je suis foutu.

– Tout ira bien, ai-je dit en faisant un clin d'œil à Maëlis.

Elle m'a fixé sans sourire, l'inquiétude marquait son visage. J'ai regardé ma montre :

– Il est 6 heures et demie, le rendez-vous est à 8 heures. Je vous explique comment nous allons faire.

Cat Berro ne m'écoutait même pas, toute son attention était pour ma collègue. Il semblait qu'il venait de découvrir son existence. Elle aussi l'a regardé puis elle lui a fait un sourire doux et affectueux – un sourire qui renfermait une longue histoire.

Un flot d'anxiété m'a fouetté la poitrine.

32

Une douzaine de petits yeux jaunes nous fixaient, Cat Berro et moi, avec une certaine irritation. Des pigeons. Ils se sont déplacés en émettant un gargouillement de dépit.

Maëlis errait autour du kiosque en étudiant, l'air de rien, l'ouverture dans le sol qui avait mené au refuge de Vastedda. Il était 20 h 30 et Devaux n'avait pas paru. Je pensais, tout en remontant le sentier pour la dixième fois, que, ayant vu l'inspecteur, il n'allait pas se montrer, lorsqu'il surgit devant nous.

Il se tenait à l'abri des arcades menant aux laboratoires incendiés derrière la villa. Il semblait en piteux état, costume froissé, chaussures sales et barbe de deux jours. Deux cernes sombres soulignaient son regard effrayé.

Il a tendu le bras en pointant vers nous un Walter PPK. L'inspecteur et moi nous sommes arrêtés de marcher.

– Lui, qui est-ce ? a demandé Devaux.

– C'est l'inspecteur Cat Berro, de la police d'intervention.

– Je vous avais dit de venir seul.

– Rassurez-vous, lui aussi est d'avis de vous laisser filer.

De toute façon, Cat ne comprenait pas.

Devaux nous a regardés, peu convaincu. Une pression sur la gâchette, et l'un de nous y laissait sa peau.

– Faites venir ici votre collègue.

– Je me suis tourné vers Deslandes qui nous observait, circonspecte, main sous sa veste. Je lui ai fait signe et elle nous a rejoints en traversant la pelouse d'un pas tranquille.

– Maintenant, rangez votre arme, ai-je ordonné à Devaux, ça n'est absolument pas nécessaire.

– Ça, c'est moi qui en décide, a-t-il aboyé en agitant sa berta. Sous son costume moutarde, la chemise blanche était pleine de taches d'alcool. Son air las lui donnait l'aspect peu digne du cadre supérieur tombé en disgrâce.

– Où est le tableau ?

Sans nous perdre de vue, il a tendu une main derrière le mur et a pris un gros paquet enveloppé dans du plastique à bulles. Il l'a posé à côté de lui :

– Maintenant, prenons la voiture et accompagnez-moi à Lugano. La frontière une fois passée, je vous donnerai des documents et des photos pour épingler Raschera-Bettelmatt. Je les garde dans un coffre.

– *Che sta dicendo*[1] *?* a demandé le héros de la poulaille, mis de côté par manque de connaissance des langues.

– *Dice che adesso ci dà tutto il materiale per inculare il marchese, poi lo portiamo dentro*[2].

– *Allora che cazzo c'entra Lugano*[3] *?*

– *Macché Lugano, ha detto lontano. Vuole che lo mettiamo sotto protezione*[4].

Maëlis s'est mordillé la lèvre inférieure, l'air quelque peu perplexe. Tôt ou tard, il faudrait bien que je révèle à Cat Berro les termes de l'accord et cela ne lui plairait pas.

---

1. « Qu'est-ce qu'il dit ? »
2. « Il dit qu'il va nous fournir tout le matériel pour entuber le marquis, ensuite nous le coffrons. »
3. « Alors, qu'est-ce que Lugano a à voir là-dedans ? »
4. « Quoi Lugano, il a dit : loin. Il veut que nous le mettions sous protection. »

– Qu'est-ce que vous dites ? a grogné Devaux. Fermez-la avec l'italien ou on abandonne tout.

On aurait dit une comédie de Neil Simon.

– Mon collègue ne sait pas le français. Écoutez, vous ne croyez pas que vous exagérez ? Il n'avait pas été question de passer la frontière. D'ailleurs, vous êtes recherché.

– Votre ami flic fera voir sa carte et le tour sera joué.

– Ce ne sera pas aussi facile.

– Ça vous regarde, ou on fait à ma façon ou bien je ne vous donne rien.

– Dites-moi qui est Madame Satin, c'est elle que je veux.

– Chaque chose en son temps, commissaire, plus vite nous partirons et plus vite vous aurez vos renseignements.

Une rage sourde montait en moi. Tout semblait à des années-lumière d'une quelconque conclusion. Cat Berro allait sûrement faire des histoires et, encore plus, refuser de conduire ce salopard en Suisse. Je pouvais alors lui flanquer un coup sur la tête pour lui piquer la voiture, mais la frontière, je ne réussirais jamais à la passer.

– D'accord, ai-je soupiré, lâchez votre pistolet et allons-y.

– Il est déchargé, a-t-il répondu en baissant le bras. Il a ébauché un geste mais quelque chose dans son dos l'a fait se redresser d'un coup tandis que son sourire mourait sur ses lèvres.

– Ne bougez pas, a aboyé une voix derrière nous.

Nous nous sommes retournés. Elle était là, accompagnée de quatre gaillards armés de kalachnikov. Nous sommes restés médusés pendant qu'ils se disposaient autour de nous, nous tenant à portée de leurs seringues automatiques.

Derrière Devaux, un cinquième, qui jusqu'alors avait été caché par le mur, a surgi. D'un geste sec, il a extrait le couteau du flanc du photographe. Couvert de sang, large et long comme la Durandal. L'air ahuri, Marius a fait le dernier pas de sa vie, puis il s'est écroulé face contre l'asphalte du sentier. Une rigole écarlate s'est mise à dégouliner lentement vers nous. L'assassin s'est baissé, a essuyé la lame sur la veste du cadavre.

Dire que nous étions pétrifiés serait un euphémisme. Sans un mot, ils nous ont poussés avec quelques tapes dans le dos. Madame Satin marchait à côté de nous sans hâte. Ses yeux continuaient de me fixer par-dessus le foulard de soie noire. Elle est restée silencieuse jusqu'à ce que nous arrivions près du kiosque.

– Cette histoire devait finir, a-t-elle dit en s'arrêtant devant moi, vous ne pensez pas, commissaire ?

– Pourquoi est-ce que vous avez tué Devaux ?

– Non seulement il était devenu inutile, mais surtout il n'a pas respecté les instructions qui lui avaient été assignées.

– J'imagine que le marquis exige l'exclusivité de la part des personnes qui travaillent pour lui.

– Vous voyez, ici à Turin vos collègues parisiens sont entrés en contact avec Beltramo et De Medici. C'est cette rencontre qui a déclenché les événements qui nous ont conduits à cette vilaine situation.

Elle s'est approchée d'un pas. Elle était vêtue de l'imperméable de vinyle qu'elle portait le soir où elle avait tué Martine. Sous la frange rousse de la perruque, le pli amusé de ses yeux bleus ne masquait que partiellement la glace qui les habitait.

Cat Berro et Maëlis se taisaient, visages durcis par la tension. Je les avais mis dans un beau pétrin, cette fois-ci. Il semblait improbable de sortir de cette situation dans la position verticale. Il s'agissait sans doute de l'ultime combat et ce n'est pas moi qui tenais le couteau par le manche.

– Votre intérêt pour eux, a poursuivi Madame Satin en retirant un poil invisible du col de ma veste, nous a obligés à écouter leurs conversations. C'est ainsi que nous avons compris que Beltramo et De Medici étaient de mèche avec Deshayes et Vastedda. Gustave les avait entraînés dans un projet parallèle. Ils travaillaient sur le nôtre et en avaient, en même temps, mis un autre sur pied pour leur propre compte. Ils étaient dangereusement enclins à parler, alors nous les avons éliminés pour les empêcher de révéler trop de détails à vos collègues de la BRB.

Naturellement, avant de les tuer nous les avons interrogés. Vous ne pouvez pas vous imaginer à quel point le champagne aide à délier les langues.

Il m'a semblé que sous son masque elle souriait.

– Pourquoi tous ces meurtres ? ai-je demandé d'une voix caverneuse.

– Malheureusement les choses ont dérapé. Votre amie Martine, c'est Deshayes qui nous l'a indiquée, pensant ainsi se sauver. Cette fille était douée, elle avait tout compris. Elle ne m'a pas laissé le choix.

Elle s'est approchée de Maëlis.

– Je vous avais averti, commissaire, maintenant je serai dans l'obligation de vous faire mal de nouveau.

Elle a caressé la joue de Deslandes qui s'est soustraite d'un geste dédaigneux de la tête.

– Quel terrible gâchis… a-t-elle encore murmuré.

Ignorant le dégoût de ma collègue, elle est revenue vers moi :

– Devaux pensait lui aussi se sauver quand il a accepté de vous donner rendez-vous ici.

– Qu'est-ce que vous comptez faire de nous ? ai-je demandé en essayant de cacher ma trouille. Aux dernières lueurs du soir naissant, l'herbe semblait humide et froide, pas agréable du tout pour aller s'y écraser la gueule après s'être pris une rafale dans le dos.

– Allons dans un endroit plus tranquille, a annoncé la salope, je vous conseille de ne pas réagir, mes gars n'hésiteraient pas une seconde à vous tirer dans les jambes.

Elle a fouillé dans la poche de son imperméable et en a retiré son pistolet silencieux :

– *Purtroppo lei non era contemplato, ispettore*[1], a-t-elle dit en prenant Cat Berro par un bras pour l'éloigner de nous, alors je dois vous abandonner ici.

Maëlis a fait un pas en avant, le visage défait par l'angoisse.

1. « Malheureusement vous n'étiez pas prévu, inspecteur. »

– Je vous en prie, a-t-elle dit, ne le tuez pas. Il ne sait rien de cette histoire.

Madame Satin a poussé l'inspecteur vers la haie tout en armant son pistolet avec un son métallique.

– Désolée, lieutenant, malheureusement ce n'est pas vrai.

Cat a fait un pas en avant et a grogné en regardant la belle :

– *Adesso tocca a te, Mordenti, non lasciare che le facciano del male*[1].

La salope a braqué son arme :

– *Non si preoccupi per lei, ispettore, tra poco sarà tutto finito*[2].

– *Ma vatlu a piè'ntal cul*[3]..., a-t-il rétorqué en la fixant dans les yeux.

Le monstre a appuyé sur la gâchette. Un claquement qui a ouvert un trou à hauteur du cœur dans la veste du policier. Il est tombé en arrière et a roulé aux pieds de la haie.

Avec un hurlement de rage, Maëlis s'est libérée de son gardien et a volé sur Madame Satin, la frappant d'une série de coups de poings désordonnés. Le type derrière moi a aiguillonné mon dos du canon de sa mitraillette et m'a retiré ma berta en glissant une main sous ma veste.

Les deux femmes ont roulé à terre. À califourchon sur la salope, Deslandes frappait comme une furie. Saisie par surprise, Madame ne pouvait rien faire d'autre que se protéger des coups en levant les bras devant son visage.

L'étonnement passé, le gardien qui avait laissé Maëlis lui échapper s'est avancé en faisant tourner la crosse de sa kalachnikov dont la rapide trajectoire a rencontré la nuque de la jeune femme avec un son sourd. Un coup terrible. La poupée s'est écroulée sans un souffle. D'un geste irrité, la salope s'est libérée du corps inerte en le renversant sur la pelouse.

---

1. « Maintenant, à toi de jouer, Mordenti, ne les laisse pas lui faire mal. »
2. « Ne vous en faites pas pour elle, inspecteur, tout sera bientôt fini. »
3. « Mais va te faire foutre. »

C'était mon tour. J'ai projeté ma tête en arrière avec force et ma nuque a violemment frappé le nez du type dans mon dos. Ça a fait le bruit d'un fenouil dans lequel on croque. Avec un cri étouffé, il a lâché son fusil pour porter ses mains au visage. Je me suis retourné en pivotant sur un pied et j'ai méchamment plongé le genou entre ses jambes. Il ne m'a pas fallu plus d'une seconde. Il s'est dégonflé comme un bateau en caoutchouc en tombant à genoux.

Je l'ai abandonné pour me lancer sur la brute qui avait frappé mon amie pendant que Madame Satin essayait de se remettre debout. J'ai atterri avec un pied derrière son genou qui a fait des petits avec un fracas terrifiant. Il s'est écroulé à terre en criant comme un aigle. Je me suis laissé tomber de tout mon poids sur son dos, lui coupant la respiration et brisant quelques côtes. Comme il n'avait pas de cheveux, je l'ai attrapé par les oreilles et lui ai frappé la face contre terre avec force. Une, deux, trois fois. Malgré l'herbe, j'ai entendu les os du visage partir en morceaux.

J'étais furibond. Je voulais lui rompre l'os du cou par une belle torsion, mais quelqu'un a fait exploser une cartouche de dynamite dans ma tête. Une douleur bestiale pendant un centième de seconde, puis tout est devenu noir.

33

Obscurité, puanteur d'essence, odeur de moisi et une douleur palpitante qui me trépanait le cerveau. Je me suis repris avec difficulté en tâchant de bouger mon cou engourdi. On ne peut pas savoir à quel point la crosse d'un fusil est dure tant qu'on ne te l'a pas écrasée sur la tête.

J'ai effectué un rapide examen de mes fonctions vitales et j'ai décidé que j'étais vraiment dans la merde. Il y a des moments dans lesquels on découvre qu'on est prêt à se rendre, à laisser la résignation aller au-delà du niveau d'alerte. C'est comme de se trouver au-dessus d'un gouffre, accroché à une branche par une main seulement. Tu voudrais lâcher prise pour que tout cela finisse après un vol qui te fera t'écrabouiller sur les rochers au-dessous.

Enfermé dans le coffre de la voiture, je suis passé par un de ces moments-là, mon seul désir était une balle dans la tête, l'« expresse », comme je l'appelle. Cette sacrée dernière balle pour effacer toute peur. Et puis, j'ai senti le corps de Maëlis à côté du mien.

– Lieutenant… ai-je murmuré.

Une lame en dents de scie m'a traversé le crâne.

Elle ne m'a pas répondu. J'ai fermé les yeux en essayant de combattre la douleur lancinante, en respirant par la bouche le peu d'air malodorant qu'il y avait là-dedans. De plus, Cat Berro était mort et c'est moi qui l'avais entraîné dans ce piège.

Elle s'est plainte, un gémissement faible que j'ai à peine entendu.

– Maëlis… tu m'entends ?

Elle n'a pas répondu. J'ai essayé de me retourner mais j'avais les mains liées derrière le dos. J'ai tâché de calmer mes battements de cœur par une respiration profonde. La voiture a pris un virage en épingle à cheveux et j'ai roulé contre le corps de ma collègue, me retrouvant le visage dans sa chevelure. Odeur de sang. Je l'ai senti, humide et collant contre mon visage.

Je me suis retourné en me rapprochant d'elle. Elle aussi avait les poignets attachés.

– Maëlis, réveille-toi, ai-je murmuré à son oreille.

Aucune réaction. J'ai posé mon nez sur son cou et j'ai perçu les battements de la vie, ce qui m'a un peu tranquillisé. Une chose dure s'est enfoncée dans ma poitrine. En écrasant mon corps contre celui de Maëlis, je l'ai sentie plus nettement et un jet d'adrénaline m'a totalement réveillé. À cause de la lutte avec Madame Satin, aucun de ces abrutis n'avait pensé à lui retirer son pistolet.

En prenant garde de ne pas faire de bruit, j'ai utilisé le menton pour la retourner vers moi. Le roulis de l'auto continuait à nous secouer. La chaleur était étouffante dans ce coffre, des rigoles de sueur coulaient sur mon visage et le long de mon cou. Je suis enfin parvenu à la retourner sur le dos. Avec un ultime effort, je me suis mis sur le côté de façon à pouvoir la fouiller. J'ai palpé sous sa veste en cherchant l'acier de son .38 Spécial. Ma tête éclatait et mes doigts engourdis avaient du mal à se mouvoir mais ils ont finalement trouvé l'étui. J'ai saisi la crosse de nacre et d'un coup sec j'ai extrait la berta. Je l'ai glissée dans mon pantalon derrière le dos, puis l'ai couverte de ma veste. Épuisé, je me suis affalé sur le fond sale et malodorant du coffre.

D'autres secousses. La voiture a parcouru un long trajet pierreux et a pris quelques virages assez serrés avant d'amorcer une montée. Alors que le corps inerte de Maëlis m'écrasait contre le bord du coffre, j'essayais inutilement de libérer mes mains. Le pistolet de ma belle avait redonné une sève nouvelle à mon manque d'optimisme. Une occasion est la seule chose dont un flic ait besoin dans une situation difficile. Tu t'y accroches de toutes tes forces, tu l'attends sens tendus, tu la caresses en lui confiant ta survie.

Maëlis ne donnait aucun signe d'amélioration. Elle s'était chopé une beigne monumentale et continuait de saigner. Nous nous sommes arrêtés. J'ai entendu le grincement d'un portail qui s'ouvrait, l'ouverture de service sûrement. Une porte qui se refermait et nous sommes repartis avec un petit cahot. Bruit de gravier sous les pneus, puis nous nous sommes de nouveau arrêtés. Une autre demi-douzaine de portières se sont ouvertes et refermées. Des pas sur le gravier et, pour finir, le coffre s'est ouvert avec un déclic.

Un des petits amis de la salope a vu que j'étais réveillé. Il m'a attrapé par les cheveux et m'a cogné le front contre le bord du coffre. Il m'a fait un mal de chien.

– Bâtard, a-t-il sifflé.

Ses cheveux noirs étaient pleins de gel.

– Ma collègue est mal en point, faites quelque chose.

– Si tu préfères, je lui tire dans la nuque, a-t-il répondu en m'extirpant du coffre.

Ils étaient tous là avec leurs mitraillettes à la con. La pute masquée se tenait à quelques mètres de distance, comme si je la dégoûtais. Une petite rigole de sang a coulé de mon front pour finir dans l'oreille. Je me suis nettoyé avec l'épaule de ma veste.

– Qu'est-ce qui vous est arrivé ? a-t-elle demandé.

– Il s'est blessé dans le coffre, a répondu celui qui m'avait frappé. La fille est encore hors de combat.

– Lefteris, a-t-elle ordonné, prends-la et emporte-la dans le tabernacle. Que quelqu'un prévienne le marquis que nous sommes arrivés.

Un type tondu vêtu d'un tricot noir qui éclatait sous la pression des muscles est passé devant moi en me regardant de travers. Il a soulevé Maëlis et l'a chargée sur ses épaules sans le moindre effort. Aucun signe de vie, l'angoisse m'a tordu les trippes.

– Qu'est-ce qu'on fait de Gheorghe et Lucio ? a demandé un type plus large que haut, ce cochon les a bien arrangés.

Alors que le nommé Lefteris s'éloignait avec ma belle en croupe, les yeux de Madame Satin m'ont fixé par-dessus le bord du foulard :

– Emmenez-les chez le médecin habituel. Commissaire, a-t-elle ajouté, je vous déconseille d'autres initiatives de ce genre. On y va ?

Celui qui était derrière moi m'a flanqué le canon de sa mitraillette entre les côtes, j'ai par conséquent consenti. Nous avons traversé une petite cour latérale et sommes entrés dans la maudite villa. Escaliers grands et petits, couloirs, le garde du corps toujours sur les talons.

– Ce foulard ne vous donne pas chaud ? j'ai demandé à la mégère.

– Je n'ai pas l'impression que vous vous trouviez en position de faire de l'humour.

Au fond d'un couloir tapissé de cuirasses et de vieilles armes inutiles, s'ouvrait une petite salle aux murs couverts d'un élégant papier. Des fauteuils par-ci, un tableau par-là, un bureau là-bas. L'unique fenêtre donnait sur un balcon ; au-delà, l'obscurité entrait en scène. Tout le mur à ma droite était occupé par une grande bibliothèque dont la partie centrale, oyez oyez bonnes gens, ouvrait sur un passage secret de roman-feuilleton.

Le type derrière moi m'a aiguillonné de la pointe de son canon et nous sommes entrés dans une espèce d'univers surprenant. J'ai regardé autour de moi, bouche bée.

La vaste salle semi-circulaire, genre amphithéâtre, était complètement dépouillée, à l'exception d'une extraordinaire boiserie qui en recouvrait les murs et alternait avec d'antiques colonnes en bois semblant soutenir le plafond. Ce dernier représentait un ciel sombre, piqueté d'étoiles dorées, au centre duquel une puissante lumière envoyait ses rayons sur le monde. Dieu ou quelqu'un disposant des mêmes moyens. Des lampes enfoncées dans le rebord supérieur de la boiserie maintenaient la pièce dans une inquiétante pénombre mystique.

L'énorme mur du fond était recouvert de tableaux, fresques, sculptures sur bois, de toutes les tailles et à l'aspect ancien. Ils représentaient tous ou le Saint-Suaire, ou le Voile de Véronique, ou quelconque support sur lequel Jésus-Christ avait laissé son effigie. Je ne suis pas un expert, mais ces tableaux ressemblaient vraiment à ceux dont le Crabe avait parlé. J'étais sûr d'avoir vu certaines de ces œuvres dans des collections d'importants musées européens. Elle avait appelé ce lieu « le tabernacle » avec un humour insolent.

Cette apothéose du bon Dieu laissait voir, au centre, un long espace rectangulaire en travers duquel se trouvait un lourd rideau de damas bleu foncé enrichi de dessins à caractère religieux.

Ils m'ont poussé à l'intérieur. Posés sur le parquet marqueté, les deux fauteuils et le divan années quarante ressemblaient à des objets miniatures. Au centre du mur arrondi s'ouvraient deux petites fenêtres rectangulaires comme celles pour les projections dans les cinémas. Le corps inanimé de Maëlis avait été déposé sur le divan par le tondu qui avait même pris soin de lui mettre un mouchoir crasseux sous la tête pour éviter que les coussins ne soient tachés de sang.

– Vous devez faire quelque chose pour ma collègue, ai-je dit à Madame Satin, ce salaud lui a fracassé la tête.

– Oubliez-la, commissaire.

– Voyez le côté positif, mon ami, a dit le marquis en entrant, votre amie ne se sentira pas mourir.

Il était revêtu d'un costume anthracite de fine laine coupé à la perfection, de chaussures noires, d'une chemise blanche et d'une cravate en soie bleue. Une élégante guenon, s'étant approchée de Maëlis, l'a observée en écartant une mèche de cheveu de son visage avec délicatesse :

– Une femme extraordinairement belle, vous auriez pu la sauver, monsieur Mordenti.

– Attendez avant de crier victoire.

– Vous ne seriez pas en mesure de tenir un verre, je ne vous offrirai donc pas à boire, a-t-il poursuivi avec un sourire.

– Laissez tomber les conneries. Qu'est-ce que c'est que ça ?

J'ai indiqué le mur du menton. Il l'a fixé, émerveillé.

– Calmez-vous, commissaire, vous avez un privilège rare. Peu de gens ont eu la possibilité de contempler mon chef-d'œuvre.

– Combien de temps avez-vous mis pour voler tout ça ?

– Voler…

Il a ri :

– Il a fallu plus de quarante ans pour recueillir tous ces témoignages. Cela a été un travail long et fatigant, et non sans risques.

– Appelez-les comme vous voudrez, mais ils ne sont pas à vous.

Il s'est éloigné de moi, absorbé dans la contemplation des chefs-d'œuvre rassemblés sur le mur :

– Vous avez raison, ils ne sont pas à moi, ni à personne d'autre. Ils appartiennent à l'homme qui a laissé sa propre empreinte pour sauver le monde. J'ai reçu la charge suprême de rassembler ces témoignages afin de préparer son retour.

Mon regard a croisé celui de la salope. Ses yeux sont restés froids, pas le moindre geste de surprise. Si le marquis avait dit que Dieu en personne allait entrer, elle n'aurait pas pipé. Pour un salaire substantiel, on fait n'importe quoi.

– Vous êtes vraiment cinglé, ai-je osé.

Il m'a fixé, pensif, presque vexé :

– Je ne m'attends pas à ce que vous compreniez, vous n'êtes qu'un policier et, je crois, sans foi en Dieu. Moi, j'exécute seulement sa volonté, je suis un simple instrument entre ses mains. La dévotion est le destin de ma famille, de mon père d'abord et ensuite le mien. S'il n'en était pas ainsi, cette œuvre monumentale n'aurait jamais vu le jour.

Il s'est tu en fermant les yeux et il est resté silencieux un moment. Personne n'a bronché. Il était probablement en train de recevoir d'importantes communications du haut des cieux. D'ailleurs, sa femme m'avait dit qu'il parlait avec le bon Dieu.

Avant de rouvrir ses lampions, il a fait une série de gestes lents de la tête :

– Comme vous voyez, nous avons enfin atteint le but. Grâce à Sa Volonté, personne n'a pu l'empêcher.

– Mes compliments. J'imagine que dans le dessein divin les personnes que vous avez fait tuer n'étaient que de petits incidents de parcours.

– *Celui qui a péché contre moi, je l'effacerai de mon livre*, a-t-il cité en soulevant les mains à hauteur de la poitrine. Moi, je ne fais qu'exécuter la volonté du Très-Haut, commissaire. C'est un devoir qui vous dépasse mais auquel ma famille s'est préparée depuis des générations. Vos pathétiques efforts pour vous y opposer ne font que me rendre plus fort.

– Alors Calogero Vastedda pensait comme vous.

– C'était un homme faible.

Il a haussé les épaules :

– Certes, son extraordinaire talent a donné de magnifiques résultats, malheureusement la cupidité l'a perdu. À cause de Beltramo et De Medici, commissaire. Ces deux pervers étaient en mesure de fournir des toiles très anciennes, mais leur avidité était sans limites, ils l'ont plagié et ça s'est terminé comme ça devait se terminer. Tous les autres n'étaient que des pions dans un jeu trop gros pour eux.

Il m'a souri avec condescendance, comme si sa ridicule noblesse pouvait l'élever au-dessus des autres.

– Tôt ou tard, quelqu'un vous aura, vous et cette salope qui n'a même pas le courage de montrer sa figure.

Madame s'est avancée et m'a flanqué un magistral revers de main. Heureusement, je ne me suis pas étalé de tout mon long par terre. Tandis que le goût métallique du sang remplissait ma bouche, le marquis a levé une main et la salope est retournée à sa place.

– Trop tard, mon ami, a-t-il dit avec un sourire, cette nuit le dessein sera enfin accompli. Avec son retour, le Fils de l'homme apportera paix et sérénité à ce monde et par sa lumière il refondera son Église en s'acharnant sur ceux qui l'ont corrompue.

Amen. Je ne l'ai pas dit parce que je ne voulais pas me choper une autre baffe. J'ai regardé le long rectangle de damas entouré des autres tableaux et j'ai compris ce qui manquait là au milieu. L'unique objet considéré authentique, le seul qui puisse donner un sens au délire du marquis.

– Vous ne parviendrez pas à subtiliser le Suaire, ai-je déclaré en crachant par terre un beau caillot de sang.

Il s'est approché en me regardant avec curiosité :

– Personne ne peut m'en empêcher, avec Vastedda nous avons travaillé pendant presque dix ans à une copie du drap. Cela m'a coûté une fortune, le lin sur lequel nous avons travaillé est contemporain et la main de Vastedda a été guidée par la pensée de Dieu. En ce moment, Bastien Chappaz travaille, sans le savoir, au transfert du lin sacré dans son siège d'élection.

Il s'est retourné en ouvrant grand les bras :

– Sa place l'attend, commissaire, c'est la relique la plus importante, l'acte ultime de cette exaltante entreprise.

Il a fait un geste, et un panneau est descendu pour cacher cette espèce de mausolée délirant. Au centre de la paroi, un grand écran blanc a transformé la pièce en cinéma personnel du marquis. Quiconque serait entré n'aurait pu imaginer ce qui se cachait là-derrière.

– Désolé de devoir vous quitter, a dit le petit monstre en boutonnant sa veste, mon amie s'occupera de vous et, la connaissant, je suis certain qu'elle le fera le mieux du monde.

Il a parlé à voix basse avec Madame Satin, peut-être pour décider dans quelle décharge jeter nos cadavres, et il a levé les voiles. La salope a donné un ordre dans une langue que je ne connaissais pas et le tondu a de nouveau chargé le corps de Deslandes sur ses épaules, puis elle s'est approchée de moi :

– Allez, commissaire, a-t-elle dit en me prenant par le bras.

Escortés des gorilles, nous nous sommes mis en route en file indienne. D'autres escaliers qui, cette fois-ci, nous ont rapprochés du centre de la Terre. Humidité sur les murs, briques à perte de vue et une bonne dose d'angoisse au fur et à mesure qu'on descendait. Peut-être était-il temps que je commence à me repasser le film de ma vie car à première vue j'allais bientôt me choper une balle dans la tête.

La visite touristique s'est terminée dans une vaste cave aux murs de briques, voûtes en berceau et sol de terre battue. Dans les niches à arc le long des murs s'entassaient des centaines de bouteilles, certaines très vieilles, couvertes de poussière grise.

Les seuls meubles étaient une table de bois brut avec, autour, trois chaises de paille tressée. Nous nous sommes approchés de l'élégant mobilier. Sur le dessus de la table, quelques revues, des bouteilles de liqueur, un jeu de cartes sales et trois verres répugnants.

– Il ne manque à votre ami le marquis qu'une passoire sur la tête, ai-je dit à ma geôlière, comment pouvez-vous prendre au sérieux un fou de ce genre ?

– Il me paie très bien, me permettant de faire ce qui me plaît, a-t-elle répondu, revêche, maintenant baissez-vous.

Elle m'a fait mettre à genoux ; évidemment il s'agissait d'une exécution à la chinoise avec projectile aux frais de Le Normand.

Le tondu nommé Lefteris a déposé Maëlis n'importe comment sur le sol. La salope masquée a tiré son pistolet silencieux puis s'est accroupie à côté de moi. L'imperméable ouvert laissait voir une robe chiffonnée en toile de lin bleu ciel. Pas de vernis aux ongles de ses pieds chaussés de sandales noires. Pour la petite histoire, j'ai même vu sa culotte de soie perle.

– Il y a encore un détail, a-t-elle dit, vous et votre collègue avez l'enveloppe des échantillons de tissu. Ils doivent revenir en notre possession, où l'avez-vous mise ?

– Voilà ce que vous cherchiez chez Martine… Pourquoi est-ce qu'elle vous intéresse tant ?

– Elle contient deux fragments authentiques du Suaire. Dites-moi où vous l'avez cachée.

– Libérez-nous, ma collègue et moi, et je vous l'expédie en express recommandé.

Elle a pointé son pistolet sur le front de Maëlis :

– Je n'ai pas le temps, commissaire, dites-le moi ou j'appuie sur la gâchette.

– Faites donc, de toute façon vous la tuerez.

Son regard glacial est resté planté dans le mien pendant quelques secondes. J'ai pensé qu'elle allait tirer, mais elle a soupiré et a remis le flingue dans sa poche, puis a claqué des doigts en direction d'un des siens. L'homme a suspendu sa kalachnikov à l'épaule, a retiré mon Colt de la ceinture de son pantalon et le lui a donné. Elle l'a chargé d'un geste sec puis a appuyé le canon dans le creux du bras de ma belle.

– Une balle de .45 devrait la réveiller, vous ne croyez pas ? Après, il me restera encore l'autre coude et les deux genoux.

– Elle est dans le coffre-fort de notre chambre, ai-je grogné.

– Donnez-moi la combinaison.

Je la lui ai donnée. Elle a fouillé dans mes poches et s'est emparée de la clef électronique de l'hôtel, puis elle s'est levée et a posé mon arme sur la table.

Elle a donné quelques ordres secs et trois de ses écuyers sont sortis de la cave avec armes et bagages.

– Je dois vous abandonner pendant environ deux heures, a-t-elle annoncé en boutonnant son imperméable, Lefteris et Bogdan prendront soin de vous jusqu'à mon retour. Si vous ne m'avez pas raconté de bobards, vous serez éliminés de manière indolore, autrement...

Elle m'a caressé les cheveux :

– Autrement, commissaire, je crains que nous ne soyons obligés de boire une bouteille de champagne.

Peut-être a-t-elle souri sous son chiffon de soie noire, peut-être pas. Tandis qu'elle quittait la cave, un flot d'angoisse m'a secoué la poitrine. J'ai levé le regard et me suis trouvé face à la boule de billard nommée Lefteris. Il empestait la sueur et le tabac.

– *Brutto pezzo di merda*, a-t-il grogné, à Paris tu as tué mon frère Rikard.

Il m'a donné un coup de pied dans l'estomac qui m'a plié en deux et coupé la respiration. J'ai pris le second en plein dans la gueule et suis tombé sur le dos comme un sac de pommes de terre. La voûte de briques au-dessus de moi s'est voilée, en ondulant comme sous l'effet d'une intense chaleur. J'ai fermé les yeux tandis que mon nez se remplissait de sang.

Un petit poisson d'argent se mouvait par à-coups sur un fragment de carreau foncé qui affleurait de terre à la base du mur. Lui aussi semblait sans échappatoire, il se déplaçait d'un côté à l'autre de son petit monde sans jamais s'arrêter. Je l'ai observé un instant en attendant que ma respiration redevienne normale. Quand je me suis redressé, ma tête m'a élancé férocement. Le sang sur mon visage me chatouillait la peau, alors je me suis nettoyé tant bien que mal sur l'habituelle épaule. Sueur, sang et peur exhalaient une mauvaise odeur.

Je suis resté assis par terre pendant que les deux autres jouaient aux cartes en buvant de l'alcool. J'aurais donné n'importe quoi pour une bonne gorgée de cette chose-là :

– Eh, vous deux ! Si vous me donnez une goutte de liqueur, quand j'arrête le marquis je vous offre son patrimoine.

– Ferme ta gueule, a grogné le tondu, autrement je recommence à te foutre des coups de pied.

Son ami a vidé le verre avec un geste théâtral.

– S'il vous plaît, faites quelque chose pour ma collègue, elle continue de saigner.

Le frère du fils de pute que j'avais refroidi dans les escaliers de Lalanne s'est levé en soufflant et il est venu s'accroupir à côté de moi :

– Quel mot dans « Ferme ta gueule » tu n'as pas compris, flic ? a-t-il demandé en me donnant une tape sur le menton.

– Qu'est-ce que ça vous coûte ? Vous l'asseyez sur une chaise et vous lui donnez une gorgée d'alcool.

Il m'a fixé, amusé :

– O.K., je vais m'en occuper.

Il s'est redressé et a soulevé Deslandes comme une paille. Il l'a traînée jusqu'à la table et l'a étendue dessus en laissant pendre les jambes. Puis il a soulevé sa jupe au-dessus de la taille et a arraché sa culotte.

– Qu'est-ce que tu fais ? j'ai hurlé.

Au lieu de me répondre, il a déboutonné son pantalon, révélant une énorme bite encore à moitié flasque mais déjà stupéfiante. De toute évidence, le bon Dieu, dans son infinie miséricorde, avait abondé afin de compenser le manque de cerveau.

– Nous allons voir si avec ça elle se réveille, a-t-il annoncé en riant.

Pendant que son compagnon s'écartait en ricanant, il s'est retourné pour se mettre entre les cuisses bronzées de ma collègue et a commencé à agiter sa torpille pour l'amener en position de lancement.

Alors j'ai vraiment vu rouge.

Je ne sais pas où j'ai trouvé l'énergie, le fait est que j'ai bondi sur mes pieds comme un ressort et lui ai volé dans les plumes en le heurtant à la tempe avec un terrifiant coup de boule. Ce fut comme de cogner contre un mur, mais le dégueulasse a volé en l'air, allant battre avec violence contre la paroi de briques. Puis il a roulé à terre.

Moi, je suis tombé à genoux. Pendant un instant, je n'ai vu qu'un firmament d'étoiles dans lequel est même apparue une comète que les astrologues avaient perdue de vue depuis 1652.

En serrant les dents, je me suis redressé sur une jambe et j'ai essayé de me relever, mais l'autre voyou n'a pas perdu de temps. Il m'a passé la mitraillette en travers de la gorge et l'a tirée à lui en tâchant de m'étrangler. Pour l'empêcher de m'écraser la trachée, j'ai accompagné le mouvement en me remettant debout, même si, avec les mains attachées derrière le dos, je ne pouvais pas faire grand-chose. De plus, mon souffle commençait à manquer, et le tondu, bien que dans le cirage, se reprenait vite.

J'ai senti la crosse du .38 Spécial de Maëlis sous ma veste, l'ai saisie dans la ceinture de mon pantalon, ai appuyé le canon contre la cuisse de l'étrangleur, puis j'ai pressé la gâchette trois fois.

Ça a fait un boucan d'enfer, il a lâché la mitraillette et s'est jeté en arrière en hurlant comme un possédé. Alors que l'air revenait dans mes poumons, je me suis de nouveau affalé et le pistolet m'a échappé des mains. Le blessé continuait à brailler pendant qu'un flot de sang impressionnant giclait de sa cuisse, inondant le sol de la cave. Artère fémorale tranchée : quelques minutes et le diable l'emporterait.

Alors que je tentais de récupérer le pistolet, j'ai remarqué que Maëlis était en train de retrouver ses esprits et regardait la scène, bouche bée. Je voulais hurler quelque chose, mais un coup de pied m'a expédié raide par terre. Lefteris était au-dessus de moi, bite à l'air, regard furieux et tout le reste.

Il a attrapé des deux mains la mitraillette de son comparse et l'a soulevée au-dessus de sa tête pour en faire une massue contre moi. Je me suis recroquevillé en attendant le choc, mais un coup de feu a résonné contre la voûte de briques. Un nuage de sang vaporisé s'est répandu comme une auréole écarlate autour de sa tête. Il a lâché le fusil en baissant les mains d'un geste fatigué et une forte perplexité dans le regard. Il s'est retourné, a fait une tentative maladroite pour ramasser la mitraillette, puis s'est écroulé au sol et n'a plus bougé.

Deux personnes sont entrées dans la cave. Alain Servandoni et le sympathique Rolland. Si Starsky et Hutch m'étaient apparus en personne, j'aurais été moins ahuri. En m'appuyant sur les coudes j'ai redressé le buste :

– Vous sortez d'où, vous deux ? ai-je balbutié.

Rolland avait un Franchi SPAS à pompe entre les mains. Il s'est approché du corps de l'Albanais et, en utilisant son canon, il l'a retourné avec circonspection. L'ami s'était chopé une nèfle à la base du cou. Son comparse, blanc comme un cierge, geignait encore pendant que le sol assoiffé buvait ses derniers globules rouges. Maëlis a essayé de se redresser mais elle a dû s'appuyer à la table avec une grimace.

Alain a rengainé son MR 73 et m'a aidé à me relever. Il a coupé la corde qui me liait les poignets :

– Juste à temps, a-t-il dit.

– Je me débrouillais magnifiquement bien, ai-je grogné.

– J'ai vu.

Je me suis approché de Deslandes. J'ai baissé sa jupe et avec le couteau d'Alain j'ai libéré ses mains. Elle m'a regardé, les yeux pleins de tristesse.

– Je suis très peiné pour Francesco, lui ai-je dit.

– Il n'est pas mort, est intervenu Alain, il portait un gilet pare-balles. Le projectile lui a seulement fracassé quelques côtes.

Le regard de Maëlis s'est illuminé.

J'étais trop fatigué pour être jaloux. Je me suis retourné vers Servandoni :

– Tu ne m'as pas encore dit ce que vous faisiez à Turin.

– Le lendemain de votre départ, Le Normand nous a expédiés ici pour vous couvrir. Depuis, on vous suit.

Pendant qu'il allumait une cigarette, j'ai pris une bouteille sur la table. Il y restait encore deux doigts de whisky que j'ai vidé en une seule gorgée. Il est descendu dans ma gorge en gargouillant et m'a remis d'aplomb.

– Là-bas, à la villa Beltramo-De Medici, ils étaient trop nombreux, a expliqué Alain, impossible de vous aider. Après votre départ, on a entendu Cat Berro gémir et on lui a porté secours. Pour Devaux, il n'y avait plus rien à faire.

– Comment est-ce que vous avez fait pour nous trouver là-dessous ?

– La marquise nous a montré la route.

– La marquise ?

– Oui, Rolland l'a tirée du lit. Elle est en train d'aider Cat Berro à descendre ici.

– Vous ne pouviez pas l'emmener à l'hôpital ? a demandé Deslandes avec sollicitude.

Rolland a haussé les épaules :

– Il a insisté pour venir avec nous.

– On doit filer au *Duomo*[1], Alain, suis-je intervenu en interrompant leurs éloges, ils sont tous là-bas en train de barboter le Suaire.

– Le Suaire ? Alors c'est là qu'ils couraient.

– Elle en était ?

– Non, on a vu quatre hommes. Ils sont sortis d'ici par le portail principal.

– Et la maudite femme, où est-ce qu'elle a pu aller ?

1. « La cathédrale ».

– Ce qui est sûr, c'est qu'elle n'était pas avec eux.

– Elle est peut-être allée à notre hôtel.

– Et qu'est-ce qu'elle serait allée faire à votre hôtel ?

Je lui ai parlé de l'enveloppe avec les échantillons, du Suaire, de Jésus et de l'Esprit saint. Maëlis s'est approchée pour écouter. Le catéchisme terminé, je l'ai prise par le bras et accompagnée à la lumière :

– Comment tu te sens ?

– J'ai mal à la tête.

– La nausée ? Est-ce que tu vois double ou trouble ?

– Non, je me sens assez bien mais j'aimerais deux aspirines.

– Vu le coup que tu as reçu, je n'ose pas t'emmener avec nous. Ça serait un risque stupide.

Elle a essayé de protester, mais n'était pas très convaincue non plus, alors je lui ai dit de ne pas insister.

Le type dans la jambe duquel j'avais tiré ne respirait plus. Rolland était accroupi à ses côtés, son fusil à pompe en travers des genoux :

– Celui-là aussi s'en est allé, a-t-il déclaré avec deux doigts sur la gorge du cadavre.

– Tu veux dire que pour le Nobel on devra chercher quelqu'un d'autre, ai-je conclu.

Des pas dans l'escalier. Soutenu par la marquise, Cat Berro est entré, l'air souffrant. Il semblait tenir sur ses pieds par miracle. Elle, au contraire, enveloppée dans un élégant déshabillé de satin bordeaux, semblait enthousiasmée par le hors-programme. Elle a tordu la bouche en voyant les cadavres, mais juste comme elle l'aurait fait devant une table au couvert mal mis.

Maëlis a couru embrasser Francesco avec transport. Ses yeux brillaient.

– *Piano, piano, sono tutto scassato* [1], a-t-il toussé.

1. « Doucement, doucement je suis brisé. »

Nous l'avons fait asseoir, il était pâle comme la mort. Il a pris la main de ma collègue et l'a pressée sur sa joue :

– Tu m'as sauvé la vie…

La belle lui a souri en acquiesçant du chef. Il n'avait aucune intention de lâcher sa main, il la tenait entre les siennes comme le bien le plus précieux du monde. C'était presque embarrassant.

– Il est en train de vous chiper votre amie, a constaté Carmilla.

– Occupez-vous de vos affaires.

– Où est mon mari ?

– Dans un océan d'ennuis.

Il était temps de partir, chaque minute pouvait être la bonne et je voulais faire une surprise à la salope. J'ai pris mon colt sur la table et l'ai glissé dans son étui sous mon aisselle :

– Alain, dépêchons-nous. Deslandes et madame la marquise prendront soin de Cat Berro. Vous, Rolland, prenez votre fusil et venez avec nous.

Maëlis a couru derrière moi. Elle m'a rejoint sur le pas de la porte pendant que les autres me précédaient dans l'escalier. Elle m'a caressé la joue :

– Pardonne-moi, a-t-elle murmuré.

– Prends soin de ton petit ami, ai-je répondu en l'embrassant sur le front.

– Je ne voulais pas te blesser, ce qu'il y a eu entre nous…

– L'amour triomphe toujours, lieutenant, ai-je dit en souriant.

Son regard s'est obscurci :

– Promets-moi de ne pas le faire, a-t-elle dit de but en blanc.

– Ne pas faire quoi ?

– De ne pas exécuter Madame Satin comme tu as fait à Paris.

Nous nous sommes regardés en silence. Ses yeux me scrutaient, anxieux.

– Je te le promets, ai-je grogné. Puis je l'ai quittée pour monter les marches quatre à quatre.

34

– Une camionnette militaire surveille la place, a constaté Alain.

Le véhicule garé dans un renfoncement, l'arrière contre le mur du fond, était une Jeep peinte en couleurs de camouflage avec deux soldats à son bord. Une des portières était ouverte et le militaire au volant fumait une cigarette au risque d'être fusillé sur-le-champ.

– On pourrait les envoyer au dodo, a suggéré Rolland. Il tenait son fusil à pompe le long de la jambe, à moitié couvert par la veste.

– Il ne nous manquerait plus qu'un incident international, ai-je rugi.

Nous nous trouvions sur une petite place latérale, cachés derrière l'angle d'une ruelle d'où l'on jouissait d'une bonne vue sur le *Duomo* et sur ce qui l'environnait. L'esplanade autour du large escalier était déserte. De temps en temps, une voiture passait ; beaucoup plus rarement, un tram. La porte principale de l'église étant barricadée, j'ai supposé que pour y entrer on devait passer par un autre endroit.

À droite de la cathédrale s'élevait une espèce de bâtiment de service à l'air provisoire, peut-être construit en vue de l'ostension qui aurait lieu à Pâques. L'entrée secondaire devait se trouver derrière. Au fond, deux arches sombres menaient à une autre place.

– On a de la compagnie, a annoncé Alain.

Un type fumant une cigarette, mains dans les poches, a surgi de derrière le bâtiment en carton-pâte. Il était chauve comme une boule de billard et vêtu de noir. Il a lancé un regard tout autour, puis a disparu de nouveau. Aucune réaction de la camionnette.

– Il surveille l'entrée, ai-je dit, si on veut passer il faut s'en débarrasser.

– Je m'en occupe, a chuchoté Alain, je fais le tour et j'arrive par-derrière. Dès que j'ai réglé le problème, je vous fais signe.

– Et si les petits soldats veulent intervenir ? a demandé Rolland.

À ce moment-là, les deux big jim sont descendus de leur camionnette, ils ont enfilé sur la tête des chapeaux surmontés d'une longue plume et, après avoir éteint leurs cigarettes, ils se sont mis en route pour un tour d'inspection. Tous deux étaient armés de pistolets.

Servandoni s'est éloigné le long de la ruelle sombre dans notre dos. Deux minutes après, sa silhouette se détachait à contre-jour sous les arches du fond de la place. Il a mis ses cheveux en broussaille, puis s'est avancé en marchant comme un ivrogne. Il s'est arrêté, plus ou moins à hauteur du type qui montait la garde, en fouillant dans ses poches. Il a sorti des cigarettes, mais le paquet est tombé à terre. Il s'est penché pour le prendre en feignant de perdre l'équilibre mais parvenant à rester debout par miracle.

À la troisième tentative, il l'a récupéré, a pris une cigarette, l'a bien lissée et l'a glissée entre ses lèvres. Alors a commencé la recherche des allumettes qui a, bien sûr, été négative.

Il a regardé autour de lui, l'air perdu, et a finalement vu l'homme. Il lui a fait un signe demandant du feu. Le tondu est allé vers lui l'air ennuyé, a tiré un Bic de sa poche et l'a tendu en protégeant la flamme avec l'autre main. Alain s'est penché en vacillant mais au lieu d'allumer sa cigarette il lui a flanqué entre les jambes le champion des coups de genou. Le type s'est dégonflé sans un cri, Servandoni l'a attrapé par les aisselles, l'a soulevé et, comme dessert, lui a servi un formidable coup de tête sur le nez. Puis il l'a traîné derrière le bâtiment pour le café et les liqueurs.

J'ai fait signe à Rolland. Nous sommes sortis de notre abri en marchant lentement et avons traversé le parvis comme deux bons amis. Au fond de la place, les deux soldats revenaient de leur ronde en discutant. Ils n'ont pas daigné nous regarder. Quand ils ont rejoint la camionnette, nous étions déjà cachés par le mur de l'édifice.

– Je ne te connaissais pas ce talent d'avant-scène, ai-je complimenté Servandoni.

– Abrège, tu veux bien ?

Une fois le type hors de combat dégagé, nous avons marché le long d'une grille en fer jusqu'à un escalier de pierre à balustrade qui montait sur le côté de l'église. Au sommet, nous avons trouvé une petite porte. Un des deux battants, seulement poussé, laissait passer un rai de lumière.

– Il se peut qu'il y en ait d'autres à l'intérieur, j'ai murmuré.

Une fois notre fardeau inanimé posé à terre, j'ai extrait mon pistolet et entrouvert la porte. Un petit hall désert s'est ouvert à mon regard. Nous sommes entrés. Quelqu'un bavardait à voix basse dans la pièce à côté. La conversation portait sur des arguments philosophiques avec les digressions d'usage :

– Pisser la bite décalottée est un art, soutenait doctement l'un des savants, tout le monde ne sait pas le faire sans arroser le sol.

– C'est pour ça que les gogues sont toujours dégueulasses, a grogné un autre.

– Le jet doit être constant, sans secousse, autrement adieu le contrôle. Il suffit d'un rien pour tout mouiller.

– Ça m'arrive tout le temps, a admis un troisième, ma femme dit que je suis un vrai cochon.

Ricanement général. J'ai échangé un coup d'œil avec mes compagnons, puis nous sommes entrés. Ils étaient trois, ceux qui m'avaient emmené dans la cave. Ils étaient assis sur de petits fauteuils faux baroque, mitraillettes à portée de main sur le sol.

Celui du milieu s'est dressé d'un coup et s'est pris la crosse du fusil de Rolland dans la gueule. Ça a fait le même bruit qu'un sac plein d'eau lancé du sixième étage. Alors qu'il glissait sur le sol de marbre, ses compères se sont immobilisés en me regardant comme s'ils avaient vu un fantôme.

« *Don't take your guns to town son* », a chantonné Alain.

– Tous à terre, j'ai sifflé en mettant un doigt sur les lèvres.

Ils ne se sont pas fait répéter deux fois. Je me suis accroupi à côté de celui qui m'avait battu le front contre le bord du coffre. Je l'ai attrapé par les cheveux, ai soulevé sa tête de dix centimètres, et lui ai éclaté le visage contre le sol de marbre blanc.

Ça a fait *crock*, un autre nez cassé pour ma collection. Mais il a été sage, il n'a pas pipé.

– Occupez-vous de ces deux-là, et emportez l'autre à l'intérieur, occupez-vous aussi de celui-ci.

Pendant que mes associés empaquetaient les méchants, j'ai pris une mitraillette et me suis avancé le long d'un petit couloir conduisant à une sacristie reluisante parfumée d'encens et de cire d'abeille. D'une croûte du XVIIIe un saint installé sur une cathèdre m'a fixé d'un air sévère, en levant son regard du grand livre qu'il tenait sur les genoux.

La porte donnant sur l'autel était entrouverte. Des voix ouatées sont parvenues à mes oreilles – bavardages, indications, suggestions. En tâchant de ne pas faire le moindre bruit, j'y ai collé mon œil pour avoir une vue panoramique d'ensemble. Sur le presbyterium de marbre, on avait dressé une sorte de pièce délimitée par un grand rideau qui était fermé sur les quatre côtés et sur lequel était imprimé plusieurs fois le logo d'Art-en-Images. Il tenait debout grâce à une structure futuriste en aluminium composée de quelques barres soutenant les côtés pour créer une pénombre protectrice à l'intérieur. À travers une ouverture, on apercevait des chevalets, des lampes, des câbles et des appareils photographiques. Le Suaire devait déjà être à l'intérieur.

À quelques mètres de moi, deux techniciens en chemise blanche parlaient avec le personnel d'Art-en-Images, échangeant des gestes et des indications que je ne pouvais pas entendre. La nef centrale de la cathédrale avait été en partie libérée des bancs de bois poussés vers le fond. Le sacristain aurait fort à faire pour remettre tout ça en place.

Le marquis, impeccable dans son costume foncé, discutait aimablement avec Bastien Chappaz en compagnie d'un *monsignore* et de deux autres pingouins en soutane. Près d'une colonne, un second groupe de prêtres attendait un signe de la divine providence, l'air patient.

À moins que la soutane des enfants du Seigneur ne cache un canon, on ne voyait pas d'armes. Aucun flic, pas davantage de sécurité privée. Derrière le rideau s'agitaient deux ou trois personnes que je ne parvenais pas à identifier.

– Alors ? a murmuré Alain.

Je me suis retourné. Rolland et lui étaient derrière moi, armés de fusils mitrailleurs.

– Vous vous en êtes occupés ?

– Ils ne peuvent aller nulle part. Qu'est-ce que nous avons ici ?

– Pas mal de gens, mais je ne vois pas d'armes. Entrons, bloquons-les tous et appelons la poulaille locale.

– Tu es sûr qu'ils sont en train de chiper le Suaire ? Qu'est-ce qu'ils peuvent faire de cette chose ?

– Ramener Jésus-Christ sur terre, non ?

– Ah, bon.

Je lui ai expliqué la disposition des personnes, et nous avons organisé une espèce de plan d'action. J'ai alors ouvert la porte en grand et nous sommes entrés, mitraillettes braquées, en nous déployant en éventail.

– Que personne ne bouge, j'ai grondé, le premier qui fait un mouvement se prend une balle.

Dans la confusion générale, le marquis a pâli. J'ai joui de son étonnement quelques secondes pendant que mes collègues rassemblaient les brebis égarées.

– Vous, derrière le rideau, ai-je ordonné, sortez mains en l'air ou je me mets à tirer.

– Pour l'amour de Dieu, ne faites pas cela ! a bêlé le *monsignore*, le Saint-Suaire se trouve ici à l'intérieur...

La *dottoressa* Szathmàry est sortie avec précaution, suivie de Jeanne Tanguy et d'un technicien en chemise blanche portant d'épaisses lunettes sur le nez. Ils gardaient leurs mains levées et semblaient plutôt épouvantés.

– Commissaire... a dit Franciska en m'apercevant, que signifie cette irruption ?

– Je vous expliquerai tout plus tard, *dottoressa*, maintenant mettez-vous avec les autres.

– Que vous est-il arrivé ? a-t-elle demandé après m'avoir lancé un coup d'œil approfondi.

– J'ai eu une discussion avec quelques personnes. S'il vous plaît, laissez-moi faire.

Nous avons séparé le personnel d'Art-en-Images des autres et nous les avons fait asseoir par terre à côté du rideau. Les prélats, autorités et techniciens qui manipulaient la châsse du Suaire, nous les avons confiés à Rolland. J'ai pris Chappaz par le bras et l'ai conduit dans un coin.

– Bonsoir, Bastien, ai-je dit à mi-voix, je sais que vous n'y êtes pour rien, mais votre associé y était embourbé jusqu'au cou.

– Depuis quelque temps j'avais des doutes. Où est Devaux ?

– Il est mort, le marquis l'a fait tuer.

– Le marquis ? Vous plaisantez, commissaire ?

Laissant de côté la science-fiction, je l'ai rapidement mis au courant de l'affaire. Quand j'ai terminé, il semblait vieilli de dix ans.

– Vous pouvez prouver vos accusations ?

– Venez avec moi.

Nous sommes retournés vers le groupe des notables tenus en joue par un Rolland glacial.

– Qu'avez-vous l'intention de faire ? a bêlé le *monsignore*.

– Vous, qui êtes-vous ?

– Je suis le vicaire général, monsignor Radicati, a-t-il énoncé avec une certaine morgue.

– J'ai peur, *monsignore*, que le marquis vous ait mis dans un océan de tracas.

– Comment vous permettez-vous ? a éclaté Raschera-Bettelmatt qui avait repris quelques couleurs.

Je me suis approché de lui :

– Où est Madame Satin ?

– *Maledetto l'uomo che confida nell'uomo* [1], a-t-il sifflé.

– Vous êtes fini, mon ami, vos citations ne vous serviront à rien.

– Je ne sais pas de quoi vous parlez, misérable.

– En effet, je suis un peu fripé, ai-je admis en m'adressant aux autres, excusez-moi, j'ai eu un après-midi difficile. Je suis un commissaire de la police française en mission pour le compte de mon pays.

– Le marquis est une personnalité des plus respectables, a balbutié *monsignor* Radicati, vous nous faites perdre un temps précieux, policier, sans compter que la *Sindone* risque de s'abîmer.

– J'imagine que vous, *monsignore*, vous savez quelles sont les visées du marquis. Cependant je laisserai à la police italienne le plaisir d'enquêter sur vos relations.

1. « Malheur à l'homme qui se fie à l'homme. »

– À quoi faites-vous allusion ? a demandé la directrice, surprise.

– Vous le verrez bientôt, *dottoressa*.

J'ai passé ma mitraillette à Rolland qui l'a mise à l'épaule :

– Si cet élégant monsieur bouge un seul doigt, ai-je ordonné en regardant le marquis, tire sans hésiter.

J'ai demandé à Jeanne Tanguy de nous rejoindre, puis j'ai pris Szathmàry, Chappaz et le *monsignore* et les ai conduits derrière le rideau. Étendu sur un énorme chevalet, le Suaire était long, jaunâtre, rapiécé en plusieurs endroits. Toutefois nombreux étaient ceux convaincus qu'il avait enveloppé un type plutôt important. Afin de voir l'empreinte qu'il avait laissée, j'ai dû m'approcher ; elle était frêle, inconsistante, à peine marquée. Le *monsignore* s'est prosterné, signé, agenouillé et s'est couvert la tête de cendres.

Trois énormes bancs optiques Linhof Master Technika étaient montés à la file sur autant de chevalets. Tout autour, plusieurs lampes à parapluie étaient prêtes à fournir la bonne lumière pour la prise. Un enchevêtrement de câbles colorés courait par terre.

– Vous avez déjà pris les photos ? ai-je demandé à Jeanne.

– Seulement quelques clichés d'essais. Ils sont en train d'être développés.

– Il ne s'est rien passé d'étrange ?

Elle m'a regardé, agacée :

– Genre ?

– Écoutez, jeune fille, vous vous êtes déjà fait barboter un tableau – je veux parler de ce genre d'étrangeté.

Les autres nous observaient.

– Non, a-t-elle grogné, tout s'est bien passé.

– Et alors, qu'est-ce que vous attendiez ?

– Nous devons voir les essais imprimés, demain matin nous prendrons les photos définitives.

– Demain matin, vous auriez photographié un chiffon quelconque.

Elle a haussé les sourcils :

– Que voulez-vous dire ?

– Suivez-moi.

Nous nous sommes rapprochés du chevalet. Aucun doute, celui qui avait brûlé dans l'atelier de Vastedda à Picpus était le prototype de ce monstre. J'ai tendu une main, mais Jeanne m'a arrêté :

– Si vous voulez tout toucher, mettez ça.

Elle m'a tendu une paire de gants immaculés en coton blanc. Elle en a aussi enfilé une paire.

– Que cherchons-nous ? a-t-elle demandé.

– N'importe quoi d'anormal dans ce chevalet. Par exemple, pourquoi est-il aussi large ?

Elle a haussé les épaules :

– Pour être plus stable, j'imagine. Je suis photographe, pas charpentier.

Nous nous sommes mis à examiner cet amas de bois et métal. Le plan, qui en ce moment était droit, pouvait s'incliner, mais la partie postérieure était constituée d'une lame en métal boulonnée plutôt robuste. Il semblait donc improbable, dans ce cas, que pour remplacer le Suaire il soit suffisant de faire tourner le plan de cent quatre-vingts degrés. Il devait y avoir un autre système.

– Quelqu'un est resté seul là-dedans ?

– Non, il y avait toujours Chappaz ou la *dottoressa* Szathmàry.

J'ai fait courir mes doigts le long du montant supérieur. Il était épais, en acier satiné, et s'insérait presque à la perfection dans le bord en bois. J'ai essayé de le tirer mais il n'a bougé que d'un millimètre à peine.

– Qu'essayez-vous de faire ? a demandé la directrice avec une pointe d'anxiété dans la voix.

Au lieu de répondre, j'ai palpé les barres métalliques qui soutenaient le plan sur lequel le Suaire était fixé. Elles étaient lisses avec une rainure plus sombre vers l'intérieur, une espèce de rail revêtu de Téflon. Si je ne m'étais pas autant rapproché, je ne l'aurais pas remarqué.

– Si vous endommagez cette relique, a menacé le *monsignore* d'une voix tremblante, vous en serez responsable devant la chrétienté tout entière.

En laissant glisser les doigts derrière la barre supérieure, je n'ai rien trouvé. J'avais quelques palpitations. Tôt ou tard, quelqu'un allait arriver et cela ne me laissait pas le temps de démonter le maudit engin. Tandis que de grosses gouttes de sueur dégoulinaient le long de mon cou, je suis passé à la partie inférieure. J'ai fait courir mes doigts vers le bas et presque aussitôt j'ai rencontré une espèce de petit levier. Coup au cœur. Je l'ai déclenché, mais rien ne s'est produit.

– Venez ici, ai-je demandé à Jeanne, vite.

Elle s'est approchée, l'air méfiant. Son parfum léger se mêlait à une odeur de sueur et de cigarette.

– Qu'est-ce que je dois faire ?

J'ai pris sa main et l'ai portée à hauteur du levier dissimulé :

– Quand je vous le dirai, tirez cette espèce de gâchette vers le bas, compris ?

Elle a fait signe que oui. Je me suis posté à la moitié du plan du chevalet et en levant les bras j'ai saisi le bord d'acier avec les doigts :

– Maintenant…

Jeanne a débloqué le système. J'ai tiré vers le bas et, en courant sur un rail lubrifié, une surface semi-rigide est descendue cachant le Suaire authentique et révélant un second suaire, dans une position identique au précédent. En un instant, à part un petit déclic de blocage, elle n'a pas fait le moindre bruit. Si nous avions été seuls, personne ne se serait jamais aperçu de la substitution.

J'ai reculé de deux pas, laissant la fille ébahie, sa main encore sur le levier. La copie était parfaite, absolument identique à l'original. Le génie perdu de Vastedda dans toute son ahurissante splendeur.

– *Santissima Madonna…* a murmuré Szathmàry. La couleur de son visage avait la même teinte que sa petite robe en jersey gris taupe.

Je me suis tourné vers eux. *Monsignor* Radicati, blanc comme un cierge, continuait de s'éponger les joues et la bouche avec un mouchoir. La directrice a fait deux pas vers le chevalet en redressant les lunettes sur son nez :

– Lequel des deux est l'authentique ? a-t-elle soufflé.

– Je n'en sais rien, probablement celui de dessous, à moins que l'un de vous ne l'ait déjà remplacé.

– Il ne faut rien toucher, a dit Chappaz d'une voix incertaine, ils devront être attentivement analysés.

Il a tiré un flacon plat recouvert de cuir et a bu une longue gorgée de liqueur. Puis il l'a remis dans sa poche.

– Comment ont-ils réalisé cet engin diabolique ? a demandé Franciska.

– Le talent de Calogero Vastedda, l'argent du marquis et la complaisance de *monsignor* Radicati. Sans oublier l'ingéniosité et l'habileté technique de Deshayes et Devaux.

– Monsignor Radicati ? s'est-elle étonnée en se tournant pour le regarder.

– J'imagine que c'est un homme très religieux sous la coupe du marquis. Il l'a persuadé que cela aurait déclenché une alléchante série de conséquences divines.

Elle s'est approchée du chevalet :

– Je suis stupéfaite.

– Il y a de quoi, ai-je admis.

– Où est votre collègue ? a-t-elle demandé en retrouvant quelques couleurs.

– Là-bas à la villa, avec la marquise et l'inspecteur Cat Berro.

Elle s'est retournée d'un coup.

Nos visages étaient proches. C'est à ce moment-là que j'ai remarqué ses yeux trop bleus. Une vague gelée est descendue le long de mon corps, me paralysant un instant, temps qui lui a suffi pour comprendre et réagir comme un ressort.

Elle m'a frappé d'un coup de pied sur le côté de la jambe, me faisant tomber à genoux, puis, alors qu'un pistolet apparaissait dans sa main comme par enchantement, elle a volé sur le vicaire général, l'a saisi par le col et a pointé l'arme sur sa nuque.

Je me suis relevé avec une grimace.

– Sortez et dites à vos hommes de poser les armes, autrement je le tue.

– Vous n'avez que deux coups dans ce pistolet, vous n'irez pas très loin.

– Si vous ne voulez pas recevoir le premier, faites ce que je vous dis.

Il y avait peu à discuter. J'aurais volontiers rempli ces deux-là de plomb, mais j'ai obéi. Alain et Rolland ont déposé l'arsenal. En voyant sortir la Smathmàry et le *monsignore*, le marquis a retrouvé sa forme.

– Déplacez-vous par là, a ordonné la salope en montrant le centre de la nef. Suivi de mes collègues, je suis descendu du presbyterium et j'ai rejoint la première rangée de bancs.

– Elle a reculé en entraînant le prélat, plus blanc que la merde d'un laitier. L'idée de devoir rejoindre Notre Seigneur plus tôt que prévu ne semblait pas tellement lui convenir. En se dirigeant vers la porte de la sacristie, ils sont passés à côté de Rascherra-Bettelmatt.

– Mais que fais-tu, ma chérie ?… a bêlé l'aristocrate, ça n'en vaut pas la peine, j'arrangerai tout, tu verras…

– Imbécile, a-t-elle répondu.

Elle a pointé son arme contre sa tempe, a appuyé sur la gâchette.

Le pistolet silencieux n'a fait qu'un claquement. L'air surpris, Guidobaldo a reculé d'un pas et s'est écroulé cul à terre. Un jet de sang a jailli de sa tête tandis que le corps glissait lentement sur le flanc pour se coucher au sol. J'ai regardé, médusé, cette fontaine sombre qui éclaboussait le marbre du presbyterium en gargouillant.

Radicati a fléchi sur ses jambes, à moitié évanoui de frayeur, mais l'horrible femme l'a aiguillonné, le remettant debout tout en reculant vers la sortie. Avant de quitter l'église, elle s'est arrêtée sur le seuil en se protégeant derrière la corpulence du prélat.

– Toi, a-t-elle dit à Jeanne, prends les mitraillettes et jette-les là-bas.

Encore sous le choc, la reine du diaphragme s'est avancée d'un pas incertain.

– Dépêche-toi, l'a pressée le monstre.

Les prenant l'un après l'autre par le canon, Jeanne a fait voler les kalachnikovs derrière l'autel, parvenant à ne renverser que deux des six énormes candélabres d'argent qui se trouvaient dessus.

Le cœur du marquis avait, entre-temps, cessé de pomper. Du trou du projectile, il ne sortait plus qu'un petit ruisseau écarlate alimentant la flaque sombre qui s'était formée sous sa tête.

Les attentions de la salope se sont portées sur nous :

– Vous trois de la Crim, allongez-vous par terre.

Comme de discuter avec cette femme était aussi utile qu'un cactus dans une culotte, nous avons obéi.

– Si vous bougez avant que je sois sortie, je tue le vicaire.

Elle a disparu avec lui au-delà de la porte de la sacristie. La clef a tourné dans la serrure avec un coup sec.

J'ai bondi sur mes pieds :

– Appelez la poulaille, ai-je hurlé à mes compagnons, je la suis.

J'ai enjambé les bancs de bois et atteint la porte de la sacristie en quatre sauts. Elle était fermée mais au quatrième coup d'épaule la serrure a cédé avec un gémissement. Dans le petit salon, les quatre abrutis étaient encore ficelés comme des saucissons avec des cordons et des ornements sacrés dont mes deux hurluberlus de collègues avaient fait des bandes. J'ai trouvé le *monsignore* dans l'entrée. Un coup sur la nuque l'avait expédié dans les vertes prairies de Manitou.

Je suis sorti en descendant le petit escalier comme un éclair et je me suis trouvé face aux deux soldats de la Jeep. Ils étaient debout devant les arches menant à la place voisine.

– Que se passe-t-il ? a demandé le premier en essayant d'être martial.

– Où est allée la femme qui vient de sortir d'ici ? ai-je demandé sans détours.

L'autre a indiqué les arches à ma gauche.

– Je suis de la police, allez à l'intérieur, ils ont besoin d'aide. Mes collègues vont arriver.

Et, sans attendre les décisions stratégiques de l'armée, je me suis lancé à sa poursuite. La place où j'ai débouché était immense, éclairée et encore assez animée. J'ai traversé une esplanade fermée par une grille avec ces deux types nus sur la croupe de chevaux cabrés et je suis arrivé devant le château médiéval dont la façade baroque ressemblait à un gâteau d'anniversaire.

Madame Satin était en train de s'éloigner à gauche du bâtiment en direction du fond de la place. J'ai volé à ses trousses en coupant par un parking où quatre ou cinq voitures étaient garées. Je l'ai vue qui courait à côté des grands soldats de bronze à l'air consterné.

Évitant un tram jaune, elle s'est enfilée dans une ruelle étroite et peu éclairée passant sous une arche en briques. Je suis arrivé à temps pour la voir passer sous une grosse porte deux cents mètres plus loin.

Une brève course le long du mur d'un bâtiment en briques, cinéma ou théâtre, m'a mené devant l'encadrement de ce passage. J'ai sorti mon colt et, après avoir jeté un œil, je me suis aventuré dans le hall d'entrée. Deux portes : une plus grande en bois et verre et une sans battant qui donnait sur un escalier étroit. La première était fermée. Je suis retourné en arrière et j'ai suivi le bruit des talons qui montaient. Une fois le seuil passé, je me suis trouvé face à une espèce d'hallucination, une de celles qu'il peut t'arriver d'avoir si tu fumes quelque chose de très bon. Le long de l'escalier qui grimpait raide jusqu'à la courbe du mur, étaient amoncelés des dizaines de nains de jardin, de faons et de lapins de terre cuite, tout le petit monde de Walt Disney baguenaudant sur les marches. Au sommet, il y avait même Blanche-Neige, un peu ébréchée mais toujours là avec son air comme il faut.

Cette procession m'a accompagné jusqu'au premier étage. Une porte vitrée a battu plus haut. En continuant dans l'escalier, j'ai atteint un palier mal éclairé qui empestait l'eau de vaisselle. Trois portes de bois massif et une, vitrée, qui donnait sur un balcon. J'ai pris celle-là. La terrasse donnait sur une cour en assez mauvais état. J'ai trouvé par terre deux cartouches retenues ensemble par une petite plaque en acier. Attention, la salope avait rechargé son pistolet.

J'ai parcouru le balcon dans toute sa longueur et suis passé par une porte en bois qui ouvrait sur un escalier plus large. D'en haut m'est parvenu le son d'autres pas pressés, puis une porte s'est fermée avec un bruit sourd. Je me suis mis à gravir l'escalier, contrôlant chaque angle du coin de l'œil. Au troisième étage je me suis arrêté. Une série de portes, trois d'un côté et trois de l'autre, à première vue des mansardes. Le sol de vieux carreaux aux dessins jaunâtres était crasseux, les murs sales et poussiéreux. Une lourde porte maintenue entrebâillée par un système à ressort tout rouillé fermait le couloir.

J'ai rapproché l'oreille du battant. Il en provenait un bruit comme de fers frappés les uns contre les autres avec rage. Mes doigts moites se sont resserrés autour de la crosse de mon .45, puis j'ai ouvert la porte en grand.

Szathmàry me tournait le dos, agrippée à la grille en fer rouillé qui barricadait une grande fenêtre écaillée. Furieuse, elle la saisissait à deux mains en la secouant pour l'ouvrir. Ce qui ne se produirait pas car une petite chaîne d'acier brillant l'en empêchait. Elle était fermée par un cadenas en laiton, flambant neuf celui-là aussi.

– Fin de la course, ai-je dit en pointant mon pistolet.

Elle a cessé de s'agiter en laissant tomber ses bras le long du corps et elle s'est tournée vers moi, le regard rageur et les cheveux ébouriffés. J'ai fait deux pas vers elle sans détacher mon regard de sa personne. Je l'avais enfin devant le canon de mon pistolet. Mon doigt sur la gâchette était tendu à me faire mal. J'ai pris une profonde respiration.

– Quelque chose n'a pas marché ? ai-je demandé en indiquant la grille d'un geste du menton.

– Il y a un mois, cette chaîne n'était pas là, a-t-elle dit les dents serrées, au-delà de cette fenêtre vous ne m'auriez plus retrouvée.

Elle a fait une pause, puis un sourire méchant lui a étiré les lèvres :

– Et maintenant, commissaire ?

– Déjà, pour commencer, lâchez votre pistolet.

Elle l'a pris sur le rebord de la fenêtre et l'a jeté au milieu de la pièce. Je me suis approché, l'ai ramassé avec un mouchoir et l'ai mis dans ma poche.

– Lancez aussi votre sac, je me méfie de vous comme d'une tumeur maligne.

Elle l'a laissé tomber par terre et l'a poussé du pied. Il en est sorti l'enveloppe avec les échantillons de tissu.

– Vous avez même réussi à passer à mon hôtel, votre efficacité est surprenante.

– Pas vraiment, puisque dans la précipitation j'ai oublié d'enlever mes lentilles de contact…

– Tôt ou tard, je vous aurais de toute façon trouvée.

Elle m'a fixé sans sourire :

– Que voulez-vous pour me laisser partir ? Je peux vous donner beaucoup d'argent.

– Pas question. Vous avez tiré sur mon amie Martine, vous vous souvenez ? Vous l'avez tuée comme un chien, devant moi.

Elle a eu un sourire narquois :

– Apparemment vous vous êtes vite consolé.

Nous sommes restés silencieux en nous regardant en chien de faïence. Je pouvais tirer et en finir là, mais Maëlis serait fâchée et de toute façon Martine ne serait pas revenue. Une des ampoules du plafond crépitait, sur le point de définitivement s'éteindre.

– Pourquoi est-ce que vous avez tué Bécassine Degas ? ai-je demandé d'une voix fatiguée.

– Qu'est-ce que ça peut vous faire ? Ce n'était qu'une petite pute.

J'ai fouillé dans ma poche et en ai sorti la balle prise chez Maurice de Clock. J'ai extrait le chargeur, y ai inséré la balle *dum dum* sur les autres et l'ai remis à sa place. En tirant le chargeur en arrière, je l'ai glissée dans le canon. L'autre est tombée au sol avec un bruit sourd.

J'ai soupiré. Elle m'observait, sourcils un peu froncés :

– Faites-vous une raison, Mordenti, a-t-elle dit avec un tremblement dans la voix, pour que le mal triomphe il suffit que les bons ne fassent rien.

Elle a levé les bras en me tendant ses poignets avec un sourire sarcastique.

– Alors nous avons un problème parce qu'en ce moment je me sens très méchant.

J'ai pointé mon pistolet et appuyé sur la gâchette.

La détonation a envahi l'espace avec la violence d'un coup de tonnerre qui a résonné contre les murs de la pièce. Madame Satin a sursauté tandis que la vitre derrière elle volait en éclats. Elle a fait deux pas mal assurés en se déplaçant sur le côté pour appuyer son dos contre le mur.

Le sang a commencé à jaillir de son épaule droite. Elle l'a regardé, hébétée, puis a glissé à terre en laissant une raie écarlate sur le mur.

– De la part de Martine, ai-je murmuré.

Son visage était blanc comme un cierge, couvert de grosses gouttes de sueur.

Une *dum dum* qui te traverse l'épaule, ce n'est pas une belle chose, elle laisse une bouillie de chair, nerfs et fragments d'os. Tu peux dire adieu à ton bras.

Je me suis approché en sortant de ma poche son pistolet silencieux. En utilisant mon mouchoir, je lui ai pris la main droite et j'ai fermé ses doigts autour de la crosse en posant l'index sur la gâchette. J'ai visé et tiré un coup. La balle s'est fichée dans le mur à côté de la porte.

– Soyez patiente, ai-je dit en lui retirant l'arme de la main, c'est pour une note de folklore.

J'ai tiré l'autre coup vers le ciel en dehors de la fenêtre, puis j'ai posé le pistolet par terre. Une petite mare de sang se formait au pied du mur. Si l'ambulance arrivait à temps, elle s'en sortirait. Autrement, adieu.

J'ai entendu des voix provenant de l'escalier. Quelqu'un a appelé mon nom.

– Je suis là, dans la pièce du fond.

Alain et Rolland sont entrés dans la mansarde suivis d'un type en civil et de deux sbires en uniforme. Avant de rengainer leurs armes, ils ont fait une panoramique des lieux.

– Elle est morte ? a demandé celui en civil.

– Blessée à l'épaule, elle perd pas mal de sang, il faut une ambulance, vite.

Il a fait un signe de la main et un des deux autres a filé comme une fusée.

– Je suis l'inspecteur Bosdaves, de la Mobile, a-t il dit en tendant la main. On se les est serrées comme il faut. Il était blond, dans les trente-huit ans, le visage franc et sympathique.

– Vous avez des nouvelles de ma collègue ?

– L'inspecteur Cat Berro l'a accompagnée à l'hôpital.

D'autres flics sont entrés en se tenant loin de la scène du crime. Évidemment, la Scientifique arrivait. Une sirène lointaine a augmenté d'intensité puis s'est arrêtée quelque part dans la rue.

– Je peux faire quelque chose pour vous ? a demandé l'inspecteur, vous êtes blessé ?

– Non, inspecteur, je vous remercie, je vais très bien. Si vous n'y voyez pas d'inconvénient, je voudrais faire un saut à l'hôtel pour me laver et changer de vêtements. Le commandant Servandoni sait comment me joindre.

Échange de regards avec mon collègue qui m'a fait un clin d'œil accompagné d'un petit sourire.

– D'accord, commissaire, a répondu Bosdaves, je vous attends demain matin au commissariat.

Avant de disparaître, j'ai salué Alain qui m'a congédié avec quelques tapes dans le dos. Je n'en pouvais plus de cette histoire, le moment était arrivé de s'en débarrasser.

J'ai rencontré Rolland sur le seuil. Nous nous sommes dévisagés avec un demi-sourire, puis nous nous sommes serré la main :

– Merci pour tout, Nassim.

Il a fait un signe de tête et s'est poussé de côté pour me laisser passer. Dans les escaliers, j'ai croisé les secouristes qui montaient en bavardant. Tout semblait redevenu normal.

35

– Qu'est-ce que je vous sers ? a demandé le garçon en passant un chiffon sur la table.

– Un Gimlet, et si le barman a envie de forcer sur le gin, ça me va.

Jetez vingt minutes par la fenêtre ou offrez-les aux bonnes œuvres ou faites-en ce qu'il vous semble. C'est le temps exact qu'il a mis pour réunir les ingrédients et confectionner l'apéritif. Le garçon est enfin revenu pour le poser devant moi avec un sourire.

– Merci. Faites-en préparer un autre, il est probable que dans une demi-heure j'en aie de nouveau envie.

Une gorgée de nectar et je me suis senti au paradis.

Sorti de l'horrible taudis plein d'escaliers, l'envie de retourner à l'hôtel m'était passée. Un fort désir d'alcool avait rapidement pris le dessus. En suivant le flux des noctambules, j'avais débouché au centre d'une grande place descendant vers le fleuve. Trop de gens et trop de circulation.

Je m'étais enfilé dans la dernière rue avant le boulevard longeant le fleuve. Quelques pâtés d'immeubles tranquilles m'avaient conduit à une place plus petite composée d'un jardin entouré de grands arbres sombres. Un café s'y trouvait avec plusieurs tables en aluminium éparpillées sous les arbres. Bien qu'il soit archiplein de têtes de cons, il m'avait semblé être le bon endroit pour laisser choir mes os.

Avec un soupir de soulagement, je me suis détendu en me foutant du bruit, des gens, de la chaleur et des œillades de dégoût qu'attirait mon aspect peu décoratif. J'étais juste en train de penser que Paris me manquait quand mon téléphone a sonné.

C'était un numéro que je ne connaissais pas, préfixe de Turin.

– Mordenti, ai-je répondu.

– Je suis la veuve inconsolable, a dit la voix de Carmilla Smântânà-Brânzà.

– Je vois que les nouvelles courent. Je vous présente mes condoléances.

– J'avais sous-évalué les potentialités de la *dottoressa* Szathmàry, a-t-elle dit en soupirant.

– Ne soyez pas cynique, Carmilla, ça ne vous va pas.

– Ce n'est pas du cynisme, la vérité est que j'ai toujours refusé de voir ce qui se passait autour de moi.

J'ai bu une gorgée de liqueur :

– Les cages dorées sont des univers étranges, chère amie. Elles peuvent troubler la vue.

– Ne soyez pas cruel, la vie peut être difficile, même dans une cage dorée.

– Vous êtes libre maintenant, vous pouvez enfin voler de vos propres ailes.

Elle est restée silencieuse un moment :

– Mon mari était un fils de pute, mais il ne méritait pas de mourir ainsi.

– Il est évident que le bon Dieu le voulait là-haut près de lui.

– Maintenant c'est vous qui êtes cynique, commissaire.

– Moi, j'ai une bonne raison, ce petit bâtard a essayé de me faire la peau.

Silence. J'entendais sa respiration à l'autre bout du fil.

– Où êtes-vous en ce moment ? a-t-elle enfin demandé.

J'ai regardé autour de moi. Bavardages et bruit de verres. De l'autre côté de la rue, à une petite terrasse sous une verrière garée entre deux voitures, trois jeunes femmes un peu éméchées riaient et parlaient à haute voix. La plus élégante ressemblait à Lady Gaga.

– Je suis à une petite table sous les arbres dans un bar de parvenus. Vous êtes à la villa ?

– Oui, je me sens perdue. Tout semble soudain trop grand.

– Votre cave a été nettoyée ?

– On est en train de le faire. Votre petite amie est partie en ambulance avec le bel inspecteur.

– On me l'a dit, les femmes sont volages.

– Nous sommes restés seuls, mon cher.

– Qui plus est, vous seriez un bon parti.

Elle a ri :

– Vous m'offrez un verre ?

– Si je pense à vous dans le déshabillé que vous portiez tout à l'heure, la réponse est oui.

– Je peux venir dans cette tenue, si vous le désirez.

– Je sais que vous le feriez, mais il ne vaut mieux pas. On nous prendrait pour un couple un peu trop excentrique.

– Que buvez-vous ?

– Un gimlet glacé.

– Mmhh… quelle envie !

– Dépêchez-vous, montez dans votre voiture et rejoignez-moi. J'en fais préparer deux autres, le garçon est de ceux qui prennent leur temps.

– Bien, donnez-moi l'adresse.

J'ai regardé la plaque à l'angle de la rue et transmis les coordonnées. J'allais raccrocher mais Carmilla avait encore quelque chose en tête.

Sa voix a chantonné quelques notes du « Clair de lune ».

J'ai souri :

– Notre chanson, ai-je dit.

– J'arrive.

J'ai vidé mon verre et l'ai posé sur la table. Je me suis rendu compte que je ne m'étais pas senti aussi bien depuis longtemps. Somme toute, Paris pouvait attendre encore un peu.

Un petit vent léger rafraîchissait l'air de la nuit en balançant la cime noire des arbres. J'ai fermé les yeux, entouré des bruits de la place, alors que le murmure de la brise entre les feuilles prenait lentement l'avantage.

Enrico PANDIANI
LES ITALIENS
Traduit de l'italien

« … La première balle traversa la fenêtre d'un coup sec, déchira le ventre de Brunazzi, avant de ressortir sous son omoplate gauche. Puis elle se planta dans le mur. La deuxième et la troisième pulvérisèrent une pile de CD et la tour Eiffel posée sur l'ordinateur de Servandoni.
La quatrième transperça en un bruit sourd le thorax de la femme assise en face de moi… »

En quelques secondes et treize impacts, un sniper décime une brigade de flics à part, les « Italiens », dans leurs bureaux du quai des Orfèvres.
Entendue au même moment à la brigade criminelle, Moët Chambérat, jeune artiste peintre troublante et ambiguë, pourrait être au cœur du carnage.
Des personnages étonnants, une histoire d'amour très inédite, une écriture coup de poing qui bouleverse les codes du roman noir.

Enrico PANDIANI
TROP DE PLOMB
Traduit de l'italien par Catherine Beaunier

Thérèse Garcia ne sera jamais la journaliste vedette du prestigieux quotidien Paris 24 h. Son meurtrier l'a rouée de coups avant de l'achever à coups de pied. Un déferlement de violence et de haine rarement observé par le commissaire Mordanti. Et elle n'est que la première victime…

Peu d'indices, pas de suspects, beaucoup de rumeurs. L'enquête est confiée à la brigade des Italiens. Tout semble lié à deux univers que tout oppose : la *fashion week* et les émeutes des banlieues.

Dans une capitale couverte de neige, les apparences sont parfois trompeuses. S'il veut découvrir l'identité des assassins, Mordanti devra faire le tri entre les rivalités banales, les ambitions démesurées de certains et la jungle du journalisme d'actualité.
Tout en évitant de se laisser distraire par une journaliste troublante qui a sans doute, elle aussi, de nombreux secrets à cacher.

Cet ouvrage a été composé par IGS-CP
à L'Isle-d'Espagnac (16)

Achevé d'imprimer en mai 2017
par l'imprimerie Normandie Roto s.a.s.
N° d'impression : 1701388
Dépôt légal : mai 2017